Linux
kurz & gut

Leserstimmen

Linux kurz & gut ist ein Buch, das auf jeden Schreibtisch mit einem Linux-Computer gehört – selbst jetzt, im digitalen Zeitalter. Es ist wie eine Sammlung meiner mit Lesezeichen versehenen Manpages, die ich regelmäßig aufsuche, aber leichter verständlich und besser zu lesen.

– Abhishek Prakash, Mitbegründer von It's FOSS

Eines der heiß geliebten Features von Linux-Umgebungen ist die Sammlung kleiner Tools, die sich wunderbar kombinieren lassen, um Probleme zu lösen. Dieses Buch führt dieses Wissen in einer gut lesbaren Referenz zusammen. Selbst erfahrene Leserinnen und Leser werden bei ihren Lieblingstools vergessene Facetten und unglaubliche Optionen wiederentdecken.

– Jess Males, DevOps Engineer, TriumphPay

Das ist eine so praktische Referenz! Irgendwie schafft sie es, gleichzeitig umfassend und knapp zu sein.

– Jerod Santo, changelog.org

4. Auflage

Linux
kurz & gut

Daniel J. Barrett

O'REILLY®

Daniel J. Barrett

Lektorat: Ariane Hesse
Übersetzung: Kathrin Lichtenberg und Thomas Demmig
Copy-Editing: Sibylle Feldmann, *www.richtiger-text.de*
Satz: III-Satz, *www.drei-satz.de*
Herstellung: Stefanie Weidner
Umschlaggestaltung: Karen Montgomery, Michael Oréal, *www.oreal.de*
Druck und Bindung: BELTZ Grafische Betriebe GmbH, Bad Langensalza

Bibliografische Information der Deutschen Nationalbibliothek
Die Deutsche Nationalbibliothek verzeichnet diese Publikation in der Deutschen Nationalbibliografie; detaillierte bibliografische Daten sind im Internet über *http://dnb.d-nb.de* abrufbar.

ISBN:
Print 978-3-96009-255-1
PDF 978-3-96010-868-9
ePub 978-3-96010-869-6

4. Auflage 2024

Wieblinger Weg 17
69123 Heidelberg

FSC® www.fsc.org MIX Papier | Fördert gute Waldnutzung FSC® C089473

Hinweis:
Dieses Buch wurde mit mineralölfreien Farben auf FSC®-zertifiziertem Papier aus nachhaltiger Waldwirtschaft gedruckt. Der Umwelt zuliebe verzichten wir zusätzlich auf die Einschweißfolie.
Hergestellt in Deutschland.

Schreiben Sie uns:
Falls Sie Anregungen, Wünsche und Kommentare haben, lassen Sie es uns wissen: *kommentar@oreilly.de*.

5 4 3 2 1

Inhalt

Das Wichtigste zuerst

Willkommen bei Linux! Falls Sie Linux-Einsteiger sind, kann dieses Buch Ihnen als Schnelleinstieg sowie als Referenz zu gebräuchlichen und praktischen Befehlen dienen. Haben Sie dagegen bereits Erfahrungen mit Linux, überspringen Sie die Einführung einfach.

Was erwartet Sie in diesem Buch?

Dieses Buch ist eine Kurzeinführung, *keine umfassende Referenz*. Wir behandeln wichtige, nützliche Aspekte von Linux, damit Sie produktiv arbeiten können. Wir stellen jedoch nicht jeden einzelnen Befehl und auch nicht die allerletzte Option vor (es tut uns leid, falls wir Ihren Liebling weggelassen haben) und verlieren uns auch nicht in den Details der Interna des Betriebssystems. Kurz und prägnant – das ist unser Motto.

Wir konzentrieren uns auf *Befehle*, diese nützlichen kleinen Wörter, die Sie auf einer Kommandozeile eingeben, um einem Linux-System mitzuteilen, was es tun soll. Hier ist z. B. ein Befehl, der die Textzeilen in einer Datei namens *meinedatei* zählt:

```
wc -l meinedatei
```

Wir behandeln die für den durchschnittlichen User wichtigsten Linux-Befehle, wie etwa `ls` (zum Auflisten von Dateien), `grep` (zum Suchen von Text), `mplayer` (zum Abspielen von Audio- und Videodateien) und `df` (zum Ermitteln des freien Plattenplatzes). Wir werden uns nur am Rande mit grafischen Umgebungen befassen, wie GNOME und KDE, die jeweils für sich ein »kurz & gut« füllen könnten.

Für einen einfacheren Lernweg haben wir das Material nach Funktionen organisiert. Um Sie z.B. beim Betrachten des Inhalts einer Datei zu unterstützen, führen wir viele der dazu vorhandenen Befehle zusammen ein: `cat` für kurze Textdateien, `less` für längere, `od` für Binärdateien und so weiter. Dann erläutern wir nacheinander die einzelnen Befehle und stellen kurz ihre gebräuchlichsten Einsatzfälle und Optionen vor.

Wir gehen davon aus, dass Sie Zugriff auf ein Linux-System haben und sich dort anmelden können. Falls nicht, ist es auf den meisten Computern einfach, Linux auszuprobieren. Laden Sie eine »Live«-Linux-Distribution herunter, installieren Sie sie auf einem USB-Stick und booten Sie von dort. Beispiele für solche Distributionen sind Ubuntu (*https://ubuntu.com/download*), Fedora (*https://fedoraproject.org/de/workstation/*) und Knoppix (*https://www.knopper.net/knoppix/index.html*), die Sie auf den meisten Computern booten können, um dann mit Linux zu spielen.

Was ist neu in der vierten Auflage?

Neue Befehle
: Ich habe in dieser Auflage 50 neue Befehle hinzugefügt, wie zum Beispiel `git` und `svn` für die Versionsverwaltung, `split` und `column` zur Textbearbeitung, `pandoc` und `ffmpeg` für die Dateiumwandlung, `snap` und `flatpak` zur Paketverwaltung, `mdadm`, `lvcreate` und `zfs` für ein ausgefeiltes Storage-Management, `gpg` zur Verschlüsselung und viele weitere.

Klarere Struktur
: Das Buch wurde nun neu gegliedert in Kapitel zu Konzepten, Dateien, zur grundlegenden Systemverwaltung, zu Netzwerken und zu anderen Themen.

Tschüss, alte Befehle
: Manche Befehle aus früheren Auflagen dieses Buchs sind heutzutage weitgehend obsolet, wie zum Beispiel `write` und `finger`, oder veraltet, wie beispielsweise `ftp`. Ich habe sie durch relevantere Befehle für moderne Linux-Systeme ersetzt.

Wie Sie dieses Buch lesen

Jeder Befehl, den ich in diesem Buch vorstelle, beginnt mit einer Standardüberschrift. Abbildung 0-1 zeigt die Überschrift für den `ls`-Befehl, der die Namen und Attribute von Dateien auflistet. Diese Zeile demonstriert die allgemeine Benutzung in einem einfachen Format:

```
ls [optionen] [dateien]
```

Das bedeutet, Sie würden »ls« eintippen, wahlweise gefolgt von Optionen und dann von Dateinamen. Die eckigen Klammern [und] tippen Sie nicht ein, diese deuten nur an, dass ihr Inhalt optional ist. Kursiv gesetzte Wörter bedeuten, dass Sie Ihre eigenen Werte einsetzen müssen, z.B. Namen von realen Dateien. Wenn Sie einen senkrechten Strich zwischen Optionen oder Argumenten sehen, die möglicherweise in Klammern zusammengefasst sind, wie:

```
(datei | verzeichnis)
```

heißt das, dass Sie die Wahl haben: Sie können als Argument entweder einen Dateinamen oder einen Verzeichnisnamen angeben.

ls stdin **stdout** -datei **--help** **--version**

ls [*optionen*] [*dateien*]

Abbildung 0-1: Standardbefehlsüberschrift

Die Standardüberschrift in Abbildung 0-1 enthält darüber hinaus sechs Eigenschaften des Befehls, die schwarz (unterstützt) oder grau (nicht unterstützt) gedruckt sind:

stdin
: Der Befehl liest normalerweise von der Standardeingabe, d.h. Ihrer Tastatur. Siehe »Eingabe/Ausgabe und Umleitung« auf Seite 44.

stdout
: Der Befehl schreibt normalerweise auf die Standardausgabe, d.h. Ihren Bildschirm. Siehe »Eingabe/Ausgabe und Umleitung« auf Seite 44.

-datei
: Wenn als Eingabedateiname ein Bindestrichargument (-) angegeben wird, liest der Befehl von der Standardeingabe statt von der Festplatte. In gleicher Weise schreibt der Befehl auf die Standardausgabe, wenn der Bindestrich als Ausgabedateiname angegeben wird. So liest z.B. der folgende `wc`-Befehl die Dateien *datei1* und *datei2*, dann die Standardeingabe und dann *datei3*:

```
wc datei1 datei2 - datei3
```

--opt
: Wenn Sie die Kommandozeilenoption `--` angeben, bedeutet das »Ende der Optionen«: Alles, was anschließend auf dieser Kommandozeile folgt, wird nicht als Option behandelt. Das ist manchmal nötig, wenn man mit einer Datei arbeitet, deren Name mit einem Bindestrich beginnt und die ansonsten fälschlicherweise als Option behandelt werden würde. Falls Sie z.B. eine Datei namens `-foo` haben, würde der Befehl `wc -foo` fehlschlagen, weil `-foo` als (ungültige) Option behandelt werden würde. `wc -- -foo` funktioniert, weil `-foo` als Dateiname interpretiert wird. Sollte ein Befehl `--` nicht unterstützen, können Sie dem Dateinamen den aktuellen Verzeichnispfad `./` voranstellen, damit der Bindestrich nicht mehr das erste Zeichen ist:

```
wc ./-foo
```

--help
: Die Option `--help` lässt den Befehl eine Hilfe ausgeben, die die korrekte Benutzung erläutert; anschließend wird der Befehl beendet.

--version
: Die Option `--version` lässt den Befehl seine Versionsinformationen ausgeben; anschließend wird der Befehl beendet.

Befehle, Prompts und Ausgabe

Die Linux-Kommandozeile, auch *Shell* genannt, gibt ein spezifisches Symbol aus – den *Prompt* –, wenn sie auf einen Befehl wartet. In diesem Buch ist der Prompt ein Pfeil nach rechts:

```
→
```

Prompts kann es in allen Formen und Farben geben, und zwar abhängig davon, wie Ihre Shell konfiguriert ist. Ihr Prompt kann ein Dollarzeichen sein (`$`), eine Kombination aus Computername, Benutzer und eventuell anderen Symbolen (`myhost:~smith$`), er kann aber auch ganz anders aussehen. Allen gemeinsam ist, dass die Shell nun auf Ihre Benutzereingabe wartet.

Wenn ich in diesem Buch eine Kommandozeile zeige, sollen manche Teile vom User eingegeben werden, andere aber nicht (wie der Prompt oder die Ausgabe des Befehls). Ich nutze dabei Fettdruck für die Elemente, die einzutippen sind. Manchmal füge ich noch Kommentare in Kursivschrift hinzu, um zu erläutern, was da passiert:

```
→ wc -l meinedatei        der Befehl, der am Prompt einzutippen ist
18 meinedatei             die erzeugte Ausgabe
```

Ihr Freund, der echo-Befehl

In vielen unserer Beispiele schreiben wir Informationen mit dem echo-Befehl auf den Bildschirm. Wir beschreiben diesen Befehl »offiziell« in »Bildschirmausgabe« auf Seite 273. echo ist einer der einfachsten Befehle: Er gibt lediglich seine Argumente auf der Standardausgabe aus, sobald diese Argumente von der Shell verarbeitet wurden.

```
→ echo Mein Hund hat einen Floh
Mein Hund hat einen Floh
→ echo Mein Name ist $USER              die Shell-Variable USER
Mein Name ist smith
```

Lange Kommandozeilen

Manchmal wird ein Befehl so lang sein, dass er im Buch nicht mehr in eine Zeile passt. In diesen Fällen werden wir ihn auf mehrere Zeilen aufteilen, die mit einem Backslash enden. Ein abschließender Backslash bedeutet »wird auf der nächsten Zeile fortgesetzt«:

```
→ echo Dies ist ein langer Befehl, der nicht auf \
  eine Zeile passt.
Dies ist ein langer Befehl, der nicht auf eine Zeile passt.
```

Geben Sie einen meiner mehrzeiligen Befehle in Ihre Shell ein, können Sie den Backslash natürlich dort einfügen, wo Sie es möchten, oder ihn auch komplett weglassen und den Befehl vollständig in eine Zeile schreiben.

Tastenkürzel

Ich nutze bestimmte Symbole, um Tastenkürzel anzudeuten. Das ^-Symbol (der Zirkumflex) bedeutet »drücke und halte die Control- oder Steuerung-Taste« (`Ctrl` bzw. `Strg`). So bedeutet z. B. `^D` (gesprochen »Control D«): »Drücke und halte die Control-Taste und tippe `D`.« Wir schreiben außerdem `Esc` für »drücke die Escape-Taste«. Tasten wie `Enter` und die `Leertaste` sollten selbsterklärend sein.

Die Übungsdateien herunterladen

Ich habe einen Satz Dateien erstellt, die Ihnen dabei helfen sollen, mit Linux zu üben. Wenn Sie sie auf einen beliebigen Linux-Rechner herunterladen und dort installieren, können Sie die meisten der Beispielbefehle aus diesem Buch direkt ausprobieren. Um die Dateien erstmalig herunterzuladen, führen Sie die folgenden Befehle aus.[1] (Beachten Sie, dass `-O` für ein großes »O« steht, nicht für eine Null.)

```
→ cd
→ curl -O https://linuxpocketguide.com/LPG4.tar.gz
→ tar -xf LPG4.tar.gz
```

Diese Befehle erstellen ein Verzeichnis namens *linuxpocketguide* in Ihrem Home-Verzeichnis. Wechseln Sie dorthin:

---

1 Haben Sie Erfahrung mit `git` und GitHub, laden Sie die Dateien herunter (*https://resources.oreilly.com/oreillymedia/linux_pocket_guide_4*), und überspringen Sie die restlichen Anweisungen Wenn Sie das Repository klonen und die Dateien in ihren Originalzustand zurückversetzen wollen, führen Sie nicht das Skript `reset-lpg` aus, sondern rufen stattdessen `git reset --hard` auf.

```
→ cd ~/linuxpocketguide
```

und führen Sie die Befehle beim Lesen dieses Buchs aus. Die Ausgabe sollte der aus dem Buch entsprechen – abgesehen von lokalen Abweichungen wie Datumsformaten oder Usernamen.

Um die Übungsdateien neu herunterzuladen und zu installieren (weil Sie sie zum Beispiel verändert haben), führen Sie einfach das Skript `reset-lpg` aus:

```
→ cd ~/linuxpocketguide
→ bash reset-lpg
```

Haben Sie die Dateien an einem anderen Ort als in Ihrem Home-Verzeichnis abgelegt, übergeben Sie diesen Verzeichnisnamen einfach an `reset-lpg`. Dieser Befehl erstellt oder aktualisiert die Beispiele im Verzeichnis */tmp/beispiele/linuxpocketguide*:

```
→ bash reset-lpg /tmp/beispiele
```

Konventionen, die in diesem Buch genutzt wurden

Die folgenden typografischen Konventionen kommen in diesem Buch zum Einsatz:

Kursiv
: Steht für neue Begriffe, URLs, E-Mail-Adressen, Dateinamen und Dateierweiterungen.

`Schreibmaschinenschrift`
: Steht für Programmlistings, aber auch innerhalb von Absätzen, um sich auf Programmelemente wie Variablen oder Funktionsnamen, Datenbanken, Datentypen, Umgebungsvariablen, Anweisungen und Schlüsselwörter zu beziehen.

`Fette Schreibmaschinenschrift`
: Steht für Befehle oder anderen Text, der genau so einzugeben ist.

`Kursive Schreibmaschinenschrift`
: Steht für Text, der durch von Ihnen bereitgestellte Werte oder durch sich aus dem Kontext ergebende Werte ersetzt werden soll.

Dieses Element enthält einen Tipp oder Vorschlag.

Dieses Element enthält einen allgemeinen Hinweis.

Dieses Element enthält eine Warnung.

Danksagung

Ich bin den vielen Leserinnen und Lesern dankbar, die in den letzten 20 (!) Jahren die ersten drei Auflagen dieses Buchs gekauft und damit die vierte Auflage möglich gemacht haben. Mein herzlichster Dank geht auch an meine Lektorin Virginia Wilson, den Acquisition Editor John Devians, das Produktionsteam bei O'Reilly, meine fantastischen technischen Gutachter (Abhishek Prakash, Dan Ritter, Doron Beit-Halahmi, Ethan Schwartz und Jess Males), Maggie Johnson von Google sowie Kerry und Lesley Minnear von Alucard Music. Und all meine Liebe geht an meine wunderbare Familie – Lisa, Sophia, Kay und Luna.

KAPITEL 1

Grundlegende Konzepte

Was ist Linux?

Linux ist ein freies Open-Source-Betriebssystem (*Operating System*, OS), das eine Alternative zu Microsoft Windows und Apple macOS darstellt. Es agiert hinter den Kulissen jedes Android-Smartphones oder Chromebooks und läuft auf Millionen von Netzwerkgeräten wie Routern, Firewalls und sogar auf Melksystemrobotern für Kühe (ernsthaft). Zudem läuft es wunderbar auf Desktop- und Laptop-Computern.

Linux besteht aus vier großen Bereichen, die in Abbildung 0-1 zu sehen sind:

Der Kernel
: Low-Level-Software. Er kontrolliert die Hardware und die Grundfunktionen wie das Prozess-Scheduling und die Netzwerkaktivitäten. Nur weniger User interagieren direkt mit dem Kernel.

Mitgelieferte Programme
: Tausende Programme zur Dateiverwaltung, Textbearbeitung, Softwareentwicklung, zum Browsen im Web, für Audio, Video, Verschlüsselung, Mathematik ... alles, was Sie sich vorstellen können. Diese Programme kommunizieren mit dem Kernel. Programme, die auf der Kommandozeile laufen, werden *Befehle* genannt.

Die Shell
: Ein Linux-Programm für das Ausführen von Befehlen und das Anzeigen der Ergebnisse. Linux bietet eine Reihe von Shells mit

unterschiedlichen Features an. Dieses Buch konzentriert sich auf eine Shell namens *bash*, die oft als Standard bei User-Accounts zum Einsatz kommt. Andere Shells sind beispielsweise *dash*, *fish*, *ksh* (Korn-Shell), *tcsh* (TC-Shell oder T-Shell), *zsh* (Z-Shell) und (seltener eingesetzt) *busybox*. Alle Shells besitzen eine ähnliche Funktionalität, aber die Vorgehensweise unterscheidet sich leicht.

Grafische Benutzeroberfläche (optional)
: Ein UI mit Fenstern, Menüs, Symbolen, Mausunterstützung und anderen vertrauten GUI-Elementen. Beliebte Umgebungen sind GNOME oder KDE Plasma. Die meisten Anwendungen, die für GNOME gebaut wurden, können auch in KDE laufen und umgekehrt.[2]

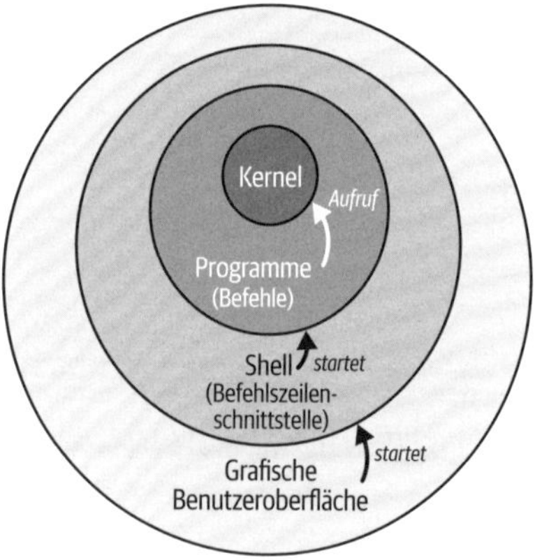

Abbildung 1-1: Die vier zentralen konzeptionellen Elemente von Linux. Low-Level-Kernelfunktionen werden von Programmen aufgerufen, die in einer Shell gestartet werden, die auf einer grafischen Benutzeroberfläche aufgerufen werden kann.

2 GNOME, KDE und andere Umgebungen basieren auf einem gemeinsamen Fenstersystem, bei dem es sich entweder um X oder um Wayland handelt. Um zu sehen, welches System Sie nutzen, führen Sie den Befehl `echo $XDG_SESSION_TYPE` aus.

Dieses Buch konzentriert sich auf die Kommandozeilenanteile von Linux, vor allem auf die mitgelieferten Programme und die Shell. Windows und macOS besitzen ebenfalls Kommandozeilenschnittstellen (`cmd` und `powershell` unter Windows, Terminal auf dem Mac), aber die meisten User bleiben dort bei der GUI und bekommen eventuell nie eine Kommandozeile zu sehen. Unter Linux ist die Shell sehr viel wichtiger. Nutzen Sie Linux ohne die Shell, fehlt Ihnen etwas.

Linux lässt sich sehr weitgehend konfigurieren, und es wird in Hunderten Varianten angeboten, die unterschiedliche Anforderungen und Geschmäcker bedienen. Jede Variante wird als »Distro« bezeichnet (kurz für *Distribution*). Alle Distros haben gemeinsame Komponenten, sehen aber eventuell unterschiedlich aus und bringen verschiedene Programme und Dateien mit. Beliebte Distros sind beispielsweise Mint, Ubuntu, Manjaro, Arch, Gentoo, Red Hat oder OpenSUSE. Der größte Teil dieses Buchs sollte für jede Distro nutzbar sein.

Eine Shell aufrufen

Wo kommen Shells her? Manchmal startet Linux automatisch eine für Sie. Das ist oft der Fall, wenn Sie sich über das Netzwerk per `ssh` oder mit einem ähnlichen Tool verbinden. Dann sehen Sie als Erstes einen Shell-Prompt, der auf Ihren Befehl wartet.

In anderen Situationen müssen Sie eine Shell manuell starten. Das ist üblich, wenn Sie eine grafische Benutzeroberfläche voll mit Symbolen und Menüs nutzen, auf der weit und breit keine Shell zu sehen ist. Dann brauchen Sie eine GUI-Anwendung namens *Terminal* oder *Terminalprogramm*, die Shells in einem Fenster ausführt. Der Kasten »Shell versus Terminal« auf Seite 22 erklärt die Unterschiede zwischen Shells und Terminals.

Jede Distro mit einer grafischen Benutzeroberfläche besitzt mindestens ein Terminalprogramm, aber eventuell müssen Sie gezielt danach suchen. Halten Sie Ausschau nach einer Anwendung, einem Symbol oder einem Menüeintrag namens Terminal, Konsole, xterm, gnome-terminal, uxterm oder etwas Ähnlichem, und führen

Sie dieses aus, um ein Terminal zu öffnen. Probieren Sie auch, `Strg-Alt-t` zu drücken (halten Sie die `Strg`- und die `Alt`-Taste gedrückt und drücken Sie dann `T`), womit in manchen Umgebungen ein Terminal geöffnet wird.

Shell versus Terminal

Eine Shell ist eine Kommandozeilenschnittstelle zum Starten von Linux-Befehlen durch die Eingabe von Text. Sie gibt einen Prompt aus und wartet auf Ihren Befehl:

```
→
```

Ein Terminal ist ein Programm, das ein Fenster öffnet und dort eine laufende Shell anzeigt (siehe Abbildung 1-2). Es ist so etwas wie eine grafische Verpackung für eine Shell. Ein Terminal bietet Menüs, Scrollbars, Copy-and-paste sowie andere GUI-Features, die die Shell unterstützen.

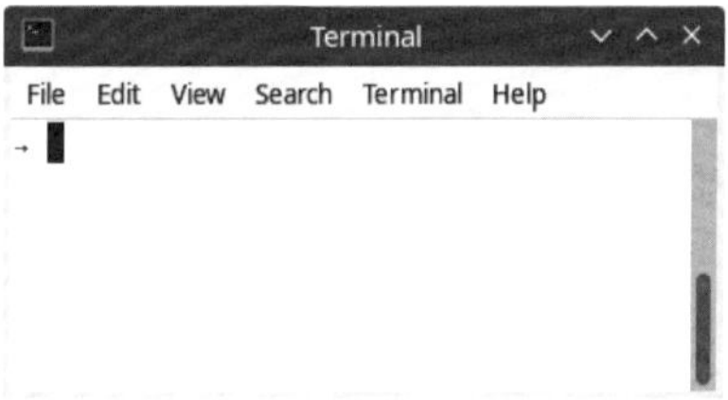

Abbildung 1-2: Ein Terminalprogramm öffnet ein Fenster, in dem eine Shell läuft.

Warmlaufen für die Befehle

Um Ihnen ein Gespür für Linux zu geben, finden Sie hier zehn einfache Befehle, die Sie direkt in einer Shell ausprobieren können. Sie müssen sie exakt wie hier angegeben eintippen – einschließlich korrekter Groß- und Kleinschreibung, Leerzeichen und aller Symbole nach dem Prompt. Am Ende jedes Befehls drücken Sie die `Enter`-Taste.[3]

3 Erhalten Sie die Fehlermeldung »Command not found«, machen Sie sich keine Sorgen: Vermutlich ist ein Befehl nicht auf Ihrem System installiert. Siehe dazu »Software installieren« auf Seite 195.

Einen Kalender für den November 2023 anzeigen:

```
→ cal nov 2023
   November 2023
Su Mo Tu We Th Fr Sa
          1  2  3  4
 5  6  7  8  9 10 11
12 13 14 15 16 17 18
19 20 21 22 23 24 25
26 27 28 29 30
```

Den Inhalt des Verzeichnisses */bin* ausgeben, das viele Befehle enthält:

```
→ ls /bin
bash       less       rm
bunzip2    lessecho   rmdir
busybox    lessfile   rnano
⋮
```

Die Anzahl der sichtbaren Elemente in Ihrem Home-Verzeichnis ausgeben (das hier durch die spezielle Variable HOME vertreten wird, auf die ich später noch eingehe):

```
→ ls $HOME | wc -l
8                        Sie können einen anderen Wert haben.
```

Herausfinden, wie viel Platz auf einer Partition Ihrer Festplatte belegt ist:

```
→ df -h /
Filesystem  Size  Used  Avail  Use%  Mounted on
/dev/sdb1    78G   30G    48G   61%  /
```

Anzeigen, welche Prozesse auf Ihrem Computer laufen (mit q beenden Sie den Befehl wieder):

```
→ top -d1
```

Die Datei */etc/hosts* ausgeben, in der die Namen und Adressen von Computern zu finden sind, aber auch Ihr Standarddrucker, sofern Sie einen eingerichtet haben:

```
→ lpr /etc/hosts
```

Wie lange sind Sie schon angemeldet?

```
→ last -1 $USER
smith  pts/7  :0  Tue Nov 10 20:12  still logged in
```

Eine Datei *sample.pdf* von der Website dieses Buchs in Ihr aktuell genutztes Verzeichnis herunterladen, ohne einen Webbrowser dafür bemühen zu müssen:

```
→ curl -O https://linuxpocketguide.com/sample.pdf
```

Herausfinden, wem der Domainname *oreilly.com* gehört (mit der `Leertaste` blättern Sie seitenweise weiter, mit »`q`« beenden Sie den Befehl):

```
→ whois oreilly.com | less
Domain Name: OREILLY.COM
Registrar: GODADDY.COM, LLC
⋮
```

Schließlich noch den Inhalt des Fensters löschen:

```
→ clear
```

Herzlichen Glückwunsch: Sie sind nun ein Linux-Anwender!

Struktur von Befehlen

Ein Linux-Befehl besteht typischerweise aus einem *Programmnamen*, gefolgt von *Optionen* und *Argumenten*:

```
wc -l meinedatei
```

Der Programmname (`wc`, für *word count*) bezieht sich auf ein Programm, das sich irgendwo auf der Festplatte befindet und das von der Shell gesucht und ausgeführt wird. Optionen, die normalerweise mit einem Bindestrich beginnen, beeinflussen das Verhalten des Programms. Im vorangegangenen Befehl sagt die Option `-l` dem Programm `wc`, dass es Zeilen und nicht Wörter zählen soll. Das Argument `meinedatei` gibt die Datei an, die `wc` lesen und verarbeiten soll.

Befehle können mehrere Optionen und Argumente haben. Es ist möglich, Optionen einzeln anzugeben oder kombiniert hinter einem einzelnen Bindestrich:

```
wc -l -w meinedatei   zwei einzelne Optionen
wc -lw meinedatei     kombiniert, identisch mit -l -w
```

Allerdings sind manche Programme eigen und erkennen kombinierte Optionen nicht. Mehrere Argumente sind auch okay:

```
wc -l meinedatei1 meinedatei2
```
Zählt Zeilen in zwei Dateien.

Optionen sind nicht standardisiert. Sie können aus einem Bindestrich und einem Buchstaben (zum Beispiel `-l`) oder zwei Bindestrichen und einem Wort (`--lines`) bestehen oder auch ein ganz anderes Format besitzen. Der gleiche Optionsbuchstabe kann in unterschiedlichen Programmen unterschiedliche Bedeutungen haben: In `wc` bedeutet `-l` »zähle die Textzeilen (*lines*)«, in `ls` steht `-l` für »erzeuge längere Ausgaben (*long*)«. Zwei Programme können auch unterschiedliche Optionen für dieselbe Sache verwenden, wie etwa das Ausführen ohne Ausgaben: `-q` und `-s` für »leise ausführen« (run *quietly* bzw. run *silently*). Auf manche Optionen folgt ein Wert wie zum Beispiel `-s 10`, wobei das Leerzeichen dazwischen nicht immer erforderlich ist (`-s10`).

Bei Argumenten handelt es sich meist um Dateinamen zur Ein- oder Ausgabe, es kann sich aber auch um andere Dinge handeln, etwa um Verzeichnisnamen, Usernamen, Hostnamen, IP-Adressen, reguläre Ausdrücke oder beliebige Strings.

Ein Befehl, bei dem es sich nur um ein einfaches Programm ohne Optionen und Argumente handelt, ist ein *einfacher Befehl*. Hier folgt ein einfacher Befehl, der ausgibt, welche User an einem Linux-Server angemeldet sind:[4]

```
→ who
silver      :0    Sep 23 20:44
byrnes   pts/0    Sep 15 13:51
barrett  pts/1    Sep 22 21:15
silver   pts/2    Sep 22 21:18
```

Ein Befehl kann auch mehrere Programme auf einmal aufrufen und sie sogar so kombinieren, dass sie miteinander interagieren. Hier ein Befehl, der die Ausgabe von `who` mit der Eingabe von `wc` verbin-

4 Der User »silver«, der zweimal aufgeführt wird, lässt zwei interaktive Shells gleichzeitig laufen.

det, die Textzeilen zählt. Das Ergebnis ist die Anzahl der Zeilen der Ausgabe von who:

```
→ who | wc -l
4
```

Der vertikale Balken, der als *Pipe* bezeichnet wird, stellt die Verbindung zwischen who und wc her. Linux-Expertinnen und -Experten nutzen diese Art kombinierter Befehle, auch als *Pipelines* bezeichnet, die ganze Zeit.

Befehle können auch Konstrukte von Programmiersprachen enthalten, wie zum Beispiel Variablen, Bedingungen oder Schleifen. Darauf gehe ich in »Mit Shell-Skripten programmieren« auf Seite 308 ein. So kann ein Befehl beispielsweise sagen: »Führe dieses Programm aus, schreibe die Ausgabe in eine Datei meiner Wahl, und wenn ein Fehler auftritt, schick mir eine E-Mail mit den Ergebnissen.«

User und Administratoren

Linux ist ein Multi-User-Betriebssystem: Mehrere Menschen können zur gleichen Zeit einen einzelnen Linux-Computer benutzen. Auf einem Computer wird jeder Benutzer durch seinen eindeutigen *Benutzernamen* identifiziert, wie etwa »smith« oder »lustigertyp«, und er besitzt einen (halbwegs) privaten Teil des Systems für seine Arbeit (siehe »Home-Verzeichnisse« auf Seite 30), sodass er sich nicht mit anderen Benutzerinnen und Benutzern ins Gehege kommt.

Darüber hinaus gibt es einen besonderen Benutzer namens root – den *Superuser* oder *Administrator* –, der das Recht besitzt, alles auf dem System zu machen. Er kann jegliche Datei erstellen, verändern oder löschen und jedes Programm ausführen. Normale Benutzer haben eingeschränkte Rechte: Sie dürfen zwar die meisten Programme ausführen, im Allgemeinen aber können sie nur die Dateien modifizieren, die ihnen gehören.

Manche Befehle in diesem Buch erfordern Administrationsberechtigungen. Diesen Befehlen stelle ich sudo voran:

```
→ sudo        hier kommen Administrationsbefehle
```

> Mit sudo erhalten Sie die Macht, Ihr Linux-System zu zerstören.

In »Administrator werden« auf Seite 161 beschreibe ich sudo ausführlicher, jetzt reicht es zu wissen, dass sudo Ihnen Administrationsberechtigungen gibt und Sie manchmal nach Ihrem Passwort fragt. Um zum Beispiel die Zeilen in der geschützten Datei */etc/shadow* zu zählen, können Sie diesen Befehl mit und ohne sudo ausführen:

```
→ wc -l /etc/shadow                          Das schlägt fehl.
wc: /etc/shadow: Permission denied
→ sudo wc -l /etc/shadow                     Mit sudo ausführen.
[sudo] password: xxxxxxxx
51 /etc/shadow                               Es hat funktioniert!
```

Das Dateisystem

Um ein Linux-System benutzen zu können, müssen Sie sich mit Linux-Dateien und -Verzeichnissen (d.h. Ordnern) – dem *Dateisystem* – vertraut machen. In einer grafischen Benutzeroberfläche sind die Dateien und Verzeichnisse auf dem Bildschirm eindeutig zu erkennen. Auf einem Kommandozeilensystem wie der Linux-Shell hingegen sind die gleichen Dateien und Verzeichnisse zwar vorhanden, aber weniger sichtbar, sodass Sie sich häufig merken müssen, in welchem Verzeichnis Sie sich gerade befinden und in welcher Beziehung dieses zu anderen Verzeichnissen steht. Sie verwenden Shell-Befehle wie cd (Verzeichnis wechseln, *change directory*) und pwd (aktuelles Verzeichnis ausgeben, *print working directory*), um sich zwischen Verzeichnissen zu »bewegen« und den Überblick darüber zu behalten, wo Sie gerade sind.

Kommen wir zu einigen Begriffen. Linux-Dateien sind in *Verzeichnissen* organisiert. Die Verzeichnisse bilden eine Hierarchie (auch *Baum* genannt), wie in Abbildung 1-3 gezeigt: Ein Verzeichnis kann andere Verzeichnisse enthalten, die sogenannten *Unterverzeichnisse*, die wiederum weitere Dateien und Unterverzeichnisse enthalten können usw. – bis in die Unendlichkeit. Das oberste Verzeichnis wird als *Root-Verzeichnis* bezeichnet und durch einen Schrägstrich oder auch Slash (/) gekennzeichnet.[5]

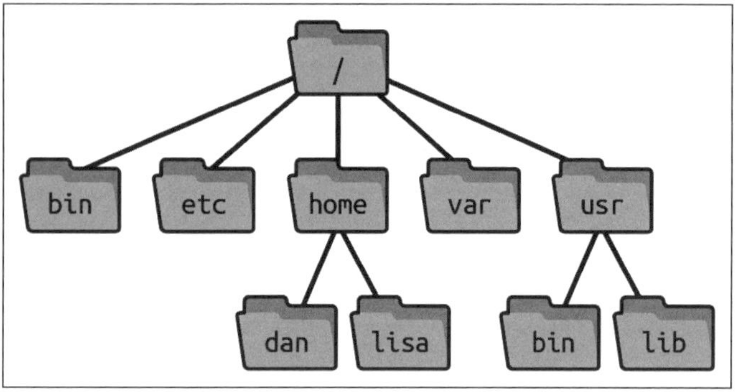

Abbildung 1-3: Ein Teil eines Linux-Dateisystems. Der Root-Ordner befindet sich ganz oben. Der absolute Pfad zum Ordner »dan« lautet »/home/dan«.

Linux bezieht sich auf die Dateien und Verzeichnisse mittels einer »Namen-und-Schrägstriche-Syntax«, die *Pfad* genannt wird. Zum Beispiel bezeichnet der Pfad

```
/eins/zwei/drei/vier
```

das Root-Verzeichnis /, das ein Verzeichnis namens *eins* enthält, in dem sich das Verzeichnis *zwei* befindet, das wiederum ein Verzeichnis *drei* enthält, in dem schließlich die letzte Datei oder das letzte Verzeichnis zu finden ist, nämlich *vier*. Beginnt ein Pfad mit dem Root-Verzeichnis, bezeichnet man ihn als *absoluten Pfad*.

Pfade müssen nicht absolut sein – sie können relativ zu einem anderen Verzeichnis angegeben werden. In Abbildung 1-3 gibt es zwei verschiedene Verzeichnisse namens *bin*, deren absolute Pfade */bin* und */usr/bin* lauten. Beziehen wir uns einfach auf das »*bin*-Verzeich-

5 In Linux stammen alle Dateien und Verzeichnisse von Root ab. Das ist anders als unter Windows, wo unterschiedliche Geräte über Laufwerkbuchstaben angesprochen werden.

nis«, ist nicht klar, welches wir meinen. Wir brauchen mehr Kontext. Immer wenn Sie sich auf einen Pfad beziehen, der nicht mit einem Schrägstrich beginnt – zum Beispiel *bin* –, wird dieser als *relativer* Pfad bezeichnet.

Damit ein relativer Pfad Sinn ergibt, müssen Sie wissen, wo Sie sich im Linux-Dateisystem befinden. Diese Position wird als Ihr *aktuelles Arbeitsverzeichnis* (oder auch nur *Arbeitsverzeichnis* oder *aktuelles Verzeichnis*) bezeichnet.

Jede Shell besitzt ein aktuelles Arbeitsverzeichnis, und wenn Sie Befehle in dieser Shell ausführen, arbeiten diese relativ zu dem Verzeichnis. Befindet sich Ihre Shell zum Beispiel »im« Verzeichnis */usr* und führen Sie einen Befehl aus, der sich auf einen relativen Pfad *bin* bezieht, geht es in Wirklichkeit um den Pfad */usr/ bin*. Ganz allgemein: Ist Ihr aktuelles Verzeichnis */eins/zwei/drei*, würde ein relativer Pfad *a/b/c* dem absoluten Pfad */eins/zwei/drei/a/b/c* entsprechen.

Zwei besondere relative Pfade werden mit `.` (einem einzelnen Punkt) und `..` (zwei Punkten hintereinander oder »Punkt Punkt«) gekennzeichnet. Der erste Ausdruck steht für Ihr aktuelles Verzeichnis, der zweite Ausdruck bezieht sich auf das *Elternverzeichnis*, das sich eine Ebene darüber befindet. Ist Ihr aktuelles Verzeichnis also */eins/zwei/drei*, bezieht sich `.` auf dieses Verzeichnis und `..` auf */eins/zwei*.

Sie »bewegen« Ihre Shell von einem zum anderen Verzeichnis mit dem `cd`-Befehl, der das aktuelle Arbeitsverzeichnis Ihrer Shell ändert:

→ **`cd /usr/local/bin`** *In das Verzeichnis /usr/local/bin wechseln.*

Dieser `cd`-Befehl hat einen absoluten Pfad genutzt. Sie können sich mit `cd` auch relativ bewegen:

→ **`cd d`** *Wechsle ins Unterverzeichnis d.*
→ **`cd ../meinVerz`** *Gehe nach oben zu meinem Elternverzeichnis und von dort in das Verzeichnis meinVerz.*

Datei- und Verzeichnisnamen können die meisten Zeichen enthalten, die man auch erwarten würde: Groß- und Kleinbuchstaben,[6]

---

6 Linux-Dateinamen unterscheiden zwischen Klein- und Großschreibung, Klein- und Großschreibung sind also nicht äquivalent.

Zahlen, Punkte, Bindestriche, Unterstriche und die meisten Symbole (aber nicht der Schrägstrich /, weil dieser für das Trennen der Verzeichnisse reserviert ist). Vermeiden Sie im praktischen Einsatz jedoch auch Leerzeichen, Sternchen, Dollarzeichen, Klammern und andere Zeichen, die für die Shell eine besondere Bedeutung haben. Ansonsten müssen Sie diese Zeichen schützen (siehe »Quoting« auf Seite 48).

Home-Verzeichnisse

Die persönlichen Dateien der Benutzer sind oft im Verzeichnis */home* (für normale Benutzer) oder */root* (für den Administrator) zu finden. Ihr Home-Verzeichnis ist typischerweise */home/<Ihr-Benutzername>*, also: */home/smith*, */home/jones* usw. Es gibt verschiedene Möglichkeiten, das Home-Verzeichnis zu finden oder anzusprechen:

`cd`

Ohne Argumente benutzt, bringt der `cd`-Befehl Sie zu Ihrem Home-Verzeichnis zurück (d.h., er stellt das Arbeitsverzeichnis der Shell entsprechend ein).

`HOME`-*Variable*

Die Umgebungsvariable `HOME` (siehe »Shell-Variablen« auf Seite 41) enthält den Namen Ihres Home-Verzeichnisses:

```
→ echo $HOME                     Gibt Verzeichnisnamen aus.
/home/smith
→ cd $HOME/linuxpocketguide      Ruft Unterverzeichnis auf.
```

~

Wird eine Tilde anstelle eines Verzeichnisses verwendet, wird sie von der Shell durch den Namen Ihres Home-Verzeichnisses ersetzt.

```
→ echo ~                     Gibt Verzeichnisnamen aus.
/home/smith
→ cd ~/linuxpocketguide      Ruft Unterverzeichnis auf.
```

Folgt auf die Tilde ein Benutzername (wie bei *~fred*), erweitert die Shell diesen String zum Home-Verzeichnis des Benutzers:

```
→ cd ~fred     Freds Home-Verzeichnis aufrufen (sofern vorhanden).
→ pwd          Befehl zum Ausgeben des Arbeitsverzeichnisses.
/home/fred
```

Systemverzeichnisse

Ein Linux-System besitzt Zehntausende von Systemverzeichnissen. Diese enthalten Betriebssystemdateien, Anwendungen, Dokumentationen und praktisch alles mit Ausnahme der persönlichen Benutzerdateien (die typischerweise in */home* residieren).

Wenn Sie kein Systemadministrator sind, werden Sie die meisten Systemverzeichnisse nie zu Gesicht bekommen, aber mit ein bisschen Hintergrundwissen können Sie zumindest ihren Zweck verstehen oder erraten. Ihre Namen enthalten oft drei Teile, die in Abbildung 1-4 zu sehen sind.

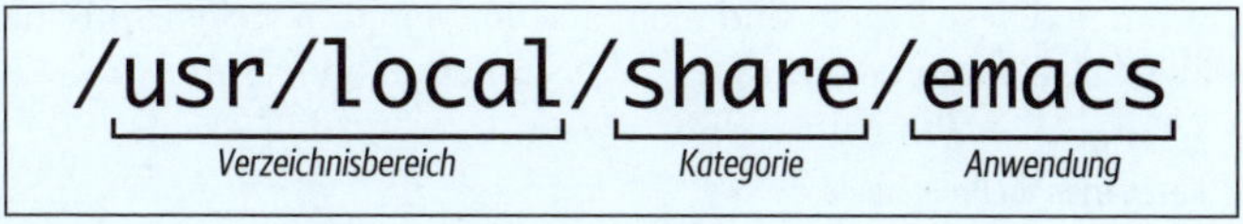

Abbildung 1-4: Verzeichnisbereich, Kategorie und Anwendung

Verzeichnispfad Teil 1: Gültigkeitsbereich

Der *Gültigkeitsbereich* eines Verzeichnispfads beschreibt den Zweck einer kompletten Verzeichnishierarchie. Gebräuchlich sind z. B.:

`/`
: Systemdateien, die mit Linux geliefert wurden (Wurzelverzeichnis, gesprochen »root«).

`/usr`
: Mehr Systemdateien, die mit Linux geliefert wurden (gesprochen »user«).

`/usr/local`
: Systemdateien, die nicht mit Ihrer Distro geliefert werden; sie sind möglicherweise spezifisch für Ihr lokales Linux-Netzwerk oder für Ihren jeweiligen Computer.

In der Praxis gibt es keine klare Unterscheidung zwischen / und /usr, allerdings wird in gewisser Weise davon ausgegangen, dass / »niedriger« und dichter am Betriebssystem angesetzt ist.

Verzeichnispfad Teil 2: Kategorie

Die *Kategorie* eines Verzeichnispfads in Abbildung 1-4 verrät Ihnen, welche Arten von Dateien in einem Verzeichnis zu finden sind. Ist die Kategorie z.B. *lib*, können Sie ziemlich sicher sein, dass das Verzeichnis Bibliotheksdateien für das Programmieren enthält. Ist die Kategorie *bin*, handelt es sich beim Inhalt meist um Binärdateien – also ausführbare Programme.

Setzen Sie vor eine Kategorie wie *bin* einen Gültigkeitsbereich, entstehen Pfade wie */bin*, */usr/bin* oder */usr/local/bin*. Die für eine Distro wichtigsten Systemprogramme wie ls oder cat finden sich üblicherweise in */bin*, andere Systemprogramme in */usr/bin*.[7] */usr/local/bin* enthält lokal installierte Programme, die nicht aus Ihrer Distro stammen. Diese Regeln sind nicht absolut, sondern stellen typische Fälle dar. Gebräuchliche Kategorien sind unter anderem:

Kategorien für Programme

bin	Programme (normalerweise Binärdateien).
sbin	Programme (normalerweise Binärdateien), die für die Ausführung durch den Administrator gedacht sind.
lib	Bibliotheken mit Code, der von den Programmen benutzt wird.

Kategorien für Dokumentationen

doc	Dokumentationen.
info	Dokumentationsdateien für das in Emacs eingebaute Hilfesystem.
man	Dokumentationsdateien (Manpages), die vom man-Programm angezeigt werden. Die Dateien sind oft komprimiert und mit Schriftsatzbefehlen durchsetzt, die man interpretiert.
share	Programmspezifische Dateien, wie etwa Beispiele und Installationsanweisungen.

7 Manche Distros treffen diese Unterscheidung gar nicht mehr. Fedora zum Beispiel macht */bin* zu einem symbolischen Link auf */usr/bin*.

Kategorien für die Konfiguration

etc	Konfigurationsdateien (und diverse andere Dinge) für das System.
init.d	Konfigurationsdateien zum Booten von Linux.
rc.d	Konfigurationsdateien zum Booten von Linux, auch *rc1.d*, *rc2.d* ...

Kategorien für die Programmierung

include	Header-Dateien für die Programmierung.
src	Quellcode für Programme.

Kategorien für Webdateien

cgi-bin	Skripte/Programme, die auf Webseiten laufen.
html	Webseiten.
public_html	Webseiten, typischerweise in den Home-Verzeichnissen der Benutzer.
www	Webseiten.

Kategorien für die Anzeige

fonts	Schriften.
X11	X Window-Systemdateien.

Kategorien für Hardware

dev	Gerätedateien als Schnittstellen zu Festplatten und anderer Hardware.
media	Mountpoints: Verzeichnisse, die Zugang zu Festplatten bieten.
mnt	Mountpoints: Verzeichnisse, die Zugang zu Festplatten bieten.

Kategorien für Laufzeitdateien

var	Dateien zum Status des Computers, sie werden häufig aktualisiert.
lock	Lock-Dateien, die von Programmen erzeugt werden, um zu sagen: »Ich laufe.« Die Existenz einer Lock-Datei könnte ein anderes Programm oder eine andere Instanz desselben Programms daran hindern, eine Aktion auszuführen.
log	Logdateien, die wichtige Systemereignisse mitschreiben sowie Fehler-, Warn- und Informationsmeldungen enthalten.
mail	Mailboxen für eingehende E-Mails.

run	PID-Dateien, die die IDs der laufenden Prozesse enthalten. Diese Dateien werden oft konsultiert, um bestimmte Prozesse zu verfolgen oder zwangsweise zu beenden.
spool	Zu versendende Dateien oder Dateien in einer Warteschlange, wie etwa ausgehende E-Mails, Druckaufträge und zu einer bestimmten Zeit auszuführende Jobs.
tmp	Temporärer Speicher, den Programme und/oder Personen benutzen können.

Verzeichnispfad Teil 3: Anwendung

Der Anwendungsteil eines Verzeichnispfads (siehe Abbildung 1-4) ist, falls vorhanden, normalerweise der Name eines Programms. So hat beispielsweise das Verzeichnis */etc/systemd* den Gültigkeitsbereich Root (*/*), die Kategorie *etc* (Konfigurationsdateien) und die Anwendung *systemd*. Da es sich bei *systemd* um einen Service zum Konfigurieren von Linux-Rechnern handelt, kann man davon ausgehen, dass */etc/systemd* Konfigurationsdateien für diesen Service enthält – und das ist in der Tat der Fall.

Kernelbezogene Verzeichnisse

Manche Verzeichnisse unterstützen den Linux-Kernel, den niedrigsten Teil des Linux-Betriebssystems:

/boot
: Dateien, die zum Booten des Systems benötigt werden. Hier »lebt« der Kernel, der typischerweise */boot/vmlinuz* oder ähnlich genannt wird.

/lost+found
: Beschädigte Dateien, die von einem Plattenreparaturwerkzeug gerettet wurden.

/proc
: Beschreibt aktuell laufende Prozesse; für fortgeschrittene Benutzer.

/sys
: Dateien für Kernelinterna; für fortgeschrittene Benutzer.

Die Dateien in */proc* und */sys* liefern einen Einblick in den laufenden Kernel und haben besondere Eigenschaften. Dateien in */proc* scheinen immer die Größe 0 zu haben, sind schreibgeschützt und haben stets das aktuelle Datum. Auf zauberhafte Weise enthalten sie jedoch Informationen über den Linux-Kernel:

```
→ ls -lG /proc/version
-r--r--r-- 1 root 0 Oct 3 22:55 /proc/version
→ cat /proc/version
Linux version 5.15.0-76-generic ...
```

Dateien in */sys* besitzen ebenfalls eine irreführende Größenangabe und magische Inhalte:

```
→ ls -lG /sys/power/state
-rw-r--r-- 1 root 4096 Jul 8 06:12 /sys/power/state
→ cat /sys/power/state
freeze mem disk
```

/proc und */sys* werden vor allem von Programmen benutzt, aber natürlich können Sie sie ebenfalls untersuchen. Hier sind einige Beispiele:

/proc/ioports	Eine Liste der Ein-/Ausgabehardware Ihres Computers.
/proc/cpuinfo	Informationen über die Prozessoren Ihres Computers.
/proc/version	Die Betriebssystemversion. Der Befehl `uname` gibt dieselben Informationen aus.
/proc/uptime	Die »Uptime« des Systems, d. h. die Zeit in Sekunden, seit das System zuletzt gebootet wurde. Der Befehl `uptime` liefert eine Ausgabe, die für Menschen besser zu verstehen ist.
*/proc/*NNN	Informationen über den Linux-Prozess mit der Prozess-ID *NNN* (wobei *NNN* ein positiver Integer ist, z. B. */proc/13542*).
/proc/self	Informationen über den aktuellen Prozess, den Sie ausführen; ein symbolischer Link auf eine */proc/nnn*-Datei, wird automatisch aktualisiert. Probieren Sie **`ls -l /proc/self`** mehrmals hintereinander aus: Sie werden feststellen, dass */proc/self* sich ändert.

Dateiberechtigungen

Ein Linux-System kann viele Benutzerkonten haben. Um die Privatsphäre und die Sicherheit zu gewährleisten, können die meisten User nur auf einige Dateien des Systems zugreifen und nicht auf alle. Diese Zugangskontrolle läuft auf zwei Fragen hinaus:

Wer besitzt Rechte?

Jede Datei und jedes Verzeichnis hat einen *Besitzer*, der das Recht hat, damit alles zu tun. Typischerweise ist der Benutzer, der eine Datei angelegt hat, ihr Eigentümer, der Administrator kann das aber ändern.

Darüber hinaus kann eine vordefinierte *Gruppe* von Benutzern das Recht haben, auf eine Datei zuzugreifen. Gruppen werden vom Systemadministrator definiert und in »Gruppen verwalten« auf Seite 191 behandelt.

Schließlich kann eine Datei oder ein Verzeichnis auch von *allen Benutzern* mit Konten auf dem System geöffnet werden. Diese Menge von Benutzern wird auch als die *Welt* oder einfach als *andere* bezeichnet.

Welche Art von Rechten werden gewährt?

Dateieigentümer, Gruppen und die Welt haben eventuell jeweils das Recht, bestimmte Dateien zu *lesen*, zu *schreiben* (d. h. zu modifizieren) und *auszuführen*. Die Rechte greifen auch auf die Verzeichnisse über, die die Benutzer lesen (auf Dateien innerhalb dieses Verzeichnisses zugreifen), schreiben (Dateien innerhalb dieses Verzeichnisses anlegen und löschen) und ausführen (das Verzeichnis mit `cd` betreten) können.

Um die Besitzer und Zugriffsrechte einer Datei *meinedatei* zu sehen, führen Sie folgenden Befehl aus (siehe »Grundlegende Dateioperationen« auf Seite 63):

```
→ ls -l meinedatei
-rw-r--r-- 1 smith smith 1168 Oct 28 2015 meinedatei
```

Um die Besitzer und Zugriffsrechte eines Verzeichnisses *verzname* zu sehen, führen Sie diesen Befehl aus, ergänzt um die Option `-d`:

```
→ ls -ld meinverz
drwxr-x--- 3 smith smith 4096 Jan 08 15:02 meinverz
```

In der Ausgabe werden die Zugriffsrechte durch die zehn Zeichen ganz links dargestellt: einen String aus r für Lesen (*read*), w für Schreiben (*write*) und x für Ausführen (*execute*) sowie anderen Buchstaben und Bindestrichen, zum Beispiel:

```
-rwxr-x---
```

Diese Buchstaben und Symbole haben folgende Bedeutung:

Position	Bedeutung
1	Dateityp: - = Datei, d = Verzeichnis, l = symbolischer Link, p = benannte Pipe, c = Zeichengerät, b = Blockgerät
2–4	Lese-, Schreib- und Ausführungsrechte für den Besitzer der Datei: Lesen (r), Schreiben (w), Ausführen (x) oder keine Berechtigung (-)
5–7	Lese-, Schreib- und Ausführungsrechte für die Gruppe der Datei: r, w, x, -
8–10	Lese-, Schreib- und Ausführungsrechte für alle anderen Benutzer: r, w, x, -

Unser Beispiel -rwxr-x--- steht also für eine Datei, die vom Eigentümer gelesen, geschrieben und ausgeführt, von der Gruppe gelesen und ausgeführt, aber nicht geschrieben, und vom Rest der Welt gar nicht angefasst werden darf. Um den Eigentümer, die Gruppeneigentümerschaft oder die Rechte einer Datei zu ändern, benutzen Sie die Befehle chown, chgrp bzw. chmod so, wie in »Dateieigenschaften« auf Seite 85 beschrieben wird.

Ausgewählte bash-Features

Eine Shell führt nicht einfach nur Befehle aus, sondern kann noch mehr. Sie besitzt darüber hinaus leistungsfähige Eigenschaften, die diese Aufgabe einfacher machen: Wildcards (Platzhalter) zum Filtern von Dateinamen, eine »Befehlshistorie« zum schnellen erneuten Aufrufen von Befehlen, Pipes, mit denen man die Ausgabe eines Befehls zur Eingabe eines anderen Befehls machen kann, Variablen zum Speichern von Werten zur Benutzung durch die Shell usw. Nehmen Sie sich die Zeit, diese Eigenschaften und Funktionen kennenzulernen. Sie werden merken, dass Sie schneller und produktiver mit Linux arbeiten.[8] Schauen wir uns kurz diese nützlichen Werkzeuge an. (Für eine vollständige Dokumentation führen Sie `info bash` aus.)

Welche Shell nutzen Sie?

Dieses Buch nimmt an, dass Sie die bash-Shell verwenden. Um herauszufinden, welche Shell Sie einsetzen, führen Sie folgenden Befehl aus:

```
→ echo $SHELL
/bin/bash
```

Ist das nicht die bash-Shell, möchten Sie diese aber ausprobieren, rufen Sie den Befehl `bash` direkt auf, weil bash – wie alle anderen Shells – einfach ein Programm ist. (Sie finden es unter */bin/bash*.)

```
→ bash
```

Wenn Sie fertig sind, geben Sie den Befehl `exit` ein, um zu Ihrer normalen Shell zurückzukehren. Um bash als Ihre Standard-Shell festzulegen, schauen Sie sich den Befehl `chsh` in »Verwaltung der Benutzerzugänge« auf Seite 187 an.

Mustererkennung

Die Mustererkennung in der Shell, manchmal auch als Wildcards bezeichnet, bietet eine Abkürzung für das Arbeiten mit Gruppen von Dateien. So steht z.B. das Muster a* für alle Dateien, deren Namen mit einem kleingeschriebenen »a« beginnen. Wildcards werden von der Shell zu den tatsächlichen Dateinamen »erweitert«, die auf sie passen. Falls Sie also Folgendes eintippen:

```
→ ls a*
aardvark  adamantium  apple
```

erweitert die Shell zuerst das Muster a* zu den Dateinamen, die in Ihrem aktuellen Verzeichnis mit einem »a« beginnen. Das ist das Gleiche, als hätten Sie Folgendes eingetippt:

8 Schauen Sie sich auch mein dazu passendes Buch *Produktiv auf der Linux-Kommandozeile* (*https://dpunkt.de/produkt/produktiv-auf-der-linux-kommandozeile/*) an, um Ihre Fähigkeiten zu erweitern.

```
→ ls aardvark adamantium apple
```

`ls` merkt gar nicht, dass Sie ein Muster benutzt haben, es sieht nur die fertige Liste der Dateinamen, nachdem die Shell die Wildcard erweitert hat. Wichtig: Dies bedeutet, dass *jeder* Linux-Befehl ungeachtet seines Ursprungs mit Mustern und anderen Shell-Funktionen arbeitet. Man kann gar nicht oft genug darauf hinweisen, denn eine überraschend große Zahl an Linux-Anwendern geht fälschlicherweise davon aus, dass die Programme ihre eigenen Wildcards erweitern. Das tun sie nicht. Die Shell kümmert sich komplett um sie, *bevor die entsprechenden Programme überhaupt aufgerufen werden.*

Zwei Zeichen werden von Mustern nie gefiltert: ein führender Punkt und der Verzeichnisschrägstrich (/). Diese Zeichen müssen wörtlich angegeben werden, wie in `.bash*`, um `.bashrc` zu filtern, oder in `/etc/*conf`, um alle Dateinamen zu erfassen, die im */etc*-Verzeichnis auf *conf* enden.

Punktdateien

Dateinamen mit einem führenden Punkt, die sogenannten *Punktdateien*, werden oft vor Ihren Augen verborgen, sofern Sie sie nicht explizit anfordern. Ein Beispiel ist die bash-Initialisierungsdatei *.bashrc* in Ihrem Home-Verzeichnis.

- `ls` lässt die Datei beim Auflisten des Verzeichnisses weg, wenn Sie nicht zusätzlich die Option `-a` angeben.
- Shell-Wildcards erfassen einen führenden Punkt ebenfalls nicht.

Aus diesem Grund werden sie manchmal auch als »verborgene Dateien« bezeichnet.

Falls Sie beim Einsatz von Zeichenmengen einen wirklichen Bindestrich einfügen wollen, setzen Sie ihn an die erste oder letzte Stelle, sodass er nicht Teil eines Bereichs ist. Eine schließende eckige Klammer müssen Sie an die erste Stelle setzen oder mit einem Backslash maskieren (\]). Um ein ^ oder ! wörtlich einzufügen, setzen Sie es nicht an die erste Stelle, oder Sie maskieren das Zeichen.

Muster	Bedeutung
*	Null oder mehr nachfolgende Zeichen (außer einem führenden Punkt oder einem Verzeichnisschrägstrich).
?	Ein beliebiges einzelnes Zeichen (außer einem führenden Punkt oder einem Verzeichnisschrägstrich).
`[`*Menge*`]`	Ein beliebiges einzelnes Zeichen aus der angegebenen Menge, üblicherweise eine Folge von Zeichen, wie etwa `[aeiouAEIOU]` für alle Vokale, oder ein Bereich mit einem Bindestrich, wie etwa `[A-Z]` für alle Großbuchstaben, oder eine Kombination.
`[!`*Menge*`]`	Ein beliebiges einzelnes Zeichen, das *nicht* in der angegebenen Menge ist, wie zum Beispiel `[!0-9]` für alle Zeichen, die keine Ziffern sind.
`[^`*Menge*`]`	Wie `[!`*Menge*`]`.

Erweiterung von geschweiften Klammern

Ähnlich wie Dateimuster werden auch Ausdrücke in geschweiften Klammern erweitert und bilden auf diese Weise mehrere Argumente für einen Befehl. Der kommaseparierte Ausdruck

```
{bubble,quick,merge}
```

wird innerhalb einer Kommandozeile zuerst zu `bubble`, dann zu `quick` und schließlich zu `merge` erweitert:

```
→ echo {bubble,quick,merge}sort.java
bubblesort.java quicksort.java mergesort.java
```

> Der zentrale Unterschied zwischen geschweiften und eckigen Klammern ist, dass geschweifte Klammern mit *allen* Strings funktionieren, eckige Klammern aber nur bestehende Dateinamen finden.

Geschweifte Klammern können auch in eine Folge von Werten in einem Bereich erweitert werden, wenn Sie die Endpunkte des Bereichs durch zwei Punkte (`..`) trennen:

```
→ echo {3..12}
3 4 5 6 7 8 9 10 11 12
→ echo {A..E}
A B C D E
→ echo datei{1..5}.py
datei1.py datei2.py datei3.py datei4.py datei5.py
```

Shell-Variablen

Sie können Variablen und deren Werte definieren, indem Sie sie einander zuweisen:

→ **MEINEVAR=3**   *Der Variablen MEINEVAR den Wert 3 zuweisen.*

Um auf einen Wert zu verweisen, setzen Sie einfach ein Dollarzeichen vor den Variablennamen:

```
→ echo $MEINEVAR
3
```

Manche Variablen sind Standard und werden beim Log-in von Ihrer Shell definiert:

Variable	Bedeutung
DISPLAY	Der Name Ihrer X Window-Anzeige.
HOME	Ihr Home-Verzeichnis, wie etwa */home/smith*.
LOGNAME	Ihr Log-in-Name, wie etwa smith.
MAIL	Ihre Mailbox für eingehende E-Mails, wie etwa */var/spool/mail/smith*.
OLDPWD	Das vorherige Verzeichnis Ihrer Shell vor dem letzten cd-Befehl.
PATH	Der Suchpfad Ihrer Shell: Verzeichnisse, die durch Doppelpunkte getrennt sind.
PWD	Das aktuelle Verzeichnis Ihrer Shell.
SHELL	Der Pfad zu Ihrer Shell, z. B. */bin/bash*.
TERM	Die Art Ihres Terminals, z. B. xterm oder vt100.
USER	Ihr Log-in-Name.

Der Geltungsbereich der Variablen ist standardmäßig die Shell, in der sie definiert ist. Um eine Variable und ihren Wert für andere Programme verfügbar zu machen, die Ihre Shell aufruft (d. h. Unterprozesse), nutzen Sie den export-Befehl:

```
→ MEINEVAR=3
→ export MEINEVAR
```

oder die Abkürzung:

```
→ export MEINEVAR=3
```

Ihre Variable wird nun als *Umgebungsvariable* bezeichnet. Um einen Schritt weiterzugehen und eine Variable für jede neue Shell verfügbar zu machen, die Sie ausführen – und nicht nur für die Unterprozesse Ihrer aktuellen Shell –, stecken Sie die Variablendefinition zuvor in eine Shell-Konfigurationsdatei (siehe »Das Shell-Verhalten anpassen« auf Seite 59).

Um die Variablen einer Shell zu sehen, führen Sie folgenden Befehl aus:

```
→ printenv
```

Um den Wert einer Variablen nur einmal einem bestimmten Programm zu übergeben, stellen Sie auf der Kommandozeile *Variable=Wert* voran:

```
→ printenv HOME
/home/smith
→ HOME=/home/sally printenv HOME
/home/sally
→ printenv HOME
/home/smith                    Der Originalwert ist nicht betroffen.
```

Suchpfad

Programme sind eventuell über Ihr ganzes Linux-Dateisystem verstreut und stecken in Verzeichnissen wie */bin* und */usr/bin*. Wie findet die Shell ein Programm, das Sie über einen Shell-Befehl ausführen? Wenn Sie einen Befehl wie:

```
→ who    Die Shell muss das »who«-Programm zum Ausführen finden.
```

eintippen, muss die Shell das Programm im Dateisystem finden. Dazu fragt sie den Wert von der Umgebungsvariablen `PATH` ab, der aus einer Folge von Verzeichnissen gebildet wird, die durch Doppelpunkte getrennt werden:

```
→ echo $PATH
/usr/local/bin:/bin:/usr/bin   Suchpfad mit 3 Verzeichnissen
```

Die Shell sucht in jedem dieser Verzeichnisse nach einer ausführbaren Datei namens `who`. Findet sie `who` (z.B. in */usr/bin/who*), führt sie den Befehl aus und merkt sich den Ort für das nächste Mal (mit `hash --help` erfahren Sie mehr über das Caching). Ansonsten gibt sie eine Fehlermeldung aus, zum Beispiel:

```
bash: who: command not found
```

Um den Fundort in Ihrem Suchpfad auszugeben, führen Sie `type` oder `which` aus:

```
→ type who
who is /usr/bin/who
→ which who
/usr/bin/who
```

Um Verzeichnisse temporär zum Suchpfad Ihrer Shell hinzuzufügen, ändern Sie deren `PATH`-Variable. Um z. B. */usr/sbin* an den Suchpfad der Shell anzuhängen, geben Sie Folgendes ein:

```
→ PATH=$PATH:/usr/sbin
→ echo $PATH
/usr/local/bin:/bin:/usr/bin:/usr/sbin
```

Diese Änderung beeinflusst nur die aktuelle Shell. Um sie dauerhaft zu machen, modifizieren Sie die `PATH`-Variable in einer bash-Konfigurationsdatei (siehe »Das Shell-Verhalten anpassen« auf Seite 59). Melden Sie sich dann ab und wieder an oder führen Sie die Konfigurationsdatei per Hand in jedem Ihrer geöffneten Shell-Fenster aus, zum Beispiel:

```
→ . $HOME/.$HOME/.bashrc    Falls $HOME/.bashrc angepasst wurde.
```

Aliase

Der eingebaute Befehl `alias` definiert eine bequeme Kurzform für einen längeren Befehl. So definiert z. B.

```
→ alias ll='ls -lG'
```

einen neuen Befehl `ll`, der `ls -lG` ausführt:

```
→ ll
total 436
-rw-r--r-- 1 smith 3584 Oct 11 14:59 datei1
-rwxr-xr-x 1 smith 72 Aug 6 23:04 datei2
⋮
```

Definieren Sie Aliase in Ihrer *~/.bashrc*-Datei (siehe »Das Shell-Verhalten anpassen« auf Seite 59), damit sie Ihnen immer zur Verfügung stehen, wenn Sie sich anmelden.[9] Um all Ihre Aliase aufzulisten, geben Sie `alias` ein. Falls Aliase Ihnen nicht leistungsstark genug sind, sollten Sie »Mit Shell-Skripten programmieren« auf Seite 308 lesen, `info bash` ausführen und sich über Shell-Funktionen (*Shell Functions*) informieren.

Eingebaute Befehle

Die meisten Linux-Befehle sind Programme im Linux-Dateisystem. Beispiele dafür sind `wc` oder `who`, die im Allgemeinen im Verzeichnis */usr/bin* zu finden sind. Die Shell finden sie zum Ausführen über die `PATH`-Variable (siehe »Suchpfad« auf Seite 42). Andere Befehle sind aber inhärente Features der Shell und sie werden als *eingebaute Befehle* bezeichnet. In diesem Kapitel haben Sie eine ganze Reihe davon kennengelernt, unter anderem `cd`, `alias` oder `export`. Um herauszufinden, ob ein Befehl im Dateisystem liegt, ein eingebauter Befehl oder ein Alias ist, führen Sie `type` aus:

```
→ type wc cd ll              Die Art dieser Befehle ausgeben
wc is /usr/bin/wc            Ein Programm im Dateisystem
cd is a shell builtin        Ein eingebauter Shell-Befehl
ll is aliased to 'ls -lG'    Ein Alias
```

Eingabe/Ausgabe und Umleitung

Die meisten Linux-Befehle akzeptieren Eingaben und/oder erzeugen Ausgaben. Die Tastatureingabe wird als *Standardeingabe* oder *stdin* bezeichnet. Die Ausgabe auf Ihrem Bildschirm ist die *Standardausgabe* oder *stdout*. Fehlermeldungen werden gesondert behandelt und an der *Standardfehlerausgabe* oder *stderr* ausgegeben. Dabei handelt es sich im Allgemeinen ebenfalls um Ihren Bildschirm, aber Linux trennt intern *stderr* und *stdout*.[10]

---

9 Manche Setups nutzen dafür *~/.bash_aliases*.

10 Sie können beispielsweise die Standardausgabe in eine Datei umleiten, die Standardfehlermeldungen sich aber trotzdem auf dem Bildschirm anzeigen lassen.

Die Shell kann die Standardeingabe, die Standardausgabe und die Standardfehlerausgabe in und aus Dateien umleiten. Mit anderen Worten: Jeder Befehl, der von der Standardeingabe liest, kann seine Eingabe stattdessen auch aus einer Datei übernehmen. Dabei hilft der Shell-Operator <:

```
→ befehl < eingabedatei
```

Genauso kann jeder Befehl, der auf die Standardausgabe schreibt, seine Ausgaben stattdessen in eine Datei schreiben:

```
→ befehl > ausgabedatei     Anlegen/Überschreiben von ausgabedatei
→ befehl >> ausgabedatei    Anhängen an ausgabedatei
```

Ein Befehl, der auf die Standardfehlerausgabe schreibt, kann seine Ausgabe ebenfalls in eine Datei umleiten, während die Standardausgabe davon nicht beeinflusst wird:

```
→ befehl 2> fehlerdatei
```

Um sowohl die Standardausgabe als auch die Standardfehlerausgabe in Dateien umzuleiten, geben Sie Folgendes ein:

```
→ befehl > ausgabedatei 2> fehlerdatei    separate Dateien
→ befehl &> ausgabedatei                  eine einzige Datei (üblich)
→ befehl >& ausgabedatei                  eine einzige Datei (weniger üblich)
```

Kombinierte Befehle

Mit bash können Sie die Fähigkeiten einzelner Befehle erweitern, indem Sie mehrere Programme mit einer einzigen Befehlszeile aufrufen.

Folge von Befehlen

Um mehrere Befehle nacheinander auf einer einzigen Kommandozeile aufzurufen, trennen Sie sie mit Semikola:

```
→ befehl1 ; befehl2 ; befehl3
```

Um wie zuvor eine Folge von Befehlen auszuführen, die Ausführung eines Befehls aber zu stoppen, falls er fehlschlägt, trennen Sie sie mit &&-(»und«-)Symbolen:

```
→ befehl1 && befehl2 && befehl3
```

Und um eine Folge von Befehlen auszuführen und die Ausführung zu stoppen, sobald ein Befehl erfolgreich ist, trennen Sie sie mit ||-(»oder«-)Symbolen:

```
→ befehl1 || befehl2 || befehl3
```

Pipes

Sie können die Standardausgabe eines Befehls so umleiten, dass sie die Standardeingabe eines anderen Befehls wird. Dazu nehmen Sie den Pipe-Operator (|) der Shell. (Auf Tastaturen mit deutschem Layout finden Sie dieses Symbol über AltGr und die </>-Taste links neben dem Y, auf dem Mac über Alt-7.) Zum Beispiel sendet

```
→ who | sort
```

die Ausgabe von who in das sort-Programm, sodass eine alphabetisch geordnete Liste der angemeldeten Benutzer ausgegeben wird. Mehrere Pipes funktionieren genauso. Hier sortieren wir erneut die Ausgabe von who, extrahieren die erste Spalte mit Informationen (mittels awk) und zeigen die Ergebnisse seitenweise an (mittels less):

```
→ who | sort | awk '{print $1}' | less
```

Befehls-Substitution

Umgeben Sie einen Befehl mit Backquotes (*Backticks*), entfernt die Shell den Befehl und ersetzt ihn durch seine Ausgabe:

```
→ date +%Y        Programm, das das aktuelle Jahr ausgibt
2024
→ echo Dieses Jahr ist `date +%Y`
Dieses Jahr ist 2024
```

Ein Dollarzeichen und Klammern verhalten sich wie Backquotes:

```
→ echo Dieses Jahr ist $(date +%Y)
Dieses Jahr ist 2024
```

Das hat zusätzlich den Vorteil, dass man es verschachteln kann:

```
→ echo Nächstes Jahr ist $(expr $(date +%Y) + 1)
Nächstes Jahr ist 2025
```

Prozess-Substitution

Manche Programme funktionieren nicht gut mit Pipes zusammen, weil sie nicht von der Standardeingabe, sondern nur aus Dateien lesen. Ein Beispiel ist der `diff`-Befehl, der zwei Dateien zeilenweise vergleicht und die Unterschiede ausgibt. Mit der *Prozess-Substitution* können Sie ein Programm wie `diff` dazu zwingen, von der Standardeingabe zu lesen. Sie führt ein Programm aus und lässt seine Ausgabe als Datei »verkleiden«, die dann von Programmen wie `diff` problemlos akzeptiert werden. Mit dem Prozess-Substitutions-Operator `<()` können Sie die Ausgabe von zwei Programmen vergleichen, statt zwei Dateien zu verwenden.

Angenommen, Sie hätten ein Verzeichnis mit zusammengehörigen JPEG- und Textdateien:

```
→ ls jpegexample
file1.jpg   file2.jpg   file3.jpg   ...
file1.txt   file2.txt   file3.txt   ...
```

Jetzt wollen Sie sichergehen, dass es zu jeder JPEG-Datei eine passende Textdatei gibt und umgekehrt. Normalerweise würden Sie zwei temporäre Dateien erstellen – eine mit den JPEG-Dateinamen und eine mit den Textdateinamen –, die Dateierweiterungen mit `cut` entfernen und die beiden temporären Dateien mit `diff` vergleichen:

```
→ cd jpegexample
→ ls *.jpg | cut -d. -f1 > /tmp/jpegs
→ ls *.txt | cut -d. -f1 > /tmp/texts
→ diff /tmp/jpegs /tmp/texts
5a6
> file6      Es fehlt die Datei file6.jpg.
8d8
< file9      Es fehlt die Datei file9.txt.
```

Mithilfe der Prozess-Substitution können Sie die gleiche Aufgabe mit einem einzigen Befehl und ohne temporäre Dateien ausführen:

```
→ diff <(ls *.jpg|cut -d. -f1) <(ls *.txt|cut -d. -f1)
```

Jeder `<()`-Operator steht in der Befehlszeile für einen Dateinamen, genau so, als würde diese »Datei« die Ausgabe von `ls` und `cut` enthalten.

Auswertung verhindern

Die Shell wertet jedes Zeichen als Befehl aus. Um das zu verhindern, nutzen Sie Quoting oder Escaping.

Quoting

Normalerweise behandelt die Shell Whitespace, also Freiraum, einfach als Worttrenner auf der Kommandozeile. Falls allerdings ein String Whitespace *enthalten soll* (etwa bei einem Dateinamen mit einem Leerzeichen), umgeben Sie ihn mit einfachen oder doppelten Anführungszeichen, damit die Shell ihn als Einheit behandelt. Einfache Anführungszeichen behandeln ihren Inhalt wörtlich, während doppelte Anführungszeichen es erlauben, Shell-Konstrukte auszuwerten, wie etwa Variablen:

```
→ echo 'Die Variable HOME hat den Wert $HOME'
Die Variable HOME hat den Wert $HOME
→ echo "Die Variable HOME hat den Wert $HOME"
Die Variable HOME hat den Wert /home/smith
```

Sonderzeichen schützen

Falls ein Zeichen eine besondere Bedeutung für die Shell besitzt, Sie es aber wörtlich verwenden wollen (z. B. * als wirkliches Sternchen und nicht als Wildcard), stellen Sie dem Zeichen einen Backslash (\) voran. Man bezeichnet dies als Schützen (*Escaping*) oder Maskieren des Sonderzeichens:

```
→ echo a*                     ein Dateimuster
aardvark adamantium apple
→ echo a\*                    ein wirkliches Sternchen
a*
→ echo "Ich lebe in $HOME"    Variablenwert ausgeben
Ich lebe in /home/smith
→ echo "Ich lebe in \$HOME"   wirkliches Dollarzeichen ausgeben
Ich lebe in $HOME
```

Sie können auch Steuerzeichen (Tabs, Newlines, ^D usw.) schützen, um sie wörtlich auf der Kommandozeile einzusetzen; dazu stellen Sie ihnen ^V voran. Das ist vor allem bei Tab-Zeichen nützlich, die die Shell ansonsten verwenden würde, um Dateinamen zu vervollständigen (siehe »Vervollständigung von Dateinamen« auf Seite 50).

```
→ echo "Da ist ein Tab zwischen hier^V    und hier"
Da ist ein Tab zwischen hier    und hier
```

Bearbeiten der Kommandozeile

Die bash erlaubt es Ihnen, die Kommandozeile, auf der Sie arbeiten, zu editieren. Die dazu verwendeten Tastenkürzel orientieren sich an denen der Texteditoren Emacs und Vim (siehe »Dateierzeugung und -bearbeitung« auf Seite 79). Um das Bearbeiten der Kommandozeile mit Emacs-Tastenkürzeln zu aktivieren, führen Sie diesen Befehl aus (setzen Sie ihn in eine bash-Konfigurationsdatei, um ihn dauerhaft zu machen):

```
→ set -o emacs
```

Für vi- (oder Vim-)Tastenkürzel:

```
→ set -o vi
```

Emacs-Tastenkürzel	Vim-Tastenkürzel (nach Esc)	Bedeutung
^P oder Pfeil nach oben	k oder Pfeil nach oben	Gehe zum vorherigen Befehl.
^N oder Pfeil nach unten	j oder Pfeil nach unten	Gehe zum nächsten Befehl.
^R		Interaktiv nach einem alten Befehl suchen.
^F oder Pfeil nach rechts	l oder Pfeil nach rechts	Gehe ein Zeichen weiter.
^B oder Pfeil nach links	h oder Pfeil nach links	Gehe ein Zeichen zurück.
^A	0	Gehe an den Zeilenanfang.
^E	$	Gehe an das Zeilenende.
^D	x	Lösche das nächste Zeichen.
^U	^U	Lösche die ganze Zeile.

Befehlsverlauf

Sie können frühere Befehle erneut aufrufen – ein Feature, das als *Befehlsverlauf* oder Befehlshistorie bezeichnet wird. Hier finden Sie einige nützliche Befehle im Hinblick auf den Verlauf:

Befehl	Bedeutung
`history`	Gibt den Verlauf aus.
`history` *N*	Gibt die letzten *N* Befehle in Ihrem Verlauf aus.
`history -c`	Löscht Ihren Verlauf.
`!!`	Führt den vorherigen Befehl noch einmal aus.
`!`*N*	Führt Befehl Nummer *N* in Ihrem Verlauf erneut aus.
`!-`*N*	Führt den Befehl erneut aus, den Sie *N* Befehle zuvor eingegeben haben.

`!$`	Repräsentiert den letzten Parameter des vorherigen Befehls; das ist gut, um zu überprüfen, dass Dateien vorhanden sind, bevor man sie entfernt oder eine andere destruktive Operation ausführt:
	`→ ls z*`
	`zebra.txt  zipfile.zip  zookeeper`
	`→ rm !$` *Entspricht »rm z*«.*

`!*`	Repräsentiert alle Parameter des vorherigen Befehls:
	`→ ls meinedatei leeredatei grossedatei`
	`grossedatei  leeredatei  meinedatei`
	`→ wc !*`
	`    18      211      1168 meinedatei`
	`     0        0         0 leeredatei`
	`333563  2737540  18577839 grossedatei`
	`333581  2737751  18579007 total`

Vervollständigung von Dateinamen

Wenn Sie die Tab-Taste drücken, während Sie einen Dateinamen eintippen, vervollständigt ihn die Shell automatisch für Sie. Falls mehrere Dateinamen auf das passen, was Sie bisher getippt haben, piepst die Shell, um anzuzeigen, dass der Treffer nicht eindeutig ist. Drücken Sie noch einmal die Tab-Taste, damit die Shell Ihnen die Alternativen präsentiert. Probieren Sie dies:

```
→ cd /usr/bin
→ ls un<TAB><TAB>
```

Die Shell zeigt alle Dateien in */usr/bin* an, die mit *un* beginnen, wie etwa *uniq* und *unzip*. Tippen Sie weitere Zeichen ein, um eine eindeutige Wahl zu treffen, und drücken Sie dann erneut die Tab-Taste.

Jobkontrolle mit der Shell

`jobs`	Listet Ihre Jobs auf.
`&`	Führt einen Job im Hintergrund aus.
`^Z`	Unterbricht den aktuellen (Vordergrund-)Job.
`suspend`	Unterbricht eine Shell.
`fg`	Hebt die Unterbrechung eines Jobs auf und bringt ihn in den Vordergrund.
`bg`	Lässt einen unterbrochenen Job im Hintergrund weiterlaufen.
`disown`	Vergisst einen Job.

Alle Linux-Shells besitzen eine *Jobkontrolle*: die Fähigkeit, Programme im Hintergrund (Multitasking hinter den Kulissen) und im Vordergrund (als aktiven Prozess an Ihrem Shell-Prompt) auszuführen. Ein *Job* ist einfach die Arbeitseinheit der Shell. Wenn Sie einen Befehl interaktiv ausführen, verzeichnet Ihre aktuelle Shell ihn als einen Job. Wird der Befehl abgeschlossen, verschwindet der damit verknüpfte Job. Jobs bewegen sich auf einer höheren Ebene als Linux-Prozesse; das Linux-Betriebssystem hat von ihnen keine Ahnung. Sie sind lediglich Konstrukte der Shell. Hier sind einige wichtige Begriffe aus dem Bereich der Jobkontrolle:

Vordergrundjob
: Läuft in einer Shell und belegt den Shell-Prompt, sodass man keinen anderen Befehl ausführen kann.

Hintergrundjob
: Läuft in einer Shell, belegt aber den Shell-Prompt nicht, sodass man in derselben Shell einen weiteren Befehl ausführen kann.

Suspendieren
: Temporäres Anhalten eines Vordergrundjobs.

Fortsetzen (Resume)
: Einen angehaltenen Job veranlassen, im Vordergrund weiterzulaufen.

Ablegen (Disown)
: Die Shell anweisen, den Job nicht weiter zu verfolgen – die zugrunde liegenden Prozesse laufen weiter.

jobs

stdin **stdout** - datei -- opt **--help** --version

Der integrierte Befehl jobs listet die Jobs auf, die in Ihrer aktuellen Shell laufen.

```
→ jobs
[1]- Running     emacs meinedatei &  Hintergrundjob
[2]+ Stopped     ssh example.com     suspendierter Job
```

Der Integerwert auf der linken Seite ist die Jobnummer, und das Pluszeichen kennzeichnet den Standardjob, der von den Befehlen fg (Vordergrund) und bg (Hintergrund) beeinflusst wird.

&

An das Ende einer Kommandozeile platziert, sorgt das Ampersand-Zeichen dafür, dass der angegebene Befehl als Hintergrundjob läuft:

```
→ emacs meinedatei &
[2] 28090
```

Die Antwort der Shell enthält die Jobnummer (2) und die Prozess-ID des Befehls (28090).

^Z

Tippt man ^Z in eine Shell ein, während ein Job läuft, wird dieser Job angehalten. Er stoppt ganz einfach, sein Zustand wird aber vermerkt.

```
→ sleep 10                Wartet 10 Sekunden.
^Z
[1]+ Stopped sleep 10
→
```

Jetzt können Sie bg eingeben, um den sleep-Befehl in den Hintergrund zu schieben, oder fg, um ihn im Vordergrund weiterlaufen zu lassen. Sie können ihn auch angehalten lassen und andere Befehle ausführen.

suspend

stdin stdout -datei --opt **--help** --version

Der integrierte Befehl suspend hält die aktuelle Shell an, falls das möglich ist, so als hätten Sie ^Z in die Shell selbst eingetragen. Wenn Sie z. B. mit dem Befehl sudo eine Administratoren-Shell geöffnet haben und zu Ihrer ursprünglichen Shell zurückkehren wollen, pausiert suspend die Administratoren-Shell:

```
→ whoami
smith
→ sudo bash                    Administratoren-Shell starten
[sudo] Password: xxxxxxxx
# whoami
root
# suspend                      Admin-Shell pausieren
[1]+ Stopped     sudo bash
→ whoami                       zurück zur ersten Shell
smith
```

bg

stdin stdout -datei --opt **--help** --version

```
bg [%jobnummer]
```

Der eingebaute bg-Befehl sendet einen angehaltenen Job zur Ausführung in den Hintergrund. Ohne Argumente nimmt bg den zuletzt angehaltenen Job. Um einen bestimmten Job festzulegen (vom jobs-Befehl gezeigt), geben Sie die Jobnummer an, der Sie ein Prozentzeichen voranstellen:

```
→ bg %2      Job 2 in Hintergrund schicken
→ bg %cat    Job in Hintergrund schicken, der mit »cat« beginnt
```

Manche Arten von interaktiven Jobs können nicht im Hintergrund bleiben – etwa wenn sie auf eine Eingabe warten. Falls Sie es versuchen, hält die Shell den Job an und gibt Folgendes aus:

```
[2]+ Stopped     Kommandozeile hier
```

Sie können den Job nun wieder aufnehmen (mit fg) und fortfahren.

fg

stdin stdout -datei --opt **--help** --version

```
fg [%jobnummer]
```

Der eingebaute fg-Befehl bringt einen angehaltenen oder im Hintergrund laufenden Job wieder in den Vordergrund. Ohne Argumente wählt er einen Job aus, und zwar üblicherweise den zuletzt angehaltenen oder in den Hintergrund verschobenen. Um einen bestimmten Job festzulegen (wie vom jobs-Befehl gezeigt), geben Sie die Jobnummer an, der Sie ein Prozentzeichen voranstellen:

→ **fg %2** *Job 2 in Vordergrund schicken*
→ **fg %cat** *Job in Vordergrund schicken, der mit »cat« beginnt*

disown

stdin stdout -datei --opt **--help** --version

```
disown [-ar] [-h] [%jobnummer]
```

Der eingebaute disown-Befehl weist Ihre aktuelle Shell an, einen Job zu »vergessen«. Die Linux-Prozesse hinter dem Job laufen weiter – Sie können sie nur nicht mehr mit bg, fg, jobs und anderen Job-Befehlen steuern. Das ist bei lang laufenden Jobs nützlich, mit denen Sie nicht interagieren müssen, oder bei Jobs, die auch weiterlaufen sollen, wenn Sie Ihre Shell beenden. Siehe auch nohup in »Prozesse steuern« auf Seite 169.

→ **disown %2** *Job 2 vergessen*
→ **disown %cat** *Job vergessen, der mit »cat« beginnt*
→ **disown -h %2** *Job 2 soll nach Ende der Shell weiterlaufen*
→ **disown -r** *alle laufenden Jobs vergessen*
→ **disown -a** *alle Jobs vergessen*

Mehrere Shells auf einmal laufen lassen

Mit der Jobkontrolle können Sie mehrere Befehle gleichzeitig nutzen, aber es kann immer nur einer im Vordergrund laufen. Sie können sogar mehrere Shells auf einmal laufen lassen, die jede einen Befehl im Vordergrund und eine beliebige Zahl von Befehlen im Hintergrund ausführt.

Läuft auf Ihrem Linux-Computer ein Fenstersystem wie KDE oder GNOME, können Sie problemlos mehrere Shells parallel laufen lassen, indem Sie einfach mehrere Shell-Fenster öffnen (siehe »Eine Shell aufrufen« auf Seite 21). Zudem können manche Shell-Fenster-Programme, wie zum Beispiel `konsole` bei KDE, mehrere Tabs in einem Fenster öffnen, in denen jeweils eine Shell läuft.

Auch ohne eine grafische Benutzeroberfläche – zum Beispiel über eine SSH-Verbindung – können Sie mehrere Shells gleichzeitig einsetzen. Das Programm `tmux` nutzt ein normales ASCII-Terminal, um mehrere Fenster zu simulieren, in denen jeweils eine Shell läuft. Mit bestimmten Tastenkombinationen können Sie zwischen diesen Fenstern wechseln. (Ein ähnliches Programm ist `screen`, aber `tmux` wird besser gewartet und lässt sich leichter konfigurieren.) Um eine Session mit `tmux` zu starten, verwenden Sie einfach:

```
→ tmux
```

Es wird eine neue Shell mit einer zusätzlichen Statusleiste am unteren Rand des Terminals gestartet, die zeigt, dass Sie ein virtuelles Fenster laufen lassen. Das `tmux`-Programm bietet zehn solcher Fenster an, die mit 0 bis 9 bezeichnet sind und zwischen denen Sie wechseln können. In jedem Fenster läuft zunächst nur eine einzelne Shell, aber Sie können es in mehrere »Panes« unterteilen, um auch mehrere Shells gleichzeitig anzuzeigen. Probieren Sie einmal Folgendes aus, um sich mit `tmux` vertraut zu machen:

1. Führen Sie im aktuellen `tmux`-Fenster `ls` aus.
2. Drücken Sie `^Bc` (also `Strg-B` und dann `c`), zeigt `tmux` einen neuen Shell-Prompt in einem zweiten virtuellen Fenster an. Die Statusleiste ändert sich und zeigt, dass es zwei virtuelle Fenster namens 0 und 1 gibt.
3. Führen Sie im zweiten Fenster einen anderen Befehl aus (zum Beispiel `df`).
4. Drücken Sie `^Bn`, um zurück zu Fenster 0 zu wechseln, wo wieder die Ausgabe von `ls` sichtbar ist.
5. Drücken Sie noch ein paar Mal `^Bn`, um zwischen den beiden virtuellen Fenstern zu wechseln.
6. Drücken Sie `^B%`, um das aktuelle Fenster in zwei nebeneinanderliegende Panes aufzuteilen.

7. Drücken Sie ^B", um die aktuelle Pane vertikal in zwei Hälften zu teilen. Sie sehen jetzt drei Shells in getrennten Panes.

Die meisten Aspekte von tmux lassen sich in der Datei *~/.tmux_conf* einstellen, selbst die Wahl von ^B als Präfixtaste. Hier ein paar der gebräuchlicheren Tastenkürzel:

Tastenkürzel	Bedeutung
^B?	Onlinehilfe anzeigen, mit »q« beenden.
^Bc	Ein Fenster erzeugen.
^B0, ^B1 … ^B9	Zu Fenster 0 bis 9 wechseln.
^Bn	Zum Fenster mit der nächsthöheren Nummer wechseln.
^Bp	Zum Fenster mit der nächstniedrigeren Nummer wechseln.
^Bl	Zum zuletzt genutzten Fenster wechseln.
^B%	In zwei nebeneinanderliegende Panes aufteilen.
^B"	In zwei übereinanderliegende Panes aufteilen.
^Bo	Zur nächsten Pane wechseln.
^B Pfeil nach links	Zur linken Pane wechseln.
^B Pfeil nach rechts	Zur rechten Pane wechseln.
^B Pfeil nach oben	Zur oberen Pane wechseln.
^B Pfeil nach unten	Zur unteren Pane wechseln.
^Bq	Pane-Nummern anzeigen.
^Bx	Die aktuelle Pane beenden.
^B^B	Ein echtes Strg-B an Ihre Shell schicken, das von tmux ignoriert wird.
^B^Z	tmux suspendieren.
^Bd	Von einer tmux-Sitzung abkoppeln und zur ursprünglichen Shell zurückkehren. Um wieder zu tmux zu gelangen, rufen Sie tmux attach auf.
^D	Eine Shell in einem Fenster oder in einer Pane beenden. Das ist das normale »End-of-File«-Tastenkürzel, das im Abschnitt »Eine Shell beenden« auf Seite 58 beschrieben wird und das eine Shell beendet.
^B:kill-session	Alle Fenster und tmux beenden.

Ein paar Anmerkungen zum Einsatz von tmux:

- Wenn Shells in tmux Ihre Aliase, Variablen oder andere Shell-Einstellungen fehlen, liegt das daran, dass tmux eine Anmelde-Shell ausführt, die nicht Ihre *.bashrc*-Initialisierungsdatei berücksichtigt. Sie nutzt nur Ihre Start-up-Datei (*.bash_profile*, *.bash_login* oder *.profile*). Um das zu beheben, fügen Sie diese Zeilen an Ihre Start-up-Datei an:

```
# Meine .bashrc-Datei sourcen
if [ -f ~/.bashrc ]; then
  . ~/.bashrc
fi
```

- Nutzen Sie einen Texteditor, fängt tmux alle Strg-B-Tastendrücke ab – selbst die, die zum Bearbeiten gedacht sind. Drücken Sie ^B^B, um ein echtes Strg-B an Ihren Editor zu schicken.
- Führen Sie tmux nicht lokal auf einer grafischen Benutzeroberfläche aus – nutzen Sie stattdessen mehrere Shell-Fenster. Das ist einfacher, und es vermeidet ein Problem: Haben Sie Ihre Shell so konfiguriert, dass beim Abmelden Befehle ausgeführt werden (zum Beispiel in der Datei *~/.bash_logout*), werden die tmux-Shells diese Befehle beim Beenden aufrufen, auch wenn Sie sich noch gar nicht vom Desktop abgemeldet haben. Das kann unerwünschte Nebeneffekte auf die Anmeldesession für Ihren Desktop haben.

Einen laufenden Befehl beenden

Um einen im Vordergrund laufenden Befehl auf der Stelle zu beenden, tippen Sie ^C. Hier beende ich den cat-Befehl, während er eine sehr große Datei ausgibt:

```
→ cat grossedatei
Lorem ipsum dolor sit amet, consectetur adipiscing odio. Praesent
libero. Sed cursus ante dapibus diam. quis sem at nibh elementum
blah blah blah ^C
→
```

Um ein Programm zu beenden, das im Hintergrund läuft, können Sie es mit fg in den Vordergrund holen und dann ^C eingeben:

```
→ sleep 50 &
[1] 12752
→ jobs
[1]- Running        sleep 50 &
→ fg %1
sleep 50
^C
→
```

Alternativ benutzen Sie den Befehl `kill` (siehe »Prozesse steuern« auf Seite 169). Das Tastenkürzel `^C` ist ein Shell-Feature. Es hat keinen Effekt auf Programme, die `^C` »abfangen« und sich nicht beenden, wie zum Beispiel Texteditoren oder GUI-Anwendungen. Verwenden Sie dort `kill`.

Das Beenden überleben

Das Beenden eines Vordergrundprogramms mit `^C` könnte Ihre Shell in einen seltsamen Zustand versetzen, oder sie reagiert nicht mehr. Häufig zeigt sie dann nicht mehr an, was Sie eintippen. Falls das bei Ihnen passiert:

1. Drücken Sie `^J`, um einen Shell-Prompt zu erhalten. Das funktioniert im Zweifel auch dann noch, wenn das Drücken von `Enter` es nicht mehr tut.
2. Tippen Sie den Shell-Befehl `reset` ein (auch wenn die Buchstaben beim Tippen nicht angezeigt werden) und drücken Sie `^J` erneut, um diesen Befehl auszuführen. Das sollte die Shell wieder in den Normalzustand zurückbringen.

Eine Shell beenden

Um eine Shell zu beenden, führen Sie entweder den `exit`-Befehl aus:

```
→ exit
```

oder Sie drücken auf einer neuen Zeile `^D`. Mit diesem Tastenkürzel schicken Sie ein »End-of-File«-Signal an jedes Programm, das von der Standardeingabe liest – wozu auch die Shell selbst gehört.

Das Shell-Verhalten anpassen

Es gibt eine Reihe von Dateien in Ihrem Home-Verzeichnis, die Einfluss auf das Verhalten von bash-Shells haben. Die Start-up-Dateien *.bash_profile*, *.bash_login* und *.profile* enthalten Befehle, die jedes Mal beim Anmelden ausgeführt werden. (Entscheiden Sie sich für eine der Dateien und bleiben Sie dann dabei. Ich empfehle *.bash_profile*, weil andere Shells ebenfalls *.profile* verwenden.) Befehle in der Initialisierungsdatei *.bashrc* laufen jedes Mal, wenn Sie eine interaktive Shell öffnen, und Befehle in *.bash_logout* werden ausgeführt, wenn Sie sich abmelden. In all diesen Dateien können Variablen gesetzt, Programme ausgeführt oder lustige Nachrichten ausgegeben werden – was auch immer Sie mögen. Andere Linux-Shells nutzen andere Konfigurationsdateien, die in Tabelle 1-1 aufgeführt sind.

Tabelle 1-1: Shell-Konfigurationsdateien in $HOME und wann sie zum Einsatz kommen

Shell	beim Anmelden	beim Öffnen interaktiver Shells	beim Abmelden
bash	*.bash_profile, .bash_login, .profile*	*.bashrc*	*.bash_logout*
dash	*.profile*		
fish	*.config/fish/config.fish*	*.config/fish/config.fish*	
ksh	*.profile, .kshrc*	*.kshrc*	
tcsh	*.tcshrc, .cshrc, .login*	*.tcshrc, .cshrc*	
zsh	*.zshenv, .zprofile, .zlogin*	*.zshenv, .zshrc*	*.zlogout*[11]

Andere Konfigurationsdateien für Shells liegen in */etc* für eine systemweite Steuerung – in der entsprechenden *Manual Page* oder *Manpage* finden sich entsprechende Beschreibungen. Alle diese Konfigurationsdateien sind Beispiele für *Shell-Skripten* – ausführbare Dateien, die Shell-Befehle enthalten. Dieses Feature werde ich in »Mit Shell-Skripten programmieren« auf Seite 308 genauer beschreiben.

11 Um diese Dateipfade durch Umgebungsvariablen zu überschreiben, werfen Sie einen Blick auf die Manpage.

Hilfe erhalten

Sollten Sie mehr Informationen brauchen, als dieses Buch bietet, haben Sie verschiedene Möglichkeiten:

Den `man`*-Befehl ausführen*

Der `man`-Befehl zeigt für ein bestimmtes Programm eine Dokumentation an. Um z. B. mehr über das Zählen von Wörtern in einer Datei mit `wc` zu lernen, führen Sie

```
→ man wc
```

aus. Um anhand von Stichwörtern zu einem bestimmten Thema nach Manual Pages (Manpages) zu suchen, benutzen Sie die Option `-k`, gefolgt vom Stichwort:

```
→ man -k database
```

Ist die Ausgabe der Manpage länger als der Bildschirm, geben Sie sie an `less` weiter, um sie seitenweise anzuzeigen (mit `q` beenden Sie den Befehl):

```
→ man -k database | less
```

Den `info`*-Befehl ausführen*

Der `info`-Befehl ist ein erweitertes Hypertext-Hilfesystem, das viele Linux-Programme behandelt.

```
→ info ls
```

Es gibt für `info` einige nützliche Tastenkürzel:

- Um Hilfe zu erhalten, tippen Sie `h`.
- Zum Beenden tippen Sie `q`.
- Um seitenweise vorwärts oder zurückzublättern, nutzen Sie die `Leertaste` oder die `Backspace`-Taste.
- Um zwischen Hyperlinks zu springen, drücken Sie die `Tab`-Taste.
- Um einem Hyperlink zu folgen, drücken Sie `Enter`.

Sollte `info` keine Dokumentation zu einem Programm besitzen, zeigt es die Manpage des Programms an. Eine Auflistung der verfügbaren Dokumentationen erhalten Sie, wenn Sie `info` allein eintippen. Um zu lernen, wie Sie das Infosystem nutzen, geben Sie `info info` ein.

Die `--help`*-Option nutzen (falls vorhanden)*

Viele Linux-Befehle reagieren auf die Option `--help`, indem sie eine kurze Hilfemeldung ausgeben. Probieren Sie:

```
→ wc --help
```

Ist die Ausgabe länger als der Bildschirm, leiten Sie sie in das `less`-Programm weiter:

```
→ wc --help | less
```

Das Verzeichnis /usr/share/doc durchsuchen

Dieses Verzeichnis enthält unterstützende Dokumente für viele Programme, normalerweise organisiert nach Programmnamen und Programmversion. So finden Sie z.B. Dateien für den Texteditor Emacs, Version 28, vermutlich (je nach Distribution) in */usr/ share/doc/emacs28*.

Distributionsspezifische Websites

Für die meisten Linux-Distributionen gibt es eine offizielle Website, die Dokumentationen, Diskussionsforen für Fragen und Antworten und andere Ressourcen umfasst. Geben Sie einfach den Namen der Distribution (z.B. »Ubuntu«) in eine Suchmaschine ein, um die Website zu finden. Das Arch Linux Wiki (*https://oreil.ly/98iAg*) ist unabhängig von Ihrer Distro besonders informativ.

Linux-Hilfe-Sites

Auf vielen Websites werden Fragen zu Linux beantwortet, wie etwa auf *unix.stackexchange.com* (*https://oreil.ly/2MEK_*), *www.linuxquestions.org* (*https://oreil.ly/N49GZ*), *itsfoss.community* (*https://oreil.ly/WJhjN*) oder *nixcraft.com* (*https://oreil.ly/6j1tu*).

Websuche

Um eine bestimmte Linux-Fehlermeldung zu entziffern, kopieren Sie diese Meldung und fügen sie (eventuell von doppelten Anführungszeichen umschlossen) in eine Suchmaschine im Web ein.

Damit beschließen wir unseren Überblick über Linux und die Shell. Wir wenden uns nun den Linux-Befehlen zu und beschreiben die nützlichsten Befehle zum Arbeiten mit Dateien, Prozessen, Benutzern, Netzwerken, Multimedia und mehr.

## KAPITEL 2

Dateibefehle

Grundlegende Dateioperationen

`ls`	Listet Dateien in einem Verzeichnis auf.
`cp`	Kopiert eine Datei.
`mv`	Benennt eine Datei um (»verschiebt« die Datei).
`rm`	Löscht (»entfernt«) eine Datei.
`ln`	Erzeugt Links (alternative Namen) für eine Datei.

ls

stdin **stdout** - datei **-- opt** **--help** **--version**

`ls [`*optionen*`] [`*dateien*`]`

Der `ls`-Befehl (so gesprochen, wie er geschrieben wird: »ell es«) listet die Attribute von Dateien und Verzeichnissen auf. Sie können die Dateien im aktuellen Verzeichnis auflisten:

```
→ ls
```

in bestimmten Verzeichnissen:

```
→ ls verz1 verz2 verz3
```

oder einzeln:

```
→ ls datei1 datei2 datei3
```

Wenn sich `ls` anders als erwartet verhält, hat Ihre Distro eventuell einen Alias dafür definiert (siehe »Aliase« auf Seite 43). Das Vorhandensein eines Alias können Sie wie folgt prüfen:

```
→ alias ls
alias ls='/bin/ls -FHN'        Ja, es gibt einen Alias.
```

Um den eigentlichen Befehl und nicht den Alias auszuführen, setzen Sie einen Backslash davor (`\ls`). Um den Alias zu entfernen, rufen Sie `unalias ls` auf. Dann prüfen Sie Ihre Konfigurationsdateien für die Shell darauf, ob der Alias dort definiert ist (siehe »Das Shell-Verhalten anpassen« auf Seite 59), und entfernen ihn. Sehen Sie dort keine Definition, fügen Sie entweder den Befehl `unalias` hinzu, oder Sie definieren einen neuen Alias, der so funktioniert, wie Sie es sich wünschen, zum Beispiel `alias ls='/bin/ls'`.

Die wichtigsten `ls`-Optionen sind `-a`, `-l` und `-d`. Standardmäßig verbirgt `ls` Dateien, deren Namen mit einem Punkt beginnen, wie im Kasten »»Punktdateien« auf Seite 39« erläutert wurde. Die Option `-a` zeigt alle Dateien an. Abhängig von den Einstellungen Ihres Kontos wird `ls` Punktdateien am Anfang der Ausgabeliste anzeigen (Sortierung basiert auf dem Punkt) oder sie in die Liste einmischen (Sortierung basiert auf den Zeichen nach dem Punkt).

```
→ ls
meinedatei1 meinedatei2
→ ls -a
.verborgene_datei meinedatei1 meinedatei2
```

Die Option `-l` erzeugt eine lange Liste:

```
→ ls -l meinedatei1
-rw-r--r-- 1 smith users 1168 Oct 28 2015 meinedatei1
```

Von links nach rechts enthält sie folgende Informationen: Dateiberechtigungen (`-rw-r--r--`), Anzahl der Hardlinks (`1`), Besitzer (`smith`), Gruppe (`users`), Größe (`1168` Byte), Datum der letzten Änderung (`Oct 28 2015`) und den Namen. Mehr Informationen über die Dateiberechtigungen finden Sie in »Dateiberechtigungen« auf Seite 36.

Die Option -d listet Informationen über das Verzeichnis selbst auf, anstatt in das Verzeichnis herunterzusteigen, um die Liste mit dessen Dateien anzuzeigen.

```
→ ls -ld meinverz1
drwxr-xr-x 1 smith users 4096 Oct 29 2015 meinverz1
```

Nützliche Optionen

- `-a` Listet alle Dateien auf, auch die, deren Namen mit einem Punkt beginnen.
- `-l` Lange Liste, einschließlich der Dateiattribute. Fügen Sie die Option -h hinzu (von Menschen lesbar), um die Dateigrößen in Kilobyte, Megabyte und Gigabyte auszugeben anstatt in Byte.
- `-h` Gibt in einer langen Liste die Dateigrößen statt in Byte in besser lesbaren KB, MB und GB aus.
- `-G` Lange Liste, aber ohne Gruppenangabe.
- `-F` Verziert bestimmte Dateinamen mit bedeutungsvollen Symbolen, die deren Typ anzeigen. Hängt »/« an Verzeichnisse, »*« an ausführbare Dateien, »@« an symbolische Links, »|« an benannte Pipes und »=« an Sockets an. Diese Indikatoren sind rein informativ und nicht Teil der Dateinamen!
- `-S` Sortiert die Dateien anhand ihrer Größe.
- `-t` Sortiert die Dateien anhand ihres letzten Bearbeitungszeitpunkts.
- `-r` Dreht die Sortierreihenfolge um.
- `-R` Listet beim Auflisten eines Verzeichnisses dessen Inhalt rekursiv auf.
- `-d` Beim Auflisten eines Verzeichnisses wird nicht dessen Inhalt, sondern nur das Verzeichnis selbst angeführt.

---

cp

stdin stdout - datei **-- opt** **--help** **--version**

cp [*optionen*] *quelldatei zieldatei*

cp [*optionen*] (*dateien* | *verzeichnisse*) *verzeichnis*

Der cp-Befehl kopiert normalerweise eine Datei in eine andere:

```
→ cp einedatei anderedatei
```

oder er kopiert mehrere Dateien in ein Verzeichnis:

```
→ cp datei1 datei2 datei3 datei4 zielverzeichnis
```

Mithilfe der Optionen `-a` oder `-r` können Sie Verzeichnisse auch rekursiv kopieren, inklusive aller Unterverzeichnisse und deren Inhalte. Für ausgefeiltere Kopiervorgänge schauen Sie sich `rsync` in »Backups und externe Speicherung« auf Seite 238 an.

Nützliche Optionen

`-p` Kopiert nicht nur den Dateiinhalt, sondern auch die Dateiberechtigungen, die Zeitstempel und, falls Sie die passenden Rechte dafür haben, ihren Eigentümer und die Gruppe. (Normalerweise gehören die Kopien Ihnen, sie haben den Zeitstempel der aktuellen Zeit, und die Berechtigungen werden gesetzt, indem Ihr umask auf die ursprünglichen Berechtigungen angewandt wird.)

`-a` Kopiert eine Verzeichnishierarchie rekursiv, wobei alle Dateiattribute und -links beibehalten werden.

`-r` Kopiert eine Verzeichnishierarchie rekursiv. Diese Option behält die Attribute der Dateien, wie Berechtigungen und Zeitstempel, nicht bei. Symbolische Links dagegen werden bewahrt.

`-i` Interaktiver Modus. Fragt, bevor Zieldateien überschrieben werden.

`-f` Erzwingt die Kopie. Falls eine Zieldatei existiert, wird diese bedingungslos überschrieben.

---

mv

stdin stdout - datei **-- opt** **--help** **--version**

`mv [optionen] quellen ziel`

Der `mv`-Befehl (*move*) kann eine Datei umbenennen:

```
→ mv einedatei anderedatei
```

oder Dateien und Verzeichnisse in ein Zielverzeichnis verschieben:

```
→ mv datei1 datei2 verz3 verz4 zielverzeichnis
```

Nützliche Optionen

`-i` Interaktiver Modus. Fragt vor dem Überschreiben der Zieldateien.

`-f` Erzwingt das Verschieben. Falls eine Zieldatei existiert, wird diese bedingungslos überschrieben.

rm

stdin stdout -datei **--opt** **--help** **--version**

```
rm [optionen] dateien | verzeichnisse
```

Der `rm`-Befehl (*remove*) kann Dateien löschen:

```
→ rm datei1 datei2 datei3
```

oder rekursiv Verzeichnisse löschen:

```
→ rm -r verz1 verz2
```

Setzen Sie `rm -r` mit Bedacht ein. Es kann sehr schnell eine große Anzahl an Dateien löschen, insbesondere wenn es mit `-f` kombiniert wird, um Nachfragen zu unterdrücken und Fehler zu ignorieren.
Nutzen Sie **sudo** `rm -r` mit *noch viel mehr* Bedacht – es kann Ihr gesamtes Betriebssystem zerstören.

Nützliche Optionen

`-i`	Interaktiver Modus. Fragt vor dem Löschen der einzelnen Dateien.
`-f`	Erzwingt das Löschen, ignoriert dabei alle Fehler- und Warnmeldungen.
`-r`	Entfernt rekursiv ein Verzeichnis und seinen Inhalt.

ln

stdin stdout -datei **--opt** **--help** **--version**

```
ln [optionen] quelle ziel
```

Der `ln`-Befehl erstellt *Links*, mit denen eine Datei im Dateisystem an mehreren Orten gleichzeitig existieren kann. Es gibt zwei Arten von Links (siehe Abbildung 2-1). Ein *harter Link* (oder *Hardlink*) ist ein zweiter Name für eine physische Datei auf einer Festplatte. Technisch ausgedrückt, verweist er auf denselben Inode – eine Datenstruktur, die den Inhalt einer Datei auf der Festplatte referenziert. Der folgende Befehl erzeugt einen harten Link *meinharterlink* für die Datei *meinedatei*:

```
→ ln meinedatei meinharterlink
```

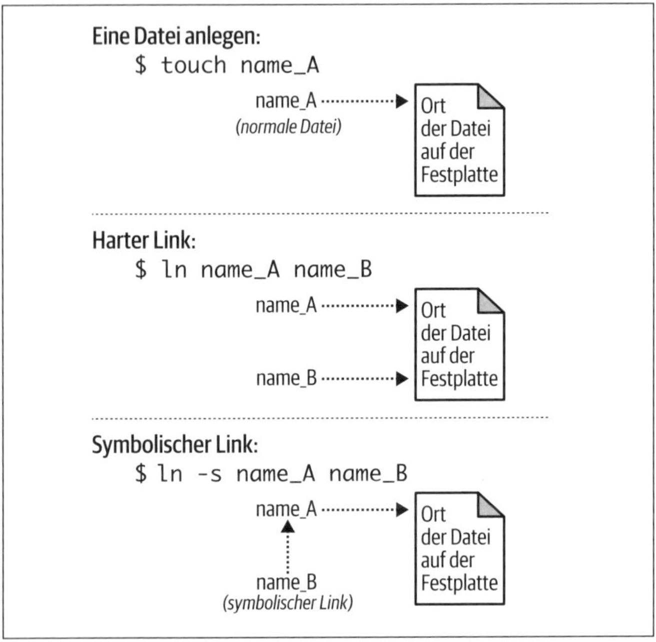

Abbildung 2-1: Ein harter Link verweist auf die Daten einer Datei. Ein symbolischer Link verweist auf einen Dateipfad.

Ein *symbolischer Link* (auch *Symlink* oder *Softlink*) verweist auf den *Pfad* (nicht den Inode) einer anderen Datei oder eines anderen Verzeichnisses. Er ähnelt Aliasen in Windows oder macOS, die ebenfalls auf eine andere Datei oder einen anderen Ordner verweisen. Um einen symbolischen Link anzulegen, nutzen Sie die Option -s:

```
→ ln -s meinedatei meinsoftlink
```

Harte und symbolische Links besitzen deutliche Unterschiede:

- Wenn Sie die Originaldatei umbenennen oder löschen, ist ein harter Link davon nicht beeinträchtigt – er verweist weiterhin auf die gleichen *Daten* wie die ursprüngliche Datei. Ein symbolischer Link wird dagegen nicht mehr funktionieren. Er verweist auf einen nicht mehr existierenden *Dateipfad*. Der symbolische Link hängt nun nutzlos herum, und wenn Sie ihn in einem Befehl verwenden, werden Sie vermutlich einen »File not found«-Fehler erhalten.

- Harte Links können nur auf demselben Device wie die ursprüngliche Datei existieren, weil Inodes nur auf solch einem Device eine Bedeutung haben. Symbolische Links können auf Dateien auf anderen Devices verweisen, da es sich bei ihnen nur um Referenzen auf Dateipfade handelt.
- Symbolische Links können auf Verzeichnisse verweisen, harte Links wiederum nicht. (Auf manchen Systemen kann der Administrator mit der Option `-d` einen harten Link auf ein Verzeichnis erzeugen.)

Nützliche Optionen

`-s`	Erzeugt einen symbolischen Link statt eines harten Links.
`-i`	Interaktiver Modus. Fragt vor dem Überschreiben von Zieldateien.
`-f`	Erzwingt den Link. Falls eine Zieldatei existiert, wird diese bedingungslos überschrieben.
`-b`	Erstellt ein Backup. Existiert die Zieldatei schon, wird sie umbenannt, indem ein Tilde an ihren Namen angefügt wird – danach wird dann der Link erzeugt.
`-d`	Erzeugt einen harten Link auf ein Verzeichnis (nur für Administratoren).

Um herauszufinden, wohin ein symbolischer Link zeigt, führen Sie einen der folgenden Befehle aus (mit denen Sie sehen, dass der Link *beispiellink* auf die Datei *meinedatei* verweist):

```
→ readlink beispiellink
meinedatei
→ ls -l beispiellink
lrwxrwxrwx 1 smith ... beispiellink -> meinedatei
```

Symbolische Links können auf andere symbolische Links verweisen. Um der ganzen Linkkette bis zu ihrem Ende zu folgen, verwenden Sie `readlink -f`.

Verzeichnisoperationen

`cd`	Wechselt das aktuelle Verzeichnis.
`pwd`	Gibt den Namen Ihres aktuellen Verzeichnisses aus.
`basename`	Gibt den letzten Teil eines Dateipfads aus, meist den Dateinamen.
`dirname`	Gibt einen Dateipfad ohne seinen letzten Teil aus.
`mkdir`	Legt ein Verzeichnis an.
`rmdir`	Löscht ein leeres Verzeichnis.
`rm -r`	Löscht ein nicht leeres Verzeichnis und dessen Inhalt.

Ich habe die Verzeichnisstruktur von Linux in »Das Dateisystem« auf Seite 27 besprochen. Jetzt behandeln wir Befehle, mit denen Sie Verzeichnisse innerhalb dieser Struktur anlegen, verändern, löschen und manipulieren.

cd

stdin **stdout** - datei -- opt **--help** --version

```
cd [verzeichnis]
```

Der Befehl `cd` (*change directory*) stellt Ihr aktuelles Arbeitsverzeichnis ein:

```
→ cd /usr/games
```

Wird kein Verzeichnis angegeben, geht `cd` standardmäßig in Ihr Home-Verzeichnis:

```
→ cd
```

Ist das angegebene Verzeichnis ein Bindestrich (-), kehrt `cd` zum zuletzt in der aktuellen Shell aufgesuchten Verzeichnis zurück und gibt den Pfad aus.

```
→ cd /etc     In /etc beginnen.
→ cd /bin     Woanders hingehen.
→ cd -        Zu /etc zurückkehren.
/etc
```

pwd

stdin **stdout** -datei --opt **--help** --version

```
pwd
```

Der Befehl pwd gibt den absoluten Pfad Ihres aktuellen Arbeitsverzeichnisses aus:

```
→ pwd
/users/smith/linuxpocketguide
```

basename

stdin **stdout** -datei --opt **--help** **--version**

basename *pfad* [*erweiterung*]

Der Befehl basename gibt die letzte Komponente in einem Dateipfad aus. Dabei muss der Pfad im Dateisystem gar nicht existieren.

```
→ basename /users/smith/finances/money.txt
money.txt
→ basename any/string/you/want          beliebiger String
want
```

Wenn Sie eine zusätzliche Erweiterung angeben, wird diese vom Ergebnis abgetrennt:

```
→ basename /users/smith/finances/money.txt .txt
money
```

dirname

stdin **stdout** -datei --opt **--help** **--version**

dirname *pfad*

Der Befehl dirname gibt einen Dateipfad an, von dem seine letzte Komponente entfernt wurde:

```
→ dirname /users/smith/meinverz
/users/smith
```

dirname ändert nicht das aktuelle Arbeitsverzeichnis. Der Befehl manipuliert einfach einen String, genau wie basename, und gibt ihn aus.

mkdir

stdin stdout - datei **-- opt** **--help** **--version**

```
mkdir [optionen] verzeichnisse
```

mkdir legt ein oder mehrere Verzeichnisse an.

```
→ mkdir verzeichnis1 verzeichnis2 verzeichnis3
```

Nützliche Optionen

`-p`	Wird ein Verzeichnispfad angegeben (nicht nur ein einfacher Verzeichnisname), werden automatisch die notwendigen übergeordneten Verzeichnisse erzeugt. Der Befehl → **mkdir -p eins/zwei/drei** erzeugt *eins*, *eins/zwei* und *eins/zwei/drei*, falls diese noch nicht existieren.
`-m` *modus*	Erzeugt das Verzeichnis mit den angegebenen Berechtigungen: → **mkdir -m 0755 meinverz** Standardmäßig steuert die `umask` Ihrer Shell die Berechtigungen (siehe den `chmod`-Befehl in »Dateieigenschaften« auf Seite 85 und »Dateiberechtigungen« auf Seite 36).

rmdir

stdin stdout - datei **-- opt** **--help** **--version**

```
rmdir [optionen] verzeichnisse
```

Der Befehl rmdir (*remove directory*) löscht ein oder mehrere leere Verzeichnisse, deren Namen Sie angegeben haben:

```
→ mkdir /tmp/junk      Verzeichnis anlegen
→ rmdir /tmp/junk      und wieder löschen
```

Nützliche Optionen

`-p`	Wenn Sie einen Verzeichnispfad angeben (nicht lediglich einen einfachen Verzeichnisnamen), wird nicht nur das angegebene Verzeichnis gelöscht, sondern automatisch auch die übergeordneten Verzeichnisse, die aber alle leer sein müssen. `rmdir -p eins/zwei/drei` löscht also nicht nur *eins/zwei/drei*, sondern auch *eins/zwei* und *eins*.

Um ein nicht leeres Verzeichnis und dessen Inhalt zu löschen, benutzen Sie (vorsichtig!) `rm -r` *verzeichnis*. Nehmen Sie `rm -ri`, um interaktiv zu löschen, oder `rm -rf`, um ohne Fehlermeldungen oder Bestätigung alles auszulöschen.

Dateien betrachten

`cat`	Dateien komplett anschauen.
`less`	Textdateien seitenweise anschauen.
`nl`	Textdateien mit nummerierten Zeilen anschauen.
`head`	Die ersten Zeilen einer Textdatei anschauen.
`tail`	Die letzten Zeilen einer Textdatei anschauen.
`strings`	Text anzeigen, der in eine Binärdatei eingebettet ist.
`od`	Daten im Oktalformat (Basis 8) oder in anderen Formaten anschauen.

Manche Dateien enthalten normalen Text, andere Binärdaten. Schauen wir uns an, wie Sie sie so einfach wie möglich darstellen können.

---

cat

stdin stdout - datei -- opt --help --version

cat [*optionen*] [*dateien*]

Der einfachste Betrachter ist cat, der seine Dateien auf der Standardausgabe ausgibt, indem er sie aneinanderhängt (*con**cat**enate*).

→ **cat meinedatei** *Eine Datei ausgeben.*
→ **cat meinedatei*** *Viele Dateien ausgeben.*
→ **cat meinedatei* | wc** *Dateien verketten und an wc leiten.*

Enthält eine Datei mehr Zeilen, als auf Ihrem Bildschirm angezeigt werden können, nutzen Sie `less`, um immer nur eine Seite gleichzeitig zu sehen.

Nützliche Optionen

`-T`	Druckt Tabs als `^I`.
`-E`	Druckt Newlines als `$`.
`-v`	Druckt andere nicht druckbare Zeichen in einem für Menschen lesbaren Format.

`-n`	Stellt jeder Zeile eine Zeilennummer voran. (Der Befehl `nl` ist noch mächtiger.)
`-b`	Stellt nicht leeren Zeilen eine Zeilennummer voran.
`-s`	Setzt jede Folge von Leerzeilen in eine einzelne Leerzeile.

less **stdin stdout - datei -- opt --help --version**

`less [optionen] [dateien]`

Nutzen Sie `less`, um einen Text »seitenweise« anzuschauen (d. h. jeweils ein Fenster oder einen Bildschirm füllend).

```
→ less meinedatei
```

Das ist hervorragend geeignet für Textdateien oder als letzter Befehl in einer Shell-Pipeline mit einer längeren Ausgabe:

```
→ befehl1 | befehl2 | befehl3 | befehl4 | less
```

Wenn Sie `less` ausführen, tippen Sie `h`, um eine Hilfenachricht zu erhalten, in der all seine Eigenschaften beschrieben werden. Hier sind einige nützliche Tastenkürzel, um durch die Dateien zu blättern:

Tastenkürzel	Bedeutung
h, H	Anzeigen einer Hilfeseite.
Leertaste, f, ^V, ^F	Einen Bildschirm nach vorn bewegen.
Enter	Eine Zeile nach vorn bewegen.
b, ^B, Esc-v	Einen Bildschirm zurück bewegen.
/	Suchmodus starten. Geben Sie dann einen regulären Ausdruck an und drücken Sie `Enter`. `less` sucht nach der ersten passenden Zeile.
?	Wie `/`, allerdings wird rückwärts in der Datei gesucht.
n	Nächster Treffer: Wiederholt die neueste Suche vorwärts.
N	Wiederholt die neueste Suche rückwärts.
v	Bearbeitet die aktuelle Datei mit Ihrem Standardtexteditor. (Das ist der Wert der Umgebungsvariablen `VISUAL` oder, falls nicht definiert, `EDITOR` oder, falls nicht definiert, der Standardeditor des Systems.)

Tastenkürzel	Bedeutung
<, g	Springt an den Anfang der Datei.
>, G	Springt an das Ende der Datei.
:n	Springt zur nächsten Datei.
:p	Springt zur vorherigen Datei.

`less` besitzt eine unwahrscheinlich große Zahl an Funktionen, wir stellen hier nur die gebräuchlichsten vor. (Zum Beispiel zeigt `less` den Inhalt einer komprimierten Zip-Datei an: Probieren Sie `less meinedatei.zip`.) Sie sollten auf jeden Fall die Manpage lesen.

Nützliche Optionen

`-c` Löscht den Bildschirm vor dem Anzeigen der nächsten Seite. Das vermeidet Scrollen und ist vermutlich angenehmer für die Augen.

`-m` Zeigt einen ausführlicheren Prompt an, der angibt, wie viel Prozent der Datei bisher dargestellt wurden.

`-N` Zeigt Zeilennummern an.

`-r` Zeigt Steuerzeichen als solche an; normalerweise konvertiert `less` sie in ein für Menschen lesbares Format.

`-s` Setzt mehrere aufeinanderfolgende leere Zeilen in eine einzige leere Zeile.

`-S` Schneidet lange Zeilen auf Bildschirmbreite ab, anstatt sie zu umbrechen.

nl

stdin stdout - datei -- opt --help --version

`nl` [*optionen*] [*dateien*]

`nl` kopiert seine Dateien auf die Standardausgabe und stellt dabei Zeilennummern voran.

```
→ nl meingedicht
     1 Es war einmal vor langer, langer Zeit
     2 ein kleines Betriebssystem namens
     3 Linux, das jedermann lieb hatte.
```

`nl` ermöglicht mehr Kontrolle über das Nummerieren als `cat -n`.

Nützliche Optionen

`-b [a|t|n|p`*R*`]`	Stellt allen Zeilen (`a`), nicht leeren Zeilen (`t`), keinen Zeilen (`n`) oder Zeilen, die den regulären Ausdruck *R* enthalten, Zeilennummern voran. (Standard = `a`)
`-v` *N*	Beginnt die Nummerierung mit dem Integerwert *N*. (Standard = 1)
`-i` *N*	Erhöht die Nummer pro Zeile um *N*, sodass Sie z. B. nur ungerade (`-i2`) oder nur gerade Zahlen benutzen könnten (`-v2 -i2`). (Standard = 1)
`-n [ln|rn|rz]`	Formatiert die Nummern linksbündig (`ln`), rechtsbündig (`rn`) oder rechtsbündig mit führenden Nullen (`rz`). (Standard = `ln`)
`-w` *N*	Erzwingt eine Breite der Nummer von *N* Spalten. (Standard = 6)
`-s` *S*	Fügt den String *S* zwischen die Zeilennummer und den Text ein. (Standard = Tab)

head

stdin stdout - datei -- opt --help --version

head [*optionen*] [*dateien*]

Der Befehl head zeigt die ersten zehn Zeilen einer Datei an – hervorragend für eine Vorschau auf den Inhalt:

→ **head meinedatei**
→ **head meinedatei* | less** *Vorschau auf alle Dateien*

Der Befehl eignet sich auch gut als Vorschau auf die ersten Zeilen einer Pipeline-Ausgabe – zum Beispiel die zehn zuletzt veränderten Dateien im aktuellen Verzeichnis:

→ **ls -lta | head**

Nützliche Optionen

`-n` *N*	Gibt die ersten *N* Zeilen anstelle der ersten zehn Zeilen aus.
`-`*N*	Wie `-n`*N*.
`-c` *N*	Gibt die ersten *N* Bytes der Datei aus.
`-q`	Stillschweigend (*quiet*): Beim Verarbeiten von mehr als einer Datei wird über den einzelnen Dateien kein Banner (mit dem Dateinamen) angezeigt.

tail

stdin stdout -datei --opt --help --version

`tail [optionen] [dateien]`

Der Befehl `tail` gibt die letzten zehn Zeilen einer Datei aus:

→ **`tail meinedatei`**
→ **`nl meinedatei | tail`** *Zeilennummern mit ausgeben*

Die supernützliche Option `-f` veranlasst `tail`, eine Datei aktiv zu überwachen, während ein anderes Programm in sie hineinschreibt, wobei neue Zeilen erscheinen, wenn sie in die Datei geschrieben werden. Das ist unglaublich wichtig, wenn man Logdateien im aktiven Einsatz beobachtet:

→ **`tail -f /var/log/syslog`** *oder eine andere Logdatei*

Nützliche Optionen

`-n` *N*	Gibt die letzten *N* Zeilen anstelle der letzten zehn Zeilen der Datei aus.
`-`*N*	Wie `-n` *N*.
`-n +`*N*	Gibt die Zeilen ab Zeile *N* bis zum Ende der Datei aus.
`+`*N*	Wie `-n +`*N*.
`-c` *N*	Gibt die letzten *N* Bytes der Datei aus.
`-f`	Hält die Datei offen und gibt Zeilen aus, die an die Datei angehängt werden. Fügen Sie die Option `--retry` hinzu, falls die Datei noch nicht existiert. Mit ^C beenden Sie die Ausgabe.
`-q`	Stillschweigend (*quiet*): Wenn mehr als eine Datei verarbeitet wird, wird kein Banner (mit dem Dateinamen) über den einzelnen Dateien angezeigt.

strings

stdin stdout -datei --opt --help --version

`strings [optionen] [dateien]`

Binärdateien, wie z.B. ausführbare Programme, enthalten normalerweise ein bisschen lesbaren Text, wie Versionsinformationen, die Namen der Autorinnen und Autoren und Dateipfade. Das Programm `strings` extrahiert diesen Text:

```
→ strings /bin/bash
/lib64/ld-linux-x86-64.so.2
@(#)Bash version 5.1.16(1) release GNU
comparison operator expected, found '%s'
⋮
```

Kombinieren Sie `strings -n` und grep, um Ihre Erkundungen effizienter zu machen. Hier suchen wir nach E-Mail-Adressen:

```
→ strings -n 10 /bin/bash | grep @
bash-maintainers@gnu.org
```

Nützliche Optionen

`-n` *länge*	Zeigt nur Strings an, die länger sind als *länge*. (Standard ist 4)
`-f`	Gibt in jeder Ausgabezeile zuerst den Dateinamen an.

od **stdin stdout - datei -- opt --help --version**

od [*optionen*] [*dateien*]

Wenn Sie Binärdateien betrachten wollen, sollten Sie od (*octal dump*) dafür in Betracht ziehen. Es kopiert deren Inhalte auf die Standardausgabe, wobei es die Daten in ASCII, oktal, dezimal, hexadezimal oder als Fließkommazahl in verschiedenen Größen (Byte, Short, Long) anzeigt. So zeigt z. B. der Befehl

```
→ od -w8 /usr/bin/who
0000000 042577 043114 000401 000001
0000010 000000 000000 000000 000000
0000020 000002 000003 000001 000000
⋮
```

die Bytes in der Binärdatei */usr/bin/who* im Oktalformat an, und zwar acht Bytes pro Zeile. Die Spalte ganz links enthält den Datei-Offset jeder Zeile, hier wieder im Oktalformat.

Falls Ihre Binärdatei auch Text enthält, sollten Sie die Option -tc benutzen, die Zeichendaten darstellt. Zum Beispiel enthalten ausführbare Binärdateien wie who am Anfang den String »ELF«:

```
→ od -tc -w8 /usr/bin/who | head -3
0000000 177   E   L   F 002 001 001  \0
```

```
0000010  \0  \0  \0  \0  \0  \0  \0  \0
0000020 003  \0   >  \0 001  \0  \0  \0
```

Nützliche Optionen

`-N B`
: Zeigt nur die ersten *B* Bytes jeder Datei an, und zwar dezimal, hexadezimal (indem `0x` vorangestellt wird), in 512-Byte-Blöcken (indem `b` angehängt wird), in Kilobyte (indem `k` angehängt wird) oder in Megabyte (indem `m` angehängt wird). Standardmäßig wird die gesamte Datei angezeigt.

`-j B`
: Beginnt die Ausgabe bei Byte *B* + 1 jeder Datei; akzeptable Formate sind identisch mit der Option `-N`. (Standard = 0)

`-w [B]`
: Zeigt *B* Bytes pro Zeile an; akzeptable Formate sind identisch mit der Option `-N`. Nutzt man `-w` für sich allein, ist dies äquivalent zu `-w32`. (Standard = 16)

`-s [B]`
: Gruppiert alle Bytezeilen in Folgen aus *B* Bytes, getrennt durch Whitespace; akzeptable Formate sind identisch mit der Option `-N`. Nutzt man `-s` für sich allein, ist dies äquivalent zu `-s3`. (Standard = 2)

`-A (d|o|x|n)`
: Zeigt Datei-Offsets in der ganz linken Spalte an, und zwar dezimal (`d`), oktal (`o`), hexadezimal (`x`) oder gar nicht (`n`). (Standard = `o`)

`-t(a|c)[z]`
: Zeigt die Ausgabe in einem Zeichenformat an, wobei nicht alphanumerische Zeichen als Escape-Folgen (`a`) oder nach dem Namen (`c`) dargestellt werden.

`-t(d|o|u|x)[z]`
: Zeigt die Ausgabe in einem Integerformat an, einschließlich oktal (`o`), vorzeichenbehaftet dezimal (`d`), nicht vorzeichenbehaftet dezimal (`u`), hexadezimal (`x`).

Wird `z` an die Option `-t` angehängt, erscheint auf der rechten Seite der Ausgabe eine neue Spalte, die die druckbaren Zeichen auf jeder Zeile anzeigt.

Dateierzeugung und -bearbeitung

`nano`	Ein einfacher Texteditor, der in so gut wie allen Linux-Distributionen zu finden ist.
`emacs`	Ein leistungsfähiger Texteditor von der Free Software Foundation.
`vim`	Ein leistungsfähiger Texteditor, Erweiterung des Unix-`vi`.

Um mit Linux etwas zu erreichen, müssen Sie sich mit einem seiner Texteditoren vertraut machen. Die drei wichtigsten sind nano,

Emacs und Vim. Es würde den Rahmen dieses Buchs sprengen, diese Texteditoren näher zu erläutern, sie besitzen jedoch alle Onlinetutorials; gebräuchliche Operationen listen wir außerdem in Tabelle 2-1 auf. Um eine Datei zu bearbeiten, führen Sie einen dieser Befehle aus:

```
→ nano meinedatei
→ emacs meinedatei
→ vim meinedatei
```

Sollte *meinedatei* noch nicht existieren, wird sie automatisch erzeugt.

Unter Linux gibt es auch sehr gute Programme zum Bearbeiten von Microsoft-Office-Dokumenten: LibreOffice (alle Dokumente), AbiWord (nur Word) und Gnumeric (nur Excel). Einige davon finden sich vermutlich in Ihrer Distribution, ansonsten hilft eine schnelle Suche im Internet.

Schnell eine Datei erzeugen

Texteditoren können Dateien erstellen, aber Sie können auch eine leere Datei (zur späteren Bearbeitung) an der Kommandozeile mit dem touch-Befehl erzeugen:

```
→ touch neuedatei          neuedatei erstellen, wenn es sie nicht gibt.
```

Oder Sie nutzen eine Ausgabeumleitung (siehe »Eingabe/Ausgabe und Umleitung« auf Seite 44), um eine Datei mit oder ohne Inhalt erzeugen:[12]

```
→ echo -n > neuedatei2     Leeren String in eine Datei schreiben.
→ > neuedatei3             Nichts in eine Datei umleiten.
→ ls > neuedatei4          Befehlsausgabe in eine Datei umleiten.
```

Ihr Standardeditor

Wenn es notwendig ist, führen verschiedene Linux-Programme einen Editor aus. So könnte z. B. Ihr E-Mail-Programm einen Editor aufrufen, um eine neue Nachricht aufzusetzen, und der Befehl less ruft einen Editor auf, wenn Sie v tippen. Normalerweise ist der

12 Die Option -n von echo unterdrückt das Newline-Zeichen.

Standardeditor nano oder Vim. Was tun Sie jedoch, wenn Sie einen anderen Standardeditor bevorzugen? Setzen Sie z.B. die Umgebungsvariablen `VISUAL` und `EDITOR` entsprechend Ihren Wünschen:

```
→ EDITOR=emacs
→ VISUAL=emacs
→ export EDITOR VISUAL
```

Beide Variablen sind nötig, weil unterschiedliche Programme die eine oder die andere Variable prüfen. Setzen Sie sie in einer bash-Konfigurationsdatei, falls Ihre Wahl von Dauer sein soll. Sie können jedes Programm zu Ihrem Standardeditor machen, solange es einen Dateinamen als Argument akzeptiert.

Ungeachtet der Frage, wie Sie diese Variablen einstellen, sollten Sie zumindest die grundlegenden Befehle für alle drei Editoren kennen, falls ein anderes Programm plötzlich einen Editor auf einer wichtigen Datei ausführt.

nano

stdin stdout **-datei** **--opt** **--help** **--version**

nano [*optionen*] [*dateien*]

Nano ist ein Texteditor mit eher grundlegenden Features, der sich standardmäßig in den meisten Linux-Distributionen findet. Um nano zum Bearbeiten einer Datei aufzurufen, geben Sie Folgendes ein:

```
→ nano meinedatei
```

Nano wird im Allgemeinen darüber gesteuert, dass man die `Strg`-Taste gedrückt hält und dann einen Buchstaben eingibt, zum Beispiel `^o` zum Sichern und `^x` zum Beenden. Netterweise zeigt nano die gebräuchlichsten Befehle unten im Bearbeitungsfenster an, allerdings ist das Vokabular leider etwas ungewöhnlich. (So nutzt nano zum Beispiel den Begriff »WriteOut« statt »Save File«). Für andere Befehle wird die *Meta-Taste* benötigt, bei der es sich im Allgemeinen um die `Esc`- oder die `Alt`-Taste handelt. In der Dokumentation zu nano wird als Meta-Taste `M-` genutzt (zum Beispiel bedeutet `M-F`, die Meta-Taste und dann F zu drücken), daher werden wir das ebenso machen. Die wichtigsten Tastenkürzel finden Sie in Tabelle 2-1. Mehr Dokumentation ist unter *https://oreil.ly/p_Pvk* abgelegt.

emacs

stdin stdout **-datei** **--opt** **--help** **--version**

```
emacs [optionen] [dateien]
```

Emacs ist eine ausgesprochen leistungsstarke Bearbeitungsumgebung mit Tausenden von Befehlen sowie mit einer kompletten Programmiersprache, mit deren Hilfe Sie Ihre eigenen Bearbeitungsfunktionen definieren können. Um Emacs zum Bearbeiten einer Datei aufzurufen, geben Sie Folgendes ein:

```
→ emacs meinedatei
```

In einer grafischen Benutzeroberfläche öffnet Emacs ein Fenster. So sorgen Sie dafür, dass er das vorhandene Shell-Fenster nutzt:

```
→ emacs -nw meinedatei
```

Sobald Emacs läuft, können Sie das eingebaute Tutorial aufzurufen, indem Sie `^h t` eingeben.

Die meisten Emacs-Tastenkürzel erfordern die `Strg`-Taste (Strg bedeutet übrigens »Steuerung« und nicht »String«) (wie `^F`) oder die Meta-Taste, bei der es sich hier normalerweise um die `Esc`-Taste oder um die `Alt`-Taste handelt. Die Emacs-eigene Dokumentation bezeichnet die Meta-Taste als `M-` (sodass `M-F` bedeutet: Drücke die Meta-Taste und dann `F`.), daher werden wir das ebenfalls wieder so machen. Einfache Tastenkürzel finden Sie in Tabelle 2-1.

vim

stdin stdout **-datei** **--opt** **--help** **--version**

```
vim [optionen] [dateien]
```

Vim ist eine erweiterte Version des alten Standard-Unix-Editors vi. Um Vim zum Bearbeiten einer Datei aufzurufen, geben Sie ein:

```
→ vim meinedatei
```

Normalerweise läuft Vim in einer bestehenden Shell oder in einem vorhandenen Shell-Fenster. Um Vim in einer grafischen Benutzeroberfläche in einem neuen Fenster zu starten, geben Sie ein:

```
→ gvim meinedatei
```

Um das Vim-Tutorial von der Shell aus auszuführen, geben Sie ein:

```
→ vimtutor
```

Vim arbeitet in zwei Modi, *insert* und *command*, und Sie müssen bei der Arbeit mit ihm zwischen diesen wechseln. Der *Einfügemodus* dient dem Eingeben von Text auf die übliche Weise, während der *Befehlsmodus* für das Löschen von Text, das Kopieren und Einfügen und für andere Operationen zuständig ist. Grundlegende Tastenkürzel im Befehlsmodus finden Sie in Tabelle 2-1.

Tabelle 2-1: Grundlegende Tastenkürzel in Texteditoren

Aufgabe	Emacs	Nano	Vim
Text eintippen	Einfach lostippen.	Einfach lostippen.	Falls nötig, wechseln Sie durch Tippen von `i` in den Einfügemodus, dann tippen Sie los.
Speichern und beenden	`^x^s`, dann `^x^c`	`^o`, dann `^x`	`:wq`
Beenden, ohne zu speichern	`^x^s`, dann mit »no« antworten, wenn Sie zum Speichern des Puffers gefragt werden	`^x`, dann mit »no« antworten, wenn Sie nach dem Speichern gefragt werden	`:q!`
Speichern	`^x^s`	`^o`	`:w`
Speichern als	`^x^w`	`^o`, dann einen Dateinamen eingeben	`:w` *dateiname*
Widerrufen	`^/` oder `^x u`	`M-u`	`u`
Editor anhalten (nicht in X)	`^z`	`^z`	`^z`
In den Einfügemodus wechseln	*(N/A)*	*(N/A)*	`i`
In den Befehlsmodus wechseln	*(N/A)*	*(N/A)*	`Esc`
In den Befehlszeilenmodus wechseln	`M-x`	*(N/A)*	`:`
Laufenden Befehl abbrechen	`^g`	`^c`	`Esc`

Tabelle 2-1: Grundlegende Tastenkürzel in Texteditoren (Fortsetzung)

Aufgabe	Emacs	Nano	Vim
Vorwärts bewegen	`^f` oder Pfeil nach rechts	`^f` oder Pfeil nach rechts	`l` oder Pfeil nach rechts
Rückwärts bewegen	`^b` oder Pfeil nach links	`^b` oder Pfeil nach links	`h` oder Pfeil nach links
Nach oben bewegen	`^p` oder Pfeil nach oben	`^p` oder Pfeil nach oben	`k` oder Pfeil nach oben
Nach unten bewegen	`^n` oder Pfeil nach unten	`^n` oder Pfeil nach unten	`j` oder Pfeil nach unten
Zum nächsten Wort bewegen	`M-f`	`^Leertaste`	`w`
Zum vorherigen Wort bewegen	`M-b`	`M-Leertaste`	`b`
Zum Anfang der Zeile bewegen	`^a`	`^a`	`0`
Ans Ende der Zeile bewegen	`^e`	`^e`	`$`
Einen Bildschirm nach unten bewegen	`^v`	`^v`	`^f`
Einen Bildschirm nach oben bewegen	`M-v`	`^y`	`^b`
An den Anfang des Dokuments bewegen	`M-<`	`M-\`	`gg`
An das Ende des Dokuments bewegen	`M->`	`M-/`	`G`
Das nächste Zeichen löschen	`^d`	`^d`	`x`
Das vorherige Zeichen löschen	Rücktaste	Rücktaste	`X`
Das nächste Wort löschen	`M-d`	*(N/A)*	`de`
Das vorherige Wort löschen	`M-Rücktaste`	*(N/A)*	`db`

Tabelle 2-1: Grundlegende Tastenkürzel in Texteditoren (Fortsetzung)

Aufgabe	Emacs	Nano	Vim
Die aktuelle Zeile löschen	`^a^k`	`^k`	`dd`
Bis zum Ende der Zeile löschen	`^k`	`^k`[a]	`D`
Bereich definieren (tippen Sie dieses Tastenkürzel ein, um den Anfang des Bereichs festzulegen, und bewegen Sie dann den Cursor an das Ende des gewünschten Bereichs)	`^Leertaste`	`^^` (Strg-Caret)	`v`
Bereich ausschneiden	`^w`	`^k`	`d`
Bereich kopieren	`M-w`	`M-^`	`y`
Bereich einfügen	`^y`	`^u`	`p`
Hilfe holen	`^h`	`^g`	`:help`
Das Handbuch anschauen	`^h i`	`^g`	`:help`

[a] Nur wenn das Cut-to-End-Feature von Nano durch Drücken von `M-k` aktiviert ist.

Dateieigenschaften

`stat`	Zeigt Attribute von Dateien und Verzeichnissen an.
`wc`	Zählt Bytes, Wörter und Zeilen in einer Datei.
`du`	Misst den Platzverbrauch auf der Festplatte von Dateien und Verzeichnissen.
`file`	Identifiziert (rät) die Art einer Datei.
`mimetype`	Identifiziert (rät) den MIME-Type einer Datei.
`touch`	Ändert die Zeitstempel von Dateien und Verzeichnissen.
`chown`	Ändert den Eigentümer von Dateien und Verzeichnissen.
`chgrp`	Ändert den Gruppeneigentümer von Dateien und Verzeichnissen.

chmod	Ändert die Zugangsberechtigungen von Dateien und Verzeichnissen.
umask	Setzt einen Standardmodus für neue Dateien und Verzeichnisse.
lsattr	Listet die erweiterten Attribute von Dateien und Verzeichnissen auf.
chattr	Ändert die erweiterten Attribute von Dateien und Verzeichnissen.

Bedenken Sie beim Untersuchen einer Linux-Datei, dass der Inhalt nur die halbe Wahrheit ist. Alle Dateien und Verzeichnisse besitzen außerdem Attribute, die deren Eigentümer, Größe, Zugriffsberechtigungen und andere Informationen enthalten. Der Befehl `ls -l` (siehe »Grundlegende Dateioperationen« auf Seite 63) zeigt einige dieser Attribute an, andere Befehle jedoch liefern zusätzliche Informationen.

---

stat

stdin **stdout** - datei **-- opt** **--help** **--version**

```
stat [optionen] dateien
```

Der `stat`-Befehl listet wichtige Attribute von Dateien (Standard) oder Dateisystemen (Option `-f`) auf. Dateiinformationen sehen so aus:

```
→ stat meinedatei
  File: 'meinedatei'
  Size: 1168           Blocks: 8
  IO Block: 4096 regular file
Device: 811h/2065d     Inode: 37224455    Links: 1
Access: (0644/-rw-r--r--) Uid: ( 600/lisa)
  Gid: ( 620/users)
Access: 2015-11-07 11:15:14.766013415 -0500
Modify: 2015-11-07 11:15:14.722012802 -0500
Change: 2015-11-07 11:15:14.722012802 -0500
 Birth: -
```

Sie enthalten den Dateinamen, die Größe in Byte (`1168`), die Größe in Blöcken (8), den Dateityp (`regular file`), Rechte im Oktalformat (`0644`), Rechte im Format von »ls -l« (`-rw-r--r--`), die User-ID des Eigentümers (`600`), den Namen des Eigentümers (`lisa`), die Group-ID des Eigentümers (`620`), den Gruppennamen des Eigentümers (`users`), den Gerätetyp (`811` hexadezimal, `2065` dezimal), die Inode-Nummer (`37224455`), die Anzahl der harten Links (`1`) und den Zeitstempel vom Zeitpunkt des letzten Zugriffs auf die Datei,[13] der Modifikation, der Statusänderung (von Dateiberechtigungen und anderen Metadaten) und dem Erstellungsdatum (sofern verfügbar). Die Ausgabe von `stat -f` für ein Dateisystem sieht so aus:

```
→ stat -f meinedatei
  File: "meinedatei"
    ID: f02ed2bb86590cc6 Namelen: 255
Type: ext2/ext3
Block size: 4096          Fundamental block size: 4096
Blocks: Total: 185788077  Free: 108262724
  Available: 98819461
Inodes: Total: 47202304   Free: 46442864
```

Sie enthalten den Dateinamen (`meinedatei`), die Dateisystem-ID (`f02ed2bb86590cc6`), die maximal zulässige Länge eines Dateinamens für dieses Dateisystem (255 Byte), den Dateisystemtyp (ext), die Blockgröße für das Dateisystem (4096), die Gesamtanzahl, die Anzahl aller, der freien und der verfügbaren Blöcke im Dateisystem (`185788077`, `108262724` bzw. `98819461`) und die Gesamtanzahl sowie die Anzahl der freien Inodes (`47202304` bzw. `46442864`).

Die Option `-t` präsentiert die gleichen Daten, allerdings auf einer Zeile ohne Überschriften. Das ist praktisch für das Verarbeiten der Ausgabe:

```
→ stat -t meinedatei
meinedatei 1168 8 81a4 600 620 811 37224455 1 0 0
  1446912914 1446912914 1446912914 0 4096
→ size=$(stat -t meinedatei | cut -d' ' -f2)
→ echo $size                        der zweite Wert
1168
```

Nützliche Optionen

`-L`	Folgt symbolischen Links und berichtet über die Datei, auf die sie verweisen.
`-f`	Berichtet über das Dateisystem, das die Datei enthält, nicht über die Datei selbst.
`-t`	Knapper Modus: Gibt Informationen auf einer einzigen Zeile aus.

13 Die meisten Dateisysteme aktualisieren den Zugriffszeitpunkt nicht mehr oder nur dann, wenn die Datei verändert wird.

wc

stdin stdout - datei -- opt --help --version

`wc [optionen] [dateien]`

Das Programm wc (*word count*) gibt die Anzahl der Bytes, Wörter und Zeilen in (hoffentlich) einer Textdatei aus.

```
→ wc meinedatei
  18 211 1168 meinedatei
```

Diese Datei enthält 18 Zeilen, 211 durch Whitespace getrennte Wörter und 1168 Bytes.

Nützliche Optionen

-l	Gibt nur die Zeilenanzahl aus.
-w	Gibt nur die Wörteranzahl aus.
-c	Gibt nur die Anzahl der Bytes (Zeichen) aus.
-L	Sucht in jeder Datei die längste Zeile und gibt ihre Länge in Byte aus.

du

stdin **stdout** -datei **-- opt --help --version**

`du [optionen] [dateien | verzeichnisse]`

Der Befehl du (*disk usage*) misst den Festplattenplatz, der von Dateien oder Verzeichnissen belegt wird. Standardmäßig misst er das aktuelle Verzeichnis und all seine Unterverzeichnisse und gibt die Ergebnisse jeweils in Blöcken aus. Ganz unten steht dann das Gesamtergebnis:

```
→ du
36    ./Mail
340   ./Files/mine
40    ./Files/bob
416   ./Files
216   ./PC
2404  .                    Gesamtergebnis in Blöcken
```

Er kann auch die Größe von Dateien messen:

```
→ du meinedatei leeredatei grossedatei2
4     meinedatei
0     leeredatei
18144 grossedatei2
```

Nützliche Optionen

`-b`	Misst die Benutzung in Byte.
`-k`	Misst die Benutzung in Kilobyte.
`-m`	Misst die Benutzung in Megabyte.
`-B`*N*	Zeigt die Größen in Blöcken an, die Sie definieren, wobei 1 Block = *N* Bytes umfasst. (Standard = 1.024)
`-h`, `-H`	Ausgabe in für Menschen lesbaren Einheiten. Falls z. B. zwei Verzeichnisse die Größe 1 Gigabyte und 25 Kilobyte haben, gibt `du -h` 1G und 25K aus. Die Option `-h` nutzt ein Vielfaches von 1.024, während `-H` ein Vielfaches von 1.000 verwendet.
`-L`	Folgt symbolischen Links und misst die Dateien, auf die sie zeigen. Gibt nur die Gesamtgröße aus.
`-c`	Gibt in der letzten Zeile einen Gesamtwert aus. Das ist das Standardverhalten beim Auswerten eines Verzeichnisses, aber wenn Sie das auch bei Dateien haben wollen, geben Sie `-c` an.
`-s`	Nur Gesamtwert ausgeben, nicht die Größen der Unterverzeichnisse

file

stdin **stdout** **- datei** **-- opt** **--help** **--version**

```
file [optionen] dateien
```

Der `file`-Befehl liefert den Dateityp zurück. Dabei handelt es sich um eine Abschätzung aus dem Inhalt der Datei und anderen Faktoren:

```
→ file /etc/hosts /usr/bin/who letter.docx
/etc/hosts:    ASCII text
/usr/bin/who:  ELF 64-bit LSB executable ...
letter.docx:   Microsoft Word 2007+
```

Nützliche Optionen

`-b`	Lässt Dateinamen weg (linke Spalte der Ausgabe).
`-i`	Gibt anstelle der normalen Ausgabe MIME-Types für die Datei aus, wie etwa `text/plain` oder `audio/mpeg`.
`-f` *namensdatei*	Liest Dateinamen, und zwar einen pro Zeile, aus der angegebenen *namensdatei* und liefert deren Typ zurück. Hinterher verarbeiten Sie die Dateinamen auf der Kommandozeile wie gewöhnlich.

-L	Folgt symbolischen Links und liefert den Typ der Zieldatei anstelle des Links.
-z	Wenn eine Datei komprimiert ist (siehe »Dateikomprimierung und -verpackung« auf Seite 127), wird der unkomprimierte Inhalt untersucht, um den Dateityp zu ermitteln, anstatt die Meldung »compressed data« zurückzuliefern.

mimetype

stdin **stdout** **- datei** **-- opt** **--help** **--version**

```
mimetype [optionen] dateien
```

Der mimetype-Befehl gibt wie `file -i` den MIME-Type der Datei zurück, zum Beispiel `text/plain` oder `application/pdf`. Er bietet aber mehr Optionen an.

```
→ mimetype photo.jpg sample.pdf zipfile.zip
photo.jpg: image/jpeg
sample.pdf: application/pdf
zipfile.zip: application/zip
```

Nützliche Optionen

-b	Lässt Dateinamen weg.
-d	Gibt längere Beschreibungen aus, z. B. »JPEG image« oder »ZIP archive«.
-l *sprache*	Zusammen mit der Option -d werden die Dateitypen in der angegebenen Sprache ausgegeben. Bei der Sprache werden die üblichen Sprachcodes aus zwei Buchstaben genutzt, z. B. de für Deutsch oder `pt` für Portugiesisch.
-L	Gibt für symbolische Links den Typ der verlinkten Datei aus, statt den Link selbst zu beschreiben (als Typ `inode/symlink`).

touch

stdin stdout - datei **-- opt** **--help** **--version**

```
touch [optionen] dateien
```

Der touch-Befehl ändert zwei Zeitstempel, die mit einer Datei verknüpft sind: den Zeitpunkt der Änderung (wann die Daten der Datei das letzte Mal geändert wurden) und ihre Zugriffszeit (wann die Datei das letzte Mal gelesen wurde). Um beide Zeitstempel auf den aktuellen Zeitpunkt zu setzen, führen Sie diesen Befehl aus:

```
→ touch meinedatei
```

Sie können diese Zeitstempel auf beliebige Werte setzen, z. B.:

```
→ touch -d "November 18 1975" meinedatei
```

Falls eine angegebene Datei nicht existiert, wird sie von touch als leere Datei erzeugt (siehe »Schnell eine Datei erzeugen« auf Seite 80).

Nützliche Optionen

`-a`	Ändert nur die Zugriffszeit.
`-m`	Ändert nur die Zeit der letzten Änderung.
`-c`	Wenn die Datei nicht existiert, soll sie auch nicht angelegt werden (normalerweise würde `touch` sie erzeugen).
`-d` *`zeitstempel`*	Setzt den (die) Zeitstempel der Datei. Es werden viele Zeitstempelformate akzeptiert, von »12/28/2001 3pm« und »28-May« (das aktuelle Jahr und die Mitternachtszeit werden angenommen) bis »next tuesday 13:59« und »0« (Mitternacht heute). Experimentieren Sie und überprüfen Sie Ihre Arbeit mit `stat`. Eine vollständige Dokumentation gibt es mit `info touch`.
`-t` *`zeitstempel`*	Eine explizitere Methode, um den Zeitstempel der Datei zu setzen. Sie benutzt das Format [[*CC*]*YY*]*MMDDhhmm* [*.ss*], wobei *CC* das zweistellige Jahrhundert ist, *YY* das zweistellige Jahr, *MM* der zweistellige Monat, *DD* der zweistellige Tag, *hh* die zweistellige Stunde, *mm* die zweistellige Minute und *ss* die zweistellige Sekunde. So repräsentiert z. B. `-t 20230812150047` den 12. August 2023 um 15:00:47.

---

chown

stdin stdout - datei **-- opt** **--help** **--version**

`chown [`*`optionen`*`]` *`benutzerspezifikation dateien`*

Mit dem Befehl chown (*change owner*) stellen Sie den Eigentümer von Dateien und Verzeichnissen ein. Sie brauchen dafür in den meisten Fällen Administrationsberechtigungen. Um den Benutzer »smith« zum Eigentümer mehrerer Dateien und eines Verzeichnisses zu machen, führen Sie diesen Befehl aus:

```
→ sudo chown smith meinedatei meinedatei2 meinverz
```

Für den Parameter *benutzerspezifikation* gibt es folgende Möglichkeiten:

benutzerspezifikation	**Bedeutung**
`smith`	Ein bestehender Benutzername.
`1001`	Eine numerische Benutzer-ID.
`smith:party`	Ein bestehender Benutzer- und Gruppenname, getrennt durch einen Doppelpunkt.
`1001:234`	Numerische Benutzer- und Gruppen-IDs, getrennt durch einen Doppelpunkt.
`:party`	Ein bestehender Gruppenname nach einem Doppelpunkt.
`--reference=`*`datei`*	Die gleichen Benutzer- und Gruppenwerte wie für Datei *datei*.

Nützliche Optionen

`--dereference`	Folgt symbolischen Links und arbeitet auf den Dateien, auf die sie verweisen.
`-R`	Ändert rekursiv die Berechtigungen innerhalb einer Verzeichnishierarchie.

chgrp

stdin stdout - datei **-- opt** **--help** **--version**

```
chgrp [optionen] gruppenspezifikation dateien
```

Der Befehl chgrp (*change group*) setzt die Gruppeneigentümerschaft von Dateien und Verzeichnissen:

```
→ chgrp users meinedatei meinedatei2 meinverz
```

Für den Parameter *gruppenspezifikation* gibt es folgende Möglichkeiten:

- Ein Gruppenname oder eine numerische Gruppen-ID.
- `--reference=`*`datei`*, um dieselbe Gruppeneigentümerschaft einzustellen wie bei der angegebenen Datei.

In »Gruppen verwalten« auf Seite 191 finden Sie weitere Informationen zu Gruppen.

Nützliche Optionen

`--dereference`	Folgt symbolischen Links und arbeitet auf den Dateien, auf die sie verweisen.
`-R`	Ändert rekursiv die Gruppenberechtigungen innerhalb einer Verzeichnishierarchie.

chmod

stdin stdout - datei --opt --help --version

`chmod [`*`optionen`*`]`*`berechtigungen dateien`*

Der Befehl chmod (*change mode*) schützt Dateien und Verzeichnisse vor nicht autorisierten Benutzern im selben System, indem er Zugriffsrechte einstellt. Typische Berechtigungen sind Lesen, Schreiben und Ausführen. Diese können auf den Eigentümer der Datei, den Gruppeneigentümer der Datei und/oder andere Benutzer beschränkt sein. Das Argument *berechtigungen* kann drei unterschiedliche Formen annehmen:

- `--reference=`*`datei`*, um die gleichen Berechtigungen einzustellen wie bei der angegebenen Datei.
- Eine Oktalzahl (Basis 8) mit bis zu vier Stellen, die die *absoluten* Berechtigungen der Datei in Bits angibt, wie in Abbildung 2-2 gezeigt. Die Stelle ganz links ist speziell (wird später erklärt), die zweite, dritte und vierte Stelle repräsentieren den Eigentümer der Datei, die Gruppe der Datei und alle Benutzer.
- Ein oder mehrere symbolische Strings, die *absolute* oder *relative* Berechtigungen festlegen (d. h. relativ zu den existierenden Berechtigungen der Datei). Zum Beispiel macht a+r eine Datei für alle Benutzer lesbar.

Die am häufigsten vorkommenden Berechtigungen sind:

→ **`chmod 600 meinedatei`**	*private Datei für Sie*
→ **`chmod 644 meinedatei`**	*jeder kann lesen, Sie können schreiben*
→ **`chmod 700 meinverz`**	*privates Verzeichnis für Sie*
→ **`chmod 755 meinverz`**	*jeder kann lesen, Sie können schreiben*

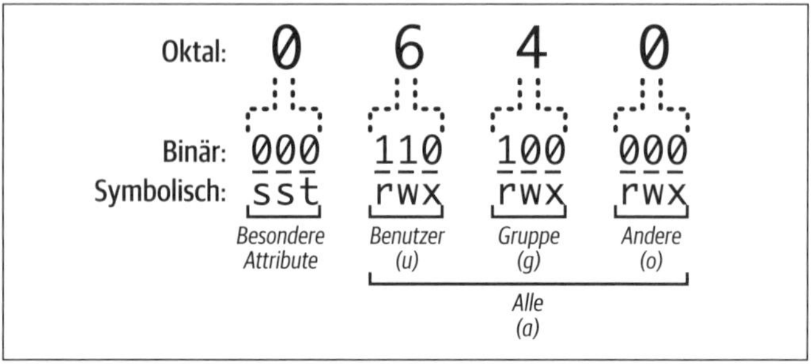

Abbildung 2-2: Dateiberechtigungsbits erklärt

In der dritten Form besteht jeder String aus drei Teilen:

Geltungsbereich (optional)
: `u` steht für Benutzer, `g` für Gruppe, `o` für andere Benutzer, die nicht in der Gruppe sind, `a` für alle Benutzer. Der Standardwert ist `a`.

Befehl
: `+` zum Hinzufügen von Berechtigungen, `-` zum Entfernen von Berechtigungen, `=` zum Setzen von absoluten Berechtigungen, wobei vorhandene Rechte ignoriert werden.

Berechtigungen
: `r` für Lesen, `w` für Schreiben/Modifizieren, `x` für Ausführen (bei Verzeichnissen ist dies die Berechtigung, mit `cd` in das Verzeichnis zu wechseln), `X` für bedingtes Ausführen (wird später erklärt), `u` zum Duplizieren der Benutzerberechtigungen, `g` zum Duplizieren der Gruppenberechtigungen, `o` zum Duplizieren der Berechtigungen für »andere Benutzer«, `s` für setuid (*set user ID*) oder setgid (*set group ID*) und `t` für das »Sticky Bit«.

Beispielsweise würde `ug+rw` Lese- und Schreibberechtigungen für den Benutzer und die Gruppe hinzufügen, `a-x` (oder nur `-x`) würde die Ausführungsrechte für jedermann entfernen, und `o=r` würde die Berechtigungen für andere Benutzer auf »nur lesbar« setzen. Sie können diese Strings miteinander kombinieren, indem Sie sie durch Kommata trennen, also etwa `ug+rw,a-x,o=r`.

Bedingtes Ausführungsrecht (X) bedeutet dasselbe wie x, allerdings ist dies nur erfolgreich, wenn die Datei bereits ausführbar ist oder wenn die Datei ein Verzeichnis ist. Das ist bei umfangreichen chmod-Aktionen praktisch, um das Ausführen-Bit nur für Verzeichnisse, aber nicht für Dateien zu setzen.

setuid und setgid haben auf ausführbare Dateien (Programme und Skripte) deutliche Auswirkungen. Nehmen wir an, wir hätten eine ausführbare Datei *F*, die dem Benutzer »smith« und der Gruppe »freunde« gehört. Falls bei der Datei *F* setuid (setze Benutzer-ID) aktiviert ist, wird jeder, der *F* ausführt, für die Dauer des Programms zum Benutzer »smith« mit all seinen Rechten und Privilegien. Falls in gleicher Weise für *F* setgid (setze Gruppen-ID) aktiviert ist, wird jeder, der *F* ausführt, für die Dauer des Programms zu einem Mitglied der »freunde«-Gruppe. Wie Sie sich vermutlich vorstellen können, haben setuid und setgid unter Umständen Einfluss auf die Systemsicherheit, Sie sollten sie also nur dann benutzen, wenn Sie *genau* wissen, was Sie tun. Ein falsch gesetztes chmod +s kann Ihr ganzes System angreifbar machen.

Das Sticky Bit, das am häufigsten für */tmp*-Verzeichnisse benutzt wird, kontrolliert das Entfernen von Dateien in diesem Verzeichnis. Falls Sie Schreibberechtigungen in einem Verzeichnis haben, können Sie normalerweise Dateien darin löschen oder verschieben, selbst wenn Sie keinen Zugriff auf die Dateien selbst haben. In einem Verzeichnis mit gesetztem Sticky Bit brauchen Sie Schreibberechtigung für eine Datei, um sie löschen oder verschieben zu können.

Nützliche Optionen

-R	Ändert rekursiv die Berechtigungen innerhalb einer Verzeichnishierarchie.

umask

stdin **stdout** - datei **-- opt** **--help** **--version**

```
umask [optionen] [maske]
```

Der Befehl umask setzt oder zeigt Ihren Standardmodus zum Erzeugen von Dateien und Verzeichnissen: ob sie von Ihnen selbst, Ihrer

Gruppe oder der Welt gelesen, geschrieben und/oder ausgeführt werden dürfen. So geben Sie Ihre Maske aus:

```
→ umask        oktale Ausgabe
0002
→ umask -S     symbolische Ausgabe
u=rwx,g=rwx,o=rx
```

Das Ausführen von umask ist eine technische Operation, für die binäre und oktale Mathematik erforderlich ist, aber wir wollen mit einfachen Rezepten beginnen. Nutzen Sie die Maske 0022, um sich selbst volle Zugriffsrechte und allen anderen nur Lese-/Ausführungsrechte zu geben:

```
→ umask 0022
→ touch neuedatei && mkdir verz
→ ls -ldG neuedatei verz
-rw-r--r--  1  smith     0  Nov 11 12:25  neuedatei
drwxr-xr-x  2  smith  4096  Nov 11 12:25  neuesverz
```

Nutzen Sie 0002, um sich selbst und Ihrer Standardgruppe volle Zugriffsrechte zu geben und den anderen nur Lese-/Ausführungsrechte:

```
→ umask 0002
→ touch neuedatei2 && mkdir neuesverz2
→ ls -ldG neuedatei2 neuesverz2
-rw-rw-r--  1  smith     0  Nov 11 12:26  neuedatei2
drwxrwxr-x  2  smith  4096  Nov 11 12:26  neuesverz2
```

Mit der Maske 0077 geben Sie sich selbst volle Zugriffsrechte, alle anderen bekommen nichts:

```
→ umask 0077
→ touch neuedatei3 && mkdir neuesverz3
→ ls -ldG neuedatei3 neuesverz3
-rw-------  1  smith     0  Nov 11 12:26  neuedatei3
drwx------  2  smith  4096  Nov 11 12:26  neuesverz3
```

Jetzt zur technischen Erläuterung. umask ist ein binärer Wert (zur Basis 2), auch wenn er im Allgemeinen in Oktalform (zur Basis 8) dargestellt wird. Er definiert Ihren Standardzugriffsschutz, indem er mit dem oktalen Wert 0666 für Dateien und 0777 für Verzeichnisse über die Binäroperation NOT AND kombiniert wird. So führt beispielsweise umask 0002 zu einem Standardzugriffsmodus für Dateien von 0664:

```
0666 NOT AND 0002
= 000110110110 NOT AND 000000000010
= 000110110110     AND 111111111101
= 000110110100
= 0664
```

Das Gleiche gilt für Verzeichnisse – 0002 NOT AND 0777 führt zu einem Standardzugriffsmodus von 0775.

lsattr

stdin **stdout** - datei **-- opt** **--help** --version

```
lsattr [optionen] [dateien]
```

Neben den Zugriffsberechtigungen besitzen Dateien unter Linux noch weitere Attribute. Bei Dateien auf einem ext-Dateisystem (ext3, ext4 usw.) geben Sie diese erweiterten Attribute mit `lsattr` (*list attribute*) aus und verändern sie mit `chattr`. So ist beispielsweise diese Datei unveränderlich (*immutabel*, i) und nicht löschbar (*undeletable*, u):

```
→ lsattr attrdatei
-u--i--- attrdatei
```

Werden keine Dateien angegeben, gibt `lsattr` die Attribute aller Dateien im aktuellen Verzeichnis aus. Zu den Attributen gehören:

Attribut	Bedeutung
a	Nur anhängen: Es ist erlaubt, etwas an diese Datei anzuhängen, sie kann aber nicht anderweitig bearbeitet werden. Nur für Root.
A	Für Zugriffe auf diese Datei wird kein Zeitstempel registriert bzw. wird der Zugriffszeitstempel (`atime`) nicht aktualisiert.
c	Komprimiert: Daten werden beim Schreiben transparent komprimiert und beim Lesen dekomprimiert.
d	Keine Dumps: Sagt dem `dump`-Programm, dass es diese Datei ignorieren soll, wenn es Backups erstellt (siehe »Backups und externe Speicherung« auf Seite 238).
i	Unveränderlich: Die Datei kann nicht geändert oder gelöscht werden (nur durch Root).

Attribut	Bedeutung
j	Daten mit Journaling (nur für Dateisysteme, die Journaling unterstützen).
s	Sicheres Löschen: Beim Löschen werden die Daten dieser Datei mit Nullen überschrieben.
S	Synchrones Update: Änderungen werden sofort auf die Festplatte geschrieben.
u	Nicht löschbar: Die Datei kann nicht gelöscht werden.

Bevor Sie diesen Befehl ernsthaft einsetzen, schauen Sie sich die Details in der Manpage an – insbesondere zu Themen, die spezifisch für Ihr Dateisystem sind.

Nützliche Optionen

-R	Verzeichnisse werden rekursiv verarbeitet.
-a	Listet alle Dateien auf, die Dateien, deren Namen mit einem Punkt beginnen, eingeschlossen.
-d	Wird ein Verzeichnis aufgelistet, wird nicht dessen Inhalt, sondern nur das Verzeichnis selbst angezeigt.

chattr

stdin stdout - datei **-- opt** **--help** --version

`chattr [optionen] [+|-|=]attribute [dateien]`

Der chattr-Befehl ändert die erweiterten Attribute einer Datei – die gleichen, die mit lsattr angezeigt werden. Die Syntax ist dabei ähnlich zu der des chmod-Programms. chattr fügt Attribute hinzu (+), entfernt sie (-) oder setzt sie absolut (=). Um beispielsweise zu verhindern, dass eine Datei selbst vom Administrator gelöscht wird, geben Sie Folgendes ein:

```
→ sudo chattr +i attrdatei    Attribut i setzen
→ sudo rm attrdatei           Löschen schlägt fehl
rm: cannot remove 'attrdatei': Operation not permitted
→ sudo chattr -i attrdatei    Attribut i entfernen
→ sudo rm attrdatei           Löschen erfolgreich
```

Es werden nicht alle Attribute von allen Dateisystemen unterstützt. Schauen Sie sich die Manpages an, insbesondere wenn Sie an Details zu dateisystemspezifischen Aspekten interessiert sind.

Nützliche Optionen

`-R`	Verzeichnisse werden rekursiv verarbeitet.

Dateisuche

`find`	Sucht Dateien in einer Verzeichnishierarchie.
`xargs`	Verwandelt eine Liste mit Dateien in eine Liste mit Befehlen (und vieles mehr).
`locate`	Erzeugt einen Index von Dateien und durchsucht den Index nach einem String.
`which`	Sucht ausführbare Dateien in Ihrem Suchpfad (Befehl).
`type`	Sucht ausführbare Dateien in Ihrem Suchpfad (in bash eingebaut).
`whereis`	Sucht ausführbare, Dokumentations- und Quelldateien.

Linux-Systeme können ganz leicht Hunderttausende von Dateien enthalten, daher bietet Linux Befehle, um Dateien zu finden, die von Interesse sein könnten. Zum Finden beliebiger Dateien eignet sich `find` als eine Art Dampfwalze, die sich Datei für Datei durch eine Verzeichnishierarchie arbeitet, um das Ziel zu lokalisieren. `locate` ist viel schneller, da es einen vorher aufgebauten Index durchsucht, den Sie bei Bedarf generieren. (Manche Distributionen generieren standardmäßig jede Nacht einen solchen Index.)

Zum Suchen von Programmen prüfen die Befehle `which` und `type` alle Verzeichnisse in Ihrem Shell-Suchpfad. `type` ist in die bash eingebaut, während `which` ein Programm ist (normalerweise */usr/bin/which*); `type` ist schneller und kann Shell-Aliase erkennen.[14] Im Gegensatz dazu untersucht `whereis` eine bekannte Gruppe von Verzeichnissen anstelle Ihres Suchpfads.

---

14 Die tcsh-Shell hat einige Tricks auf Lager, die es `which` erlauben, Aliase zu erkennen.

find

stdin **stdout** -datei --opt **--help** **--version**

```
find [verzeichnisse] [ausdruck]
```

Der find-Befehl durchsucht ein oder mehrere Verzeichnisse (und rekursiv auch deren Unterverzeichnisse) nach Dateien, die bestimmten Kriterien entsprechen. Er ist sehr leistungsstark, besitzt mehr als 50 Optionen, leider aber auch eine ziemlich ungewöhnliche Syntax. Hier sind einige einfache Beispiele, die das gesamte Dateisystem vom aktuellen Verzeichnis aus (durch einen Punkt angegeben) durchsuchen:

Sucht eine bestimmte Datei namens *meinedatei*:

```
→ find . -type f -name meinedatei -print
./meinedatei
```

Gibt Dateinamen aus, die mit *meinedatei* beginnen (beachten Sie, wie die Wildcard geschützt wird, damit die Shell sie ignoriert):

```
→ find . -type f -name meinedatei\* -print
./meinedatei3
./meinedatei
./meinedatei2
```

Gibt alle Verzeichnisnamen aus:

```
→ find . -type d -print
.
./jpegexample
./dir2
./meinverz
./meinverz/dir
⋮
```

Nützliche Optionen

`-name` *muster* `-path` *muster* `-lname` *muster*	Der Name (`-name`), der Pfadname (`-path`) oder das symbolische Linkziel (`-lname`) der gewünschten Datei muss diesem Shell-Muster entsprechen, das die Shell-Wildcards *, ? und [ ] enthalten darf. (Sie müssen die Wildcards allerdings schützen, damit sie von der Shell ignoriert und wörtlich an `find` übergeben werden können.) Pfade sind relativ zum durchsuchten Verzeichnisbaum.

`-iname` *muster*
`-ipath` *muster*
`-ilname` *muster*
: Die Optionen `-iname`, `-ipath` und `-ilname` sind identisch mit `-name`, `-path` bzw. `-lname`, allerdings wird hier die Groß- und Kleinschreibung nicht beachtet.

`-regex` *regexp*
: Der Pfad (relativ zum durchsuchten Verzeichnisbaum) muss dem angegebenen regulären Ausdruck entsprechen.

`-type` *t*
: Sucht nur Dateien vom Typ *t*. Dazu gehören einfache Dateien (`f`), Verzeichnisse (`d`), symbolische Links (`l`), Blockgeräte (`b`), Zeichengeräte (`c`), benannte Pipes (`p`) und Sockets (`s`).

`-atime` *N*
`-ctime` *N*
`-mtime` *N*
: Auf die Datei wurde genau vor *N* * 24 Stunden zuletzt zugegriffen (`-atime`), bzw. sie wurde zu dem Zeitpunkt geändert (`-mtime`) oder hatte eine Statusänderung (`-ctime`). Benutzen Sie +*N* für »größer als *N*« oder -*N* für »kleiner als *N*«.

`-amin` *N*
`-cmin` *N*
`-mmin` *N*
: Auf die Datei wurde vor genau *N* Minuten zuletzt zugegriffen (`-amin`), bzw. sie wurde zu dem Zeitpunkt zuletzt modifiziert (`-mmin`) oder hatte eine Statusänderung (`-cmin`). Benutzen Sie +*N* für »größer als *N*« oder -*N* für »kleiner als *N*«.

`-anewer` *anderedatei*
`-cnewer` *anderedatei*
`-newer` *anderedatei*
: Auf die Datei wurde vor kürzerer Zeit zugegriffen (`-anewer`), bzw. sie wurde früher modifiziert (`-newer`), oder die Statusänderung (`-cnewer`) erfolgte früher als bei *anderedatei*.

`-maxdepth` *N*
`-mindepth` *N*
: Beachtet Dateien, die mindestens (`-mindepth`) oder höchstens (`-maxdepth`) *N* Ebenen tief im durchsuchten Verzeichnisbaum liegen.

`-follow`
: Dereferenziert symbolische Links.

`-depth`
: Führt zuerst eine Tiefensuche durch: Zunächst wird (rekursiv) der Inhalt eines Verzeichnisses durchsucht, bevor auf dem Verzeichnis selbst gearbeitet wird.

`-xdev`
: Beschränkt die Suche auf ein einziges Dateisystem, überschreitet also keine Gerätegrenzen.

`-size` *N* `[bckw]`
: Beachtet Dateien der Größe *N*, die in Blöcken (`b`), Ein-Byte-Zeichen (`c`), Kilobytes (`k`) oder Zwei-Byte-Wörtern (`w`) angegeben werden kann. Benutzen Sie +*N* für »größer als *N*« oder -*N* für »kleiner als *N*«.

`-empty`
: Die Datei hat die Größe null und ist eine normale Datei oder ein normales Verzeichnis.

`-user` *name*
: Der angegebene Benutzer ist der Eigentümer der Datei.

`-group` *name*	Die Datei gehört in die angegebene Gruppe.
`-perm` *modus*	Die Berechtigungen der Datei sind gleich dem Modus. Benutzen Sie -*modus*, um zu prüfen, ob alle angegebenen Bits gesetzt sind, oder +*modus*, um zu prüfen, ob irgendwelche der angegebenen Bits gesetzt sind.

Sie können mit den folgenden Operatoren Teile des Ausdrucks gruppieren und negieren:

ausdruck1 `-a` *ausdruck2*
: Und (der Standard, wenn zwei Ausdrücke nebeneinander erscheinen, das `-a` ist also optional).

ausdruck1 `-o` *ausdruck2*
: Oder.

`!` *ausdruck*, `-not` *ausdruck*
: Negiert den Ausdruck.

`(` *ausdruck* `)`
: Markierungen für die Priorität, genau wie in der Mathematik. Zuerst wird der Ausdruck in den Klammern ausgewertet. Sie müssen diese vermutlich mit »\« vor der Shell schützen.

ausdruck1 `,` *ausdruck2*
: Identisch mit dem Kommaoperator in der Programmiersprache C. Beide Ausdrücke werden ausgewertet, und der Wert des zweiten wird zurückgeliefert.

Sobald Sie die Suchkriterien festgelegt haben, können Sie `find` anweisen, diese Aktionen auf den Dateien durchzuführen, die den Kriterien entsprechen:

`-print`	Gibt einfach den Pfad zu der Datei aus, ist relativ zum Suchverzeichnis.
`-printf` *string*	Gibt den angegebenen String aus, auf den in der Art der C-Bibliotheksfunktion `printf()` Substitutionen angewandt worden sein können. In der Manpage gibt es eine komplette Liste der Ausgaben.

`-print0`	Genau wie `-print`, anstatt aber die einzelnen Ausgabezeilen durch ein Newline-Zeichen abzutrennen, wird ein Null-Zeichen (ASCII 0) benutzt. Nehmen Sie das, wenn die Ausgabe von `find` per Pipeline in ein anderes Programm geleitet werden soll und Ihre Liste der Dateinamen Leerzeichen enthalten könnte. Natürlich muss das empfangende Programm dazu in der Lage sein, diese durch Nullen abgetrennten Zeilen zu lesen und zu verarbeiten – z. B. `xargs -0`.
`-exec` *`befehl`* `;`	Ruft den angegebenen Shell-Befehl *`befehl`* auf. Denken Sie daran, alle Shell-Metazeichen zu schützen, einschließlich des erforderlichen abschließenden Semikolons, damit sie nicht sofort auf der Kommandozeile ausgewertet werden. Das Symbol `{}` (das unbedingt geschützt oder quotiert werden muss) repräsentiert den Pfad der gefundenen Datei. Ein Beispiel: `find . -exec ls '{}' \;`
`-ok` *`befehl`* `;`	Identisch mit `-exec`, fordert aber den Benutzer vor dem Aufrufen jedes Befehls zu einer Bestätigung auf.
`-ls`	Führt den Befehl `ls -dils` auf der Datei aus.
`-delete`	Führt den Befehl `rm` auf jeder Datei aus. (Achtung!!)

xargs

stdin stdout - datei -- opt --help --version

```
xargs [optionen] [befehl]
```

xargs ist einer der seltsamsten, aber auch leistungsfähigsten Befehle, die der Shell zur Verfügung stehen. Er liest Textzeilen von der Standardeingabe, verwandelt sie in Befehle und führt sie aus. Das klingt jetzt vielleicht nicht besonders aufregend, es gibt aber für xargs einige einzigartige Anwendungszwecke, speziell zum Verarbeiten einer Liste von Dateien, die Sie gefunden haben. Nehmen Sie an, Sie hätten eine Datei namens *wichtig* angelegt, die wichtige Dateien auflistet, und zwar eine pro Zeile:

```
→ cat wichtig
/home/jsmith/mail/liebesbriefe
/usr/local/lib/entscheidender_kram
/etc/passwortdatei2
⋮
```

Mit xargs können Sie jede dieser Dateien leicht mit anderen Linux-Befehlen verarbeiten. Zum Beispiel führt der folgende Befehl den Befehl ls -l auf allen aufgelisteten Dateien aus:

```
→ cat wichtig | xargs ls -l
```

Sie können die Dateien auch mit less anschauen:

```
→ cat wichtig | xargs less
```

und sie sogar mit rm löschen:

```
→ cat wichtig | xargs rm -f      Achtung! Löscht Dateien!
```

Jede dieser Pipelines liest die Liste der Dateien aus *wichtig*, erzeugt neue Linux-Befehle auf der Grundlage dieser Liste und führt sie aus. Richtig gut wird es, wenn die Eingabeliste nicht aus einer Datei kommt, sondern von einem anderen Befehl, der auf die Standardausgabe schreibt. Speziell der find-Befehl, der eine Liste von Dateien auf die Standardausgabe ausgibt, ist ein toller Partner für xargs. Um z.B. Ihre aktuelle Verzeichnishierarchie nach Dateien zu durchsuchen, die das Wort »Tomate« enthalten, geben Sie Folgendes ein:

```
→ find . -type f -print | xargs grep -l Tomate
./finddatei1
./finddatei2
→ cat finddatei1 finddatei2
Diese Datei enthält das Wort Tomate  aus finddatei1
Eine weitere Datei mit Tomate        aus finddatei2
```

Seien Sie jedoch gewarnt: Falls eine der Dateien, die von find gefunden wird, Whitespace im Namen enthält, gerät grep durcheinander. Ist eine der Dateien z.B. mit *mein kram* benannt, lautet der konstruierte (falsche) grep-Befehl:

```
→ grep -l tomate mein kram
```

was grep anweist, zwei Dateien zu verarbeiten, nämlich *mein* und *kram*. Stellen Sie sich vor, das Programm wäre rm anstelle von grep gewesen. Sie würden rm anweisen, die falschen Dateien zu löschen! Um dieses Problem zu vermeiden, sollten Sie immer find -print0 anstatt -print benutzen, was Zeilen mit ASCII-Null-Zeichen abtrennt anstatt mit Newline-Zeichen, kombiniert mit xargs -0, das ASCII-Nullen erwartet:

```
→ find . -type f -print0 | xargs -0 grep -l tomate
```

Ich habe in Bezug auf den xargs-Befehl kaum an der Oberfläche gekratzt. Experimentieren Sie gern selbst! (Beginnen Sie aber mit harmlosen Befehlen wie grep und ls und nicht mit destruktiven Befehlen wie rm.)

Nützliche Optionen

`-n` *k*	Übergibt *k* Zeilen der Ausgabe an jeden ausgeführten Befehl. Das gebräuchliche `-n1` garantiert, dass jede Ausführung nur eine Zeile der Eingabe verarbeitet. Ansonsten könnte `xargs` mehrere Eingabezeilen an einen einzelnen Befehl übergeben.
`-0`	Setzt das Zeilenendezeichen für die Eingabe auf ASCII-Null anstatt auf Whitespace und behandelt alle Zeichen als Literale. Nehmen Sie diese Option, wenn die Eingabe von `find -print0` kommt.

xargs im Vergleich mit Befehls-Substitution

Wenn Sie sich an »Quoting« auf Seite 48 erinnern, werden Sie bemerken, dass einige xargs-Tricks auch per Befehls-Substitution erreicht werden können:

```
→ cat dateiliste | xargs ls -l     mit xargs
→ ls -l $(cat dateiliste)          mit $()
→ ls -l `cat dateiliste`           mit Backquotes
```

Die Befehle machen zwar ähnliche Dinge, allerdings können die letzten beiden fehlschlagen, wenn die Ausgabe von cat nach dem Erweitern so lang wird, dass sie die maximale Länge einer Shell-Kommandozeile überschreitet. xargs schreibt in die Standardausgabe, statt an die Befehlszeile anzuhängen, sodass der Befehl sicherer und für große oder riskante Operationen besser geeignet ist.

locate

stdin **stdout** - datei **-- opt** **--help** **--version**

```
locate [optionen]
```

Der locate-Befehl erzeugt mit seinem Partner updatedb einen Index (eine Datenbank) der Dateiablageorte, der schnell durchsucht werden kann.[15] Falls Sie vorhaben, im Laufe der Zeit viele Dateien in einer Verzeichnishierarchie zu suchen, die sich nicht viel ändert, ist locate eine gute Wahl. Zum Lokalisieren einer einzelnen Datei oder zum Ausführen komplexerer Verarbeitungen gefundener Dateien sollten Sie `find` benutzen.

Manche Distributionen indizieren automatisch regelmäßig das komplette Dateisystem (z.B. einmal am Tag), sodass Sie einfach `locate` ausführen können, und es funktioniert. Falls Sie allerdings jemals selbst den Index eines Verzeichnisses (zum Beispiel *~/linux-pocketguide*) und all seiner Unterverzeichnisse erstellen wollen (und diesen z.B. in */tmp/meinindex* speichern), führen Sie Folgendes aus:

```
→ updatedb -l0 -U ~/linuxpocketguide -o /tmp/meinindex
```

(Beachten Sie, dass `-l0` ein kleingeschriebenes `L` ist, gefolgt von einer Null, und nicht die Zahl 10.) Um dann nach einem String in dem Index zu suchen (z.B. nach »meinedatei«), schreiben Sie:

```
→ locate -d /tmp/meinindex meinedatei
/home/dbarrett/linuxpocketguide/meinedatei
/home/dbarrett/linuxpocketguide/meinedatei2
/home/dbarrett/linuxpocketguide/meinedatei3
```

`updatedb` besitzt eine interessante optionale Sicherheitseigenschaft. Sie können einen Index herstellen, der, wenn er durchsucht wird, nur die Dateien anzeigt, die der Benutzer auch sehen darf. Dazu lässt man die Option `-l0` weg und führt diesen Befehl per `sudo` aus:

```
→ sudo updatedb -U verzeichnis -o /tmp/meinindex
```

Indizierungsoptionen für updatedb

`-u`	Erzeugt den Index vom Root-Verzeichnis nach unten.
`-U` *verzeichnis*	Erzeugt den Index von *verzeichnis* nach unten.
`-l (0|1)`	Schaltet die Sicherheit aus (`0`) oder ein (`1`). Standard ist `1`.
`-e` *pfade*	Schließt ein oder mehrere Verzeichnisse aus dem Index aus. Trennen Sie ihre Pfade durch Whitespace.
`-o` *ausgabedatei*	Schreibt den Index in die *ausgabedatei*.

15 Mein `locate`-Befehl kommt aus einem Paket namens »plocate«. Manche Systeme enthalten ein älteres Paket namens »mlocate« oder »slocate« mit einer etwas anderen Anwendung. Falls Sie slocate haben, tippen Sie in meinen Beispielen einfach `slocate` anstelle von `updatedb` ein.

Suchoptionen für locate

`-d` *`index`*	Gibt an, welcher Index benutzt werden soll (in unserem Beispiel */tmp/meinindex*).
`-i`	Die Suche ist unabhängig von der Groß- und Kleinschreibung.
`-r` *`regexp`*	Sucht nach Dateien, die dem angegebenen regulären Ausdruck entsprechen.

which

stdin **stdout** - datei **-- opt** **--help** **--version**

```
which datei
```

Der `which`-Befehl sucht eine ausführbare Datei im Suchpfad Ihrer Shell. Um den `who`-Befehl zu finden, geben Sie ein:

```
→ which who
/usr/bin/who
```

Sie können sogar das `which`-Programm selbst finden:

```
→ which which
/usr/bin/which
```

Falls mehrere Programme in Ihrem Suchpfad denselben Namen tragen (z.B. */usr/bin/who* und */usr/local/bin/who*), liefert `which` nur das erste zurück.

type

stdin **stdout** - datei **-- opt** --help **--version**

```
type [optionen] befehle
```

Der `type`-Befehl sucht genau wie `which` eine ausführbare Datei im Suchpfad Ihrer Shell:

```
→ type grep who
grep is /bin/grep
who is /usr/bin/who
```

`type` erkennt auch Shell-Features, wie zum Beispiel Aliase und eingebaute Befehle:

```
→ type which type rm if
which is /usr/bin/which
type is a shell builtin
rm is aliased to '/bin/rm -i'
if is a shell keyword
```

Als eingebauter Shell-Befehl ist `type` schneller als `which`, jedoch steht er nur in bestimmten Shells wie der bash zur Verfügung.

whereis

stdin **stdout** -datei --opt --help --version

`whereis [optionen] dateien`

Der `whereis`-Befehl versucht, die angegebenen Dateien zu lokalisieren, indem er eine hartcodierte Liste von Verzeichnissen durchsucht. Er kann ausführbare Dateien, Dokumentationen und Quellcode finden. `whereis` ist ein bisschen schrullig, weil es vorkommen kann, dass die Verzeichnisliste nicht die von Ihnen benötigten Verzeichnisse enthält.

```
→ whereis nano
nano: /usr/bin/nano /usr/share/nano ...
```

Nützliche Optionen

`-b`
`-m`
`-s`
	Listet nur ausführbare Dateien (`-b`), Manpages (`-m`) oder Quellcodedateien auf (`-s`).

`-B` *verzeichnisse...* `-f`
`-M` *verzeichnisse...* `-f`
`-S` *verzeichnisse...* `-f`
	Sucht nur in den angegebenen Verzeichnissen nach ausführbaren Dateien (`-B`), Manpages (`-M`) oder Quellcodedateien (`-S`). Auf die Verzeichnisliste muss die Option `-f` folgen, bevor Sie die Dateien auflisten, die Sie suchen.

Dateitextmanipulation

`grep`	Sucht Zeilen in einer Datei, die einem regulären Ausdruck entsprechen.
`cut`	Extrahiert Spalten aus einer Datei.
`paste`	Hängt Text aus mehreren Dateien als Spalten an.

`column`	Strukturiert Text in Spalten.
`tr`	Übersetzt Zeichen in andere Zeichen.
`expand`	Wandelt Tabulatorzeichen in Leerzeichen um.
`unexpand`	Wandelt Leerzeichen in Tabulatorzeichen um.
`sort`	Sortiert Textzeilen nach verschiedenen Kriterien.
`uniq`	Lokalisiert identische Zeilen in einer Datei.
`tac`	Gibt die Zeilen einer Datei vom Ende zum Anfang hin aus.
`shuf`	Gibt die Zeilen einer Datei zufällig (permutiert) aus.
`tee`	Kopiert eine Datei und gibt sie gleichzeitig auf der Standardausgabe aus.

Die vielleicht größte Stärke von Linux liegt in der Textmanipulation – dem Umwandeln einer Textdatei (oder der Standardeingabe) in eine gewünschte Form, indem Transformationen angewandt werden, oft in einer Pipeline. Viele Befehle tun dies, aber hier präsentiere ich Ihnen einige der wichtigsten Werkzeuge.

grep

stdin stdout - datei -- opt --help --version

```
grep [optionen] muster [dateien]
```

Der grep-Befehl gehört zu den nützlichsten und leistungsstärksten Befehlen im Arsenal von Linux. Seine Voraussetzung ist einfach: Gibt man ihm eine oder mehrere Dateien, liefert er alle Zeilen aus diesen Dateien zurück, die einem bestimmten regulären Ausdruck entsprechen. Falls z.B. eine Datei *zufallszeilen* die Zeilen

```
Komm ich heute nicht, komm ich morgen!
Viele Köche verderben den Brei.
Der Film beginnt um 11 Uhr.
```

enthält und wir nach allen Zeilen suchen, in denen »Brei« enthalten ist, bekommen wir:

```
→ grep Brei zufallszeilen
Viele Köche verderben den Brei.
```

Jetzt benutzen wir einen regulären Ausdruck, um Zeilenenden zu erfassen, die mit einem Ausrufezeichen enden:

```
→ grep '\!$' zufallszeilen
Komm ich heute nicht, komm ich morgen!
```

grep kann zwei unterschiedliche Arten von regulären Ausdrücken nutzen, nämlich *einfache* und *erweiterte*. Sie sind gleichermaßen mächtig, nur eben unterschiedlich, und entsprechend den eigenen Erfahrungen mit anderen grep-Implementierungen kann man die eine oder die andere Sorte bevorzugen. Die grundlegende Syntax finden Sie in Tabelle 2-2. Reguläre Ausdrücke sind es wert, sich mit ihnen zu beschäftigen. Auch andere mächtige Linux-Befehle verwenden sie, wie zum Beispiel sed und perl.

Nützliche Optionen

`-v`	Gibt nur Zeilen aus, die *nicht* dem regulären Ausdruck entsprechen.
`-l`	Gibt nur die *Namen* der Dateien aus, die passende Zeilen enthalten, nicht die Zeilen selbst.
`-L`	Gibt nur die Namen der Dateien aus, die *keine* passenden Zeilen enthalten.
`-c`	Gibt nur die Anzahl der passenden Zeilen aus.
`-o`	Gibt nur die passenden Strings aus, nicht die ganzen Zeilen.
`-n`	Gibt vor jeder Zeile der gefundenen Ausgabe die ursprüngliche Zeilennummer aus. (Mit `-b` wird der Byte-Offset ausgegeben.)
`-i`	Sucht unabhängig von Groß- und Kleinschreibung.
`-w`	Es werden nur vollständige Wörter verglichen.
`-x`	Es werden nur komplette Zeilen verglichen. Setzt `-w` außer Kraft.
`-a`	Behandelt alle Dateien als reine Textdateien. Manchmal behandelt grep eine Datei fälschlicherweise als Binärdatei und gibt dann keine passenden Zeilen aus.
`-A` *N*	Nach jeder passenden Zeile werden die nächsten *N* Zeilen aus dieser Datei ausgegeben.
`-B` *N*	Vor jeder passenden Zeile werden die vorhergehenden *N* Zeilen aus dieser Datei ausgegeben.
`-C` *N*	Das Gleiche wie `-A` *N* `-B` *N*: Gibt *N* Zeilen (aus der Originaldatei) vor und hinter jeder passenden Zeile aus.
`--color`	Hebt den gefundenen Text zur besseren Lesbarkeit farbig hervor.
`-r`	Durchsucht rekursiv alle Dateien in einem Verzeichnis und seinen Unterverzeichnissen.
`-R`	Wie `-r`, folgt aber symbolischen Links.

`-E`	Nutzt erweiterte reguläre Ausdrücke (siehe `egrep`).
`-F`	Nutzt Listen fester Strings anstelle der regulären Ausdrücke (siehe `fgrep`).

Tabelle 2-2: Reguläre Ausdrücke für grep (einfach) und egrep (erweitert)

<table>
<tr><th>Einfach</th><th>Erweitert</th><th>Bedeutung</th></tr>
<tr><td>.</td><td>.</td><td>Ein einzelnes Zeichen.</td></tr>
<tr><td>[...]</td><td>[...]</td><td>Erfasst irgendein Zeichen in dieser Liste.</td></tr>
<tr><td>[^...]</td><td>[^...]</td><td>Erfasst irgendein Zeichen, das NICHT in dieser Liste ist.</td></tr>
<tr><td>(...)</td><td>(...)</td><td>Gruppierung.</td></tr>
<tr><td>\|</td><td>|</td><td>Oder.</td></tr>
<tr><td>^</td><td>^</td><td>Zeilenanfang.</td></tr>
<tr><td>$</td><td>$</td><td>Zeilenende.</td></tr>
<tr><td>\<</td><td>\<</td><td>Wortanfang.</td></tr>
<tr><td>\></td><td>\></td><td>Wortende.</td></tr>
<tr><td>[:alnum:]</td><td>[:alnum:]</td><td>Irgendein alphanumerisches Zeichen.</td></tr>
<tr><td>[:alpha:]</td><td>[:alpha:]</td><td>Irgendein alphabetisches Zeichen.</td></tr>
<tr><td>[:cntrl:]</td><td>[:cntrl:]</td><td>Irgendein Steuerzeichen.</td></tr>
<tr><td>[:digit:]</td><td>[:digit:]</td><td>Irgendeine Ziffer.</td></tr>
<tr><td>[:graph:]</td><td>[:graph:]</td><td>Irgendein grafisches Zeichen.</td></tr>
<tr><td>[:lower:]</td><td>[:lower:]</td><td>Irgendein Kleinbuchstabe.</td></tr>
<tr><td>[:print:]</td><td>[:print:]</td><td>Irgendein druckbares Zeichen.</td></tr>
<tr><td>[:punct:]</td><td>[:punct:]</td><td>Irgendein Interpunktionszeichen.</td></tr>
<tr><td>[:space:]</td><td>[:space:]</td><td>Irgendein Whitespace-Zeichen.</td></tr>
<tr><td>[:upper:]</td><td>[:upper:]</td><td>Irgendein Großbuchstabe.</td></tr>
<tr><td>[:xdigit:]</td><td>[:xdigit:]</td><td>Irgendeine Hexadezimalziffer.</td></tr>
<tr><td>*</td><td>*</td><td>Null oder mehr Wiederholungen eines regulären Ausdrucks.</td></tr>
<tr><td>\+</td><td>+</td><td>Eine oder mehr Wiederholungen eines regulären Ausdrucks.</td></tr>
<tr><td>\?</td><td>?</td><td>Null oder ein Auftreten eines regulären Ausdrucks.</td></tr>
<tr><td>\{n\}</td><td>{n}</td><td>Exakt n Wiederholungen eines regulären Ausdrucks.</td></tr>
</table>

Tabelle 2-2: Reguläre Ausdrücke für grep (einfach) und egrep (erweitert) (Fortsetzung)

Einfach	Erweitert	Bedeutung
`\{n,\}`	`{n,}`	*n* oder mehr Wiederholungen eines regulären Ausdrucks.
`\{n,m\}`	`{n,m}`	Zwischen *n* und *m* (inklusive) Wiederholungen eines regulären Ausdrucks, $n < m$.
`\c`	`\c`	Das Zeichen *c* als solches. Benutzen Sie z.B. `\*`, um ein Sternchen zu filtern, oder `\\` für einen Backslash. Alternativ setzen Sie das Zeichen in eckige Klammern, also `[*]` oder `[\]`.

egrep

stdin stdout - datei -- opt --help --version

```
egrep [optionen] muster [dateien]
```

Der egrep-Befehl führt grep `-E` aus und benutzt damit die erweiterten regulären Ausdrücke.[16]

fgrep

stdin stdout - datei -- opt --help --version

```
fgrep [optionen] [feste_strings] [dateien]
```

Der `fgrep`-Befehl führt grep mit der Option `-F` aus.[16] Anstelle eines regulären Ausdrucks akzeptiert `fgrep` eine Liste fester Strings, getrennt durch Newlines. Falls Sie z.B. eine Wörterbuchdatei voller Strings haben, und zwar einen String pro Zeile wie hier:

```
→ cat meine_woerterbuchdatei
aardvark
abbey
abbot
⋮
```

können Sie bequem in einer Menge von Eingabedateien nach diesen Strings suchen:

16 Die Befehle egrep und `fgrep` sind offiziell als veraltet gekennzeichnet, aber so sehr in Millionen von Linux-Shell-Skripten verbaut, dass sie meiner Meinung nach niemals verschwinden werden.

```
→ fgrep -f meine_woerterbuchdatei story
a little aardvark who went to
visit the abbot at the abbey.
```

fgrep ist bequem, wenn man nach nicht alphanumerischen Zeichen wie * und { sucht, weil sie wörtlich genommen werden und nicht als Zeichen für reguläre Ausdrücke.

Am einfachsten kann fgrep die festen Strings aus einer Datei lesen, aber Sie können sie auch an der Kommandozeile angeben, wenn Sie sie in Anführungszeichen setzen. Um in einer Datei nach den Strings »eins«, »zwei« und »drei« zu suchen, geben Sie ein:

```
→ fgrep 'eins        Hier gebe ich Enter ein.
zwei
drei' meinedatei
```

grep und Zeilenendezeichen

Wenn Sie das Ende einer Zeile ($) mit grep filtern, könnten Textdateien, die auf Microsoft-Windows- oder macOS-Systemen erzeugt wurden, seltsame Ergebnisse liefern. Jedes Betriebssystem hat einen anderen Standard zum Beenden einer Zeile. Unter Linux endet jede Zeile in einer Textdatei mit einem Newline-Zeichen (ASCII 10). Unter Windows enden Textzeilen mit einem Wagenrücklauf oder Carriage Return (ASCII 13), gefolgt von einem Newline-Zeichen. Und unter macOS könnte eine Textdatei ihre Zeilen mit Newlines oder Carriage Returns allein beenden. Falls grep Probleme damit hat, die Zeilenenden richtig zu erkennen, prüfen Sie mit einem cat -v auf Nicht-Linux-Zeilenendezeichen. Dabei werden Carriage Returns als ^M angezeigt:

```
→ cat -v dosdatei.txt
Oha! Diese Datei scheint ihre Zeilen mit^M
Carriage Returns vor den Newlines zu beenden.^M
```

Um die Carriage Returns zu entfernen, benutzen Sie den Befehl tr -d:

```
→ tr -d '\r' < dosdatei.txt > /tmp/linuxdatei.txt
→ cat -v /tmp/linuxdatei.txt
Oha! Diese Datei scheint ihre Zeilen mit
Carriage Returns vor den Newlines zu beenden.
```

cut

stdin stdout -datei --opt --help --version

```
cut -(b|c|f)bereich [optionen] [dateien]
```

Der cut-Befehl extrahiert Textspalten aus Dateien. Eine »Spalte« wird durch Zeichen-Offsets definiert (z.B. das 19. Zeichen jeder Zeile):

```
→ cut -c19 meinedatei
```

oder durch Byte-Offsets (die sich von Zeichen unterscheiden, wenn Ihre Sprache Multibyte-Zeichen enthält):

```
→ cut -b19 meinedatei
```

oder durch abgetrennte Felder (z.B. das fünfte Feld in jeder Zeile einer kommaseparierten Datei *daten.csv*):

```
→ cat daten.csv
eins,zwei,drei,vier,fuenf,sechs,sieben
EINS,ZWEI,DREI,VIER,FUENF,SECHS,SIEBEN
1,2,3,4,5,6,7
→ cut -f5 -d, daten.csv
fuenf
FUENF
5
```

Sie sind nicht darauf beschränkt, nur eine einzige Spalte auszugeben: Sie können einen Bereich angeben (`3-16`), eine kommaseparierte Folge (`3,4,5,6,8,16`) oder beides (`3,4,8-16`). Lassen Sie bei Bereichen die erste Zahl weg (`-16`), wird eine 1 angenommen (`1-16`), lassen Sie die letzte Zahl weg (`5-`), wird das Zeilenende genutzt.

Nützliche Optionen

`-d` *C*	Benutzt das Zeichen *C* als *Eingabetrennzeichen* zwischen Feldern für die Option `-f`. Standardmäßig ist es ein Tabulatorzeichen.
`--output-delimiter=`*S*	Benutzt den String *S* als *Ausgabetrennzeichen* zwischen Feldern für die Option `-f`. Standardmäßig ist es ein Tabulatorzeichen.
`-s`	Unterdrückt Zeilen, die kein Trennzeichen enthalten. Ansonsten werden sie unverändert ausgegeben.

paste   stdin stdout - datei -- opt --help --version

```
paste [optionen] [dateien]
```

Der paste-Befehl ist das Gegenteil von cut: Er behandelt mehrere Dateien als vertikale Spalten und kombiniert sie auf der Standardausgabe:

```
→ cat buchstaben
A
B
C
→ cat zahlen
1
2
3
4
5
→ paste zahlen buchstaben
1 A
2 B
3 C
4
5
→ paste buchstaben zahlen
A 1
B 2
C 3
  4
  5
```

Nützliche Optionen

-d *trennzeichen*
: Benutzt die angegebenen *trennzeichen* zwischen den Spalten; Standard ist ein Tabulatorzeichen. Geben Sie ein einzelnes Zeichen an (-d:), das immer genutzt wird, oder eine Liste von Zeichen (-dxyz), die reihum auf den einzelnen Zeilen verwendet werden (der erste Trenner ist x, dann kommt y, dann z, dann x, dann y …).

-s
: Seitwärts: Vertauscht die Zeilen und Spalten der Ausgabe:

```
→ paste -s buchstaben zahlen
A   B   C
1   2   3   4   5
```

column   stdin stdout - datei -- opt --help --version

```
column [optionen] [dateien]
```

Der Befehl column liest Textzeilen ein und gibt sie in Spalten aus. Standardmäßig werden so viele Spalten erstellt, wie mit der Breite Ihres Terminals möglich sind, daher kann sich Ihre Ausgabe unterscheiden.

```
→ seq 1 18                        18 Zahlen ausgeben
1
2
3
⋮
18
→ seq 1 18 | column               vertikale Spalten
1    4    7    10   13   16
2    5    8    11   14   17
3    6    9    12   15   18
→ seq 1 18 | column -x            horizontale Spalten
1    2    3    4    5    6
7    8    9    10   11   12
13   14   15   16   17   18
```

column kann bestehende Spalten auch in eine hübsch formatierte Tabelle umwandeln:

```
→ cat dreien                      Originaldatei
eins zwei drei                    Spalten nicht ausgerichtet
Do Re Mi
du und ich
→ column -t dreien                mit -t als Tabelle formatieren
one  zwei drei                    schöne Spalten
Do   Re   Mi
du   und  ich
→ column -t -N A,B,C dreien       mit -N Überschriften
A    B    C
one  zwei drei
Do   Re   Mi
du   und  ich
```

Nützliche Optionen

`-s` *C*	Zeichen *C* als Eingabetrenner zwischen Spalten nutzen.
`-o` *C*	Zeichen *C* aus Ausgabetrenner zwischen Spalten nutzen.

`-t`	Ausgabe als Tabelle formatieren.
`-N` *überschriften*	Tabelle mit Überschriften versehen (`-t` ist erforderlich). *überschriften* ist eine kommaseparierte Liste.
`--json`	Ausgabe im JSON-Format ausgeben (`-t` und `-N` erforderlich).

---

tr

stdin **stdout** - datei -- opt **--help** **--version**

`tr [`*optionen*`]` *zeichenmenge1* `[`*zeichenmenge2*`]`

Der Befehl `tr` führt einfache, nützliche Übersetzungen von einer Zeichenmenge in eine andere durch. Um z.B. alles in einer Datei großzuschreiben, geben Sie Folgendes ein:

```
→ cat meinedatei
Das ist eine ganz wunderbare Datei,
→ cat meinedatei | tr a-z A-Z
DAS IST EINE GANZ WUNDERBARE DATEI.
```

Um alle Vokale in Sternchen zu ändern:

```
→ cat meinedatei | tr aeiouAEIOU '*'
D*s *st **n* g*nz w*nd*rb*r* D*t**.
```

Um alle Vokale zu löschen:

```
→ cat meinedatei | tr -d aeiouAEIOU
Ds st n gnz wndrbr dt.
```

Um alle Carriage Returns aus einer DOS-Textdatei zu löschen, damit die Kompatibilität mit Linux-Textwerkzeugen wie grep verbessert wird:

```
→ tr -d '\r' < dosdatei.txt > linuxdatei.txt
```

`tr` übersetzt das erste Zeichen in *zeichenmenge1* in das erste Zeichen in *zeichenmenge2*, das zweite in das zweite, das dritte in das dritte usw. Wenn die Länge von *zeichenmenge1* *N* beträgt, werden nur die ersten *N* Zeichen aus *zeichenmenge2* benutzt. (Ist *zeichenmenge1* länger als *zeichenmenge2*, halten Sie sich an die Option `-t`.)

Zeichenmengen können folgende Formen annehmen:

Form	Bedeutung
ABDG	Die Folge der Zeichen A, B, D, G.
A-Z	Der Bereich der Zeichen von A bis Z.
[*x***y*]	*y* Wiederholungen des Zeichens *x*.
[:*klasse*:]	Die gleichen Zeichenklassen ([:alnum:], [:digit:] usw.), die auch von grep akzeptiert werden. Siehe Tabelle 2-2.

tr versteht auch die Escape-Zeichen »\a« (^G = akustisches Signal), »\b« (^H = Backspace), »\f« (^L = Seitenvorschub), »\n« (^J = Zeilenvorschub), »\r« (^M = Wagenrücklauf), »\t« (^I = Tabulator) und »\v« (^K = vertikaler Tabulator), die von printf akzeptiert werden (siehe »Bildschirmausgabe« auf Seite 273), sowie die Notation *nnn*, die für das Zeichen mit dem Oktalwert *nnn* steht.

tr eignet sich großartig für schnelle und einfache Übersetzungen; für aufwendigere Jobs sollten Sie besser auf sed, awk oder Programmiersprachen wie perl zurückgreifen.

Nützliche Optionen

-d
: Löscht die Zeichen in *zeichenmenge1* aus der Eingabe.

-s
: Eliminiert aufeinanderfolgende Duplikate (die in *zeichenmenge1* zu finden sind) aus der Eingabe. Zum Beispiel würde tr -s aeiouAEIOU nebeneinanderstehende doppelte Vokale auf jeweils einen einzigen Vokal zusammenkürzen (aus »wiiiiiiirklich« würde »wirklich«).

-c
: Komplement: Arbeitet auf allen Zeichen, die nicht in *zeichenmenge1* zu finden sind.

-t
: Falls *zeichenmenge1* länger als *zeichenmenge2* ist, werden sie gleich lang gemacht, indem *zeichenmenge1* abgeschnitten wird. Fehlt die Option -t, wird das letzte Zeichen von *zeichenmenge2* (unsichtbar) wiederholt, bis *zeichenmenge2* die gleiche Länge hat wie *zeichenmenge1*.

expand

stdin stdout - datei -- opt --help --version

expand [*optionen*] [*dateien*]

unexpand [*optionen*] [*dateien*]

Der Befehl expand verwandelt Tab-Zeichen in eine passende Menge Leerzeichen, während unexpand das Gegenteil durchführt. Standardmäßig gibt es einen Tabstopp für acht Leerzeichen, aber Sie können dies über entsprechende Optionen anpassen.

```
→ expand tabdatei > leerzeichendatei
→ unexpand leerzeichendatei > tabdatei
```

Um zu prüfen, ob eine Datei Leerzeichen oder Tab-Zeichen enthält, verwenden Sie den Befehl `cat -T`, durch den die Tabs als `^I` dargestellt werden, oder den Befehl `od -c`, der Tabs als `\t` ausgibt.

Nützliche Optionen

`-t` *N*	Legt fest, dass alle *N* Leerzeichen ein Tabstopp stehen soll.

sort

stdin stdout - datei -- opt --help --version

sort [*optionen*] [*dateien*]

Der `sort`-Befehl gibt Textzeilen in alphabetischer Reihenfolge aus bzw. sortiert nach einer anderen Regel, die Sie angeben. Alle festgelegten Dateien werden aneinandergehängt. Das Ergebnis wird sortiert und ausgegeben:

```
→ cat dreibuchstabendatei
def
xyz
abc
→ sort dreibuchstabendatei
abc
def
xyz
```

Nützliche Optionen

`-f`	Sortierung erfolgt unabhängig von Groß- und Kleinschreibung.
`-n`	Numerische Sortierung (d. h., 9 kommt vor 10) anstelle von alphabetischer Sortierung (10 kommt vor 9, weil sie mit einer »1« beginnt).
`-g`	Eine andere numerische Sortiermethode mit einem anderen Algorithmus, der unter anderem eine wissenschaftliche Notation erkennt (7.4e3 bedeutet »7,4 mal 10 hoch 3« oder 7400). Die vollständigen technischen Details erhalten Sie, wenn Sie `info sort` ausführen.

`-u`	Einmalige Sortierung: Doppelte Zeilen werden ignoriert. (Sofern mit `-c` zum Überprüfen sortierter Dateien genutzt, schlägt die Überprüfung fehl, falls aufeinanderfolgende Zeilen identisch sind.)
`-c`	Keine Sortierung, hiermit wird nur überprüft, ob die Eingabe bereits sortiert ist. Ist das der Fall, wird nichts ausgegeben; ansonsten gibt es eine Fehlermeldung.
`-b`	Ignoriert Whitespace am Zeilenanfang.
`-r`	Kehrt die Ausgabe um: Sortiert vom größten zum kleinsten.
`-k` *`schlüssel`*	Wählt die Sortierschlüssel. (Kombinieren Sie diese Option mit `-t`, um ein Trennzeichen zwischen den Schlüsseln zu wählen.)
`-t` *`X`*	Benutzt *X* als Feldtrenner für die Option `-k`.

Ein Sortierschlüssel ist ein Teil einer Zeile, der beim Sortieren in Betracht gezogen wird, anstatt die gesamte Zeile zu beachten. Schauen Sie sich diese Datei mit Namen und Adressen an:

```
→ cat leute
George Washington,123 Main Street,New York
Abraham Lincoln,54 First Avenue,San Francisco
John Adams,39 Tremont Street,Boston
```

Eine normale Suche würde die »Abraham Lincoln«-Zeile zuerst anzeigen. Betrachtet man hingegen jede Zeile als drei kommaseparierte Werte (`-t`), kann man nach dem zweiten Wert sortieren (`-k2`). Dabei kommt »123 Main Street« alphabetisch gesehen zuerst:

```
→ sort -k2 -t, leute
George Washington,123 Main Street,New York
John Adams,39 Tremont Street,Boston
Abraham Lincoln,54 First Avenue,San Francisco
```

In gleicher Weise kann man nach der Stadt sortieren (dritter Wert, `-k3`), dann ist »Boston« zuerst an der Reihe:

```
→ sort -k3 -t, leute
John Adams,39 Tremont Street,Boston
George Washington,123 Main Street,New York
Abraham Lincoln,54 First Avenue,San Francisco
```

Die allgemeine Syntax `-k` *F1*`[.`*C1*`][,`*F2*`[.`*C2*`]]` bedeutet:

Objekt	Bedeutung	Standardwert
F1	Startfeld	erforderlich
C1	Startposition innerhalb von Feld 1	1
F2	Endfeld	letztes Feld
C2	Startposition innerhalb des Endfelds	1

Deshalb sortiert `sort -k1.5` auf Basis des ersten Felds, beginnend mit seinem fünften Zeichen, und `sort -k2.8,5` bedeutet »vom achten Zeichen des zweiten Felds bis zum ersten Zeichen des fünften Felds«. Die Option `-t` ändert das Verhalten von `-k`, sodass Trennzeichen wie Kommata anstelle von Leerzeichen beachtet werden.

Sie können die Option `-k` wiederholen, um mehrere Schlüssel zu definieren, die vom ersten bis zum letzten angewandt werden, so wie sie auf der Kommandozeile auftreten.

uniq

stdin stdout - datei -- opt --help --version

```
uniq [optionen] [dateien]
```

Der `uniq`-Befehl arbeitet auf aufeinanderfolgenden doppelten Textzeilen. Hätten Sie z. B. eine Datei *buchstaben2*:

```
→ cat buchstaben2
a
b
b
c
b
```

würde `uniq` die zwei aufeinanderfolgenden »b« erkennen und verarbeiten, nicht jedoch das dritte. Standardmäßig löscht uniq aufeinanderfolgende Duplikate:

```
→ uniq buchstaben2
a
b                    ein »b« löschen
c
b
```

uniq wird oft nach dem Sortieren einer Datei benutzt:

```
→ sort buchstaben2 | uniq
a
b
c
```

In diesem Fall bleibt nur ein einziges »b«, weil alle drei aufgrund der Sortierung durch `sort` jetzt aufeinanderfolgen und anschließend durch `uniq` auf eins reduziert wurden. Sie können doppelte Zeilen auch mit der Option `-c` zählen lassen, anstatt sie zu eliminieren:

```
→ sort buchstaben2 | uniq -c
      1 a
      3 b
      1 c
```

Nützliche Optionen

`-c`	Zählt aufeinanderfolgende doppelte Zeilen.
`-i`	Arbeitet unabhängig von Groß- und Kleinschreibung.
`-u`	Gibt nur einmal vorkommende Zeilen aus.
`-d`	Gibt nur doppelt vorkommende Zeilen aus.
`-s` *N*	Überspringt die ersten *N* Zeichen auf jeder Zeile, wenn Duplikate erkannt werden.
`-f` *N*	Ignoriert die ersten *N* Whitespace-separierten Felder auf jeder Zeile, wenn Duplikate erkannt werden.
`-W` *N*	Betrachtet nur die ersten *N* Zeichen auf jeder Zeile, wenn Duplikate erkannt werden. Bei Benutzung zusammen mit `-s` oder `-f` ignoriert `sort` zuerst die angegebene Anzahl an Zeichen oder Feldern und betrachtet dann die nächsten *N* Zeichen.

tac

stdin stdout - datei -- opt --help --version

`tac [`*optionen*`] [`*dateien*`]`

Der tac-Befehl (»cat« rückwärts geschrieben) gibt die Zeilen einer Datei in umgekehrter Reihenfolge aus.

```
→ cat zeilen
eins
zwei
drei
```

```
→ tac zeilen
drei
zwei
eins
```

Das ist sehr nützlich, um Zeilen umzukehren, die in chronologischer Reihenfolge in einer Datei stehen – beispielsweise den Inhalt einer Logdatei für einen Linux-Service.

Werden mehrere Dateien als Argumente angegeben, kehrt tac jede Datei für sich um. Um alle Zeilen in allen Dateien gemeinsam umzukehren, kombinieren Sie sie zuerst mit cat und pipen dann die Ausgabe an tac:

```
→ cat meinedatei meinedatei2 meinedatei3 | tac
```

---

shuf   stdin stdout -datei --opt --help --version

```
shuf [optionen] [dateien]
```

Der shuf-Befehl würfelt die Textzeilen einer Datei oder einer anderen Quelle zufällig (permutiert) durcheinander.

```
→ cat zeilen      Originaldatei
eins
zwei
drei
→ shuf zeilen     erster Lauf
zwei
drei
eins
→ shuf zeilen     neuer Lauf mit anderer Ausgabe
eins
drei
zwei
```

Oder Sie geben an der Kommandozeile Strings mit shuf -e an:

```
→ shuf -e apfel banane guave
guave
apfel
banane
```

Oder Sie verteilen die Zahlen in einem Bereich zufällig mit `shuf -i`:

```
→ shuf -i 0-3
3
1
0
2
```

Der `shuf`-Befehl ist eine große Hilfe, um zufällige Untermengen an Zeilen aus einer Datei auszuwählen. Wenn Sie beispielsweise die Vornamen von Personen in einer Datei haben, kann `shuf` diese Datei permutieren und mit der Option `-n` eine bestimmte Zahl von Zeilen zurückgeben:

```
→ cat namen
Aaron
Ahmed
Ali
Ana
⋮
→ shuf -n3 namen
Ying
Robert
Patricia
→ shuf -n1 namen
Fatima
```

Nützliche Optionen

`-e`	Strings von der Befehlszeile permutieren.
`-i` *bereich*	Einen Bereich mit ganzen Zahlen permutieren, z. B. `1-10`.
`-n` *K*	Die ersten *K* permutierten Zeilen ausgeben.
`-r`	Wiederholt permutieren und ausgeben und damit für eine unbegrenzte Ausgabe sorgen. Kombiniert mit `-n`, können Sie die Ausgabe begrenzen.

tee

stdin stdout - datei -- opt --help --version

```
tee [optionen] dateien
```

Genau wie der `cat`-Befehl kopiert der `tee`-Befehl die Standardeingabe unverändert auf die Standardausgabe. Gleichzeitig jedoch kopiert er diese Standardeingabe in eine oder mehrere Dateien. `tee` ist oft in der Mitte von Pipelines zu finden, wo er Zwischendaten in eine Datei schreibt, während er sie gleichzeitig an den nächsten Befehl in der Pipeline weitergibt:

```
→ who | tee original_who | sort
barrett   pts/1     Sep 22 21:15
byrnes    pts/0     Sep 15 13:51
silver       :0     Sep 23 20:44
silver    pts/2     Sep 22 21:18
```

Mit dieser Kommandozeile wird eine sortierte Ausgabe von who auf dem Bildschirm erzeugt, aber zugleich das ursprüngliche, unsortierte Ergebnis von who in die Datei *original_who* geschrieben:

```
→ cat original_who
silver       :0     Sep 23 20:44
byrnes    pts/0     Sep 15 13:51
barrett   pts/1     Sep 22 21:15
silver    pts/2     Sep 22 21:18
```

Nützliche Optionen

`-a` Hängt an, anstatt Dateien zu überschreiben.

`-i` Ignoriert Interrupt-Signale.

Leistungsfähigere Manipulationen

Linux besitzt Hunderte von Filtern, die alle möglichen komplizierten Datenmanipulationen durchführen können. Um diesen Leistungsumfang voll nutzen zu können, ist aber auch ein großer Lernaufwand erforderlich – zu viel für dieses kleine Buch. Hier sind aber zumindest einige Filter für den Einstieg.

---

awk

AWK ist eine Mustererkennungssprache. Sie filtert Daten anhand regulärer Ausdrücke und führt dann Aktionen auf der Grundlage dieser Daten aus. Hier sind einige einfache Beispiele für die Verarbeitung der Textdatei *meinedatei*:

Gibt das zweite und vierte Wort auf jeder Zeile aus:

```
→ awk '{print $2, $4}' meinedatei
```

Gibt alle Zeilen aus, die kürzer als 60 Zeichen sind:

```
→ awk 'length < 60 {print}' meinedatei
```

sed

Genau wie AWK ist sed ein Programm zur Mustererkennung, das Textzeilen manipulieren kann. Seine Syntax ist eng verwandt mit vielen anderen Linux-Programmen, z.B. Vim. So geben Sie beispielsweise eine Datei aus, bei der alle Vorkommen von »ich« durch »DU« ersetzt wurden:

```
→ sed 's/ich/DU/g' meinedatei
```

Gibt aus der Datei die Zeilen 3 bis 5 aus:

```
→ sed -n '3,5p' meinedatei
```

m4

m4 ist ein Makroprozessor. Er sucht Stichwörter in einer Datei und setzt für diese andere Werte ein. Nehmen Sie z.B. diese Datei:

```
→ cat ersetzungen
Mein Name ist NAME und ich bin AGE Jahre alt.
ifelse(QUOTE,yes,Lerne Linux!)
```

Hier substituiert (`-D`) m4 die Werte `NAME`, `AGE` und `QUOTE`:

```
→ m4 -DNAME=Sandy ersetzungen
Mein Name ist Sandy und ich bin AGE Jahre alt
→ m4 -DNAME=Sandy -DAGE=25 ersetzungen
Mein Name ist Sandy und ich bin 25 Jahre alt
→ m4 -DNAME=Sandy -DAGE=25 -DQUOTE=yes ersetzungen
Mein Name ist Sandy und ich bin 25 Jahre alt
Lerne Linux!
```

Perl, PHP, Python, Ruby

Brauchen Sie bei der Textbearbeitung noch mehr Möglichkeiten, besitzt Linux Interpreter für Perl, PHP, Python, Ruby und andere ausgewachsene Programmiersprachen (siehe dazu »Mehr als Shell-Skripting« auf Seite 324).

Dateikomprimierung und -verpackung

`tar`	Verpackt mehrere Dateien in einer einzigen Datei.
`gzip`	Komprimiert Dateien mit GNU Zip.
`gunzip`	Dekomprimiert GNU-Zip-Dateien.
`bzip2`	Komprimiert Dateien im BZip-Format.
`bunzip2`	Dekomprimiert BZip-Dateien.
`bzcat`	Komprimiert/dekomprimiert BZip-Dateien über die Standardeingabe/-ausgabe.
`compress`	Komprimiert Dateien mit traditioneller Unix-Komprimierung.
`uncompress`	Dekomprimiert Dateien mit traditioneller Unix-Komprimierung.
`zcat`	Komprimiert/dekomprimiert eine Datei über die Standardeingabe/-ausgabe (gzip oder compress).
`zip`	Komprimiert Dateien im Windows-Zip-Format.
`unzip`	Dekomprimiert Windows-Zip-Dateien.
`7z`	Verpackt, komprimiert und dekomprimiert 7-Zip-Dateien.
`munpack`	Extrahiert MIME-Daten in Dateien.
`mpack`	Verwandelt eine Datei in ein MIME-Format.
`gpg`	Verschlüsselt eine Datei mit dem GNU Privacy Guard (GnuPG).

Linux kann Dateien in eine Vielzahl von Formaten komprimieren und sie auch wieder dekomprimieren. Die beliebtesten Formate sind GNU Zip (`gzip`), dessen komprimierte Dateien die Erweiterung *.gz* erhalten, und BZip, das die Erweiterung *.bz2* nutzt.

Andere gebräuchliche Formate sind ZIP-Dateien von Windows-Systemen (Erweiterung *.zip*), 7-Zip-Dateien (Erweiterungen *.7z* und *.lzma*), und gelegentlich kommt auch die klassische Unix-Komprimierung (Erweiterung *.Z*) zum Einsatz. Stoßen Sie auf ein Format, das ich nicht behandle, wie zum Beispiel *sit*-Dateien von macOS, ARC, Zoo, RAR oder andere, werfen Sie einen Blick auf *https://oreil.ly/vO7l8*.

Eine ganze Reihe gebräuchlicher Programme wurde so angepasst, dass sie direkt mit komprimierten Dateien arbeiten können. Schauen Sie sich `zgrep`, `zless`, `zcmp` und `zdiff` an, die wie `grep`, `less`, `cmp` und `diff` arbeiten, aber komprimierte Dateien als Argument übernehmen. So vergleichen Sie komprimierte und unkomprimierte Dateien:

```
→ zdiff sample1.gz sample2
```

Bei einer verwandten Technik werden binäre Dateien in Textformate umgewandelt, damit man sie z.B. in einer E-Mail-Nachricht übermitteln kann. Heutzutage geschieht das meist automatisch in den E-Mail-Programmen, dennoch werden wir die Programme `munpack` und `mpack` behandeln, die von der Kommandozeile aus decodieren und codieren können. Schließlich werde ich noch den verbreitetsten Befehl zum Verschlüsseln von Dateien unter Linux vorstellen: gpg, der GNU Privacy Guard.

tar

stdin stdout -datei --opt --help --version

tar [*optionen*] [*dateien*]

Das tar-Programm kann mehrere Dateien und Verzeichnisse für den Transport in einer einzigen Datei verpacken, optional lassen sie sich auch noch komprimieren. (Es diente ursprünglich dazu, Dateien auf Datenbändern zu sichern – sein Name ist die Abkürzung für *Tape Archiver*.) TAR-Dateien sind unter Linux das gebräuchlichste Format zum Packen von Dateien.

```
→ tar -czvf meinarchiv.tar.gz meinverz        Archiv erzeugen
→ ls -lG meinarchiv.tar.gz
-rw-r--r-- 1 smith 350 Nov  7 14:09 meinarchiv.tar.gz
→ tar -tf meinarchiv.tar.gz                   Inhalt auflisten
meinverz/
meinverz/verz/
meinverz/verz/datei10
meinverz/datei1
meinverz/datei2
⋮
→ tar -xf meinarchiv.tar.gz                   auspacken
```

Falls Sie Dateien auf der Kommandozeile angeben, werden nur diese verarbeitet:

```
→ tar -xvf meinarchiv.tar.gz meinverz/datei3 meinverz/datei7
```

Ansonsten wird das komplette Archiv verarbeitet.

Nützliche Optionen

`-c`	Erzeugt ein Archiv. Sie müssen die Eingabedateien und -verzeichnisse auf der Kommandozeile aufführen.
`-r`	Hängt Dateien an ein bestehendes Archiv an.
`-u`	Hängt neue/geänderte Dateien an ein bestehendes Archiv an.
`-A`	Hängt ein Archiv an das Ende eines anderen an: Zum Beispiel hängt `tar -A -f erstes.tar zweites.tar` den Inhalt von *zweites.tar* an *erstes.tar* an. Funktioniert nicht für komprimierte Archive.
`-t`	Listet das Archiv auf (es wird ein »Test« gemacht).
`-x`	Extrahiert Dateien aus dem Archiv.
`-C` *`dir`*	Extrahiert die Dateien in das Verzeichnis *`dir`*.
`-f` *`datei`*	Liest das Archiv aus der angegebenen Datei oder schreibt es in sie hinein. Normalerweise handelt es sich dabei um eine TAR-Datei auf der Festplatte (wie etwa *meinarchiv.tar*), es kann aber auch ein Bandlaufwerk sein (etwa */dev/tape*).
`-d`	Vergleicht das Archiv mit dem Dateisystem.
`-z`	Benutzt die `gzip`-Komprimierung.
`-j`	Benutzt die `bzip2`-Komprimierung.
`-Z`	Benutzt die klassische Unix-Komprimierung.
`-v`	Ausführlicher Modus: Gibt zusätzliche Informationen aus.
`-h`	Folgt symbolischen Links, anstatt sie einfach nur zu kopieren.
`-p`	Stellt beim Extrahieren von Dateien deren ursprüngliche Berechtigungen und Eigentümerschaften wieder her.

gzip

stdin stdout - datei -- opt --help --version

```
gzip [optionen] [dateien]
```

```
gunzip [optionen] [dateien]
```

```
zcat [optionen] [dateien]
```

`gzip` und `gunzip` komprimieren und dekomprimieren Dateien im GNU-Zip-Format. Komprimierte Dateien haben die Erweiterung *.gz*.

Beispielbefehle

`gzip` *`datei`*	Komprimiert *datei*, um *datei.gz* zu erzeugen. Die Originaldatei wird gelöscht.
`gunzip` *`datei.gz`*	Dekomprimiert *datei.gz*, um *datei* zu erzeugen. Die Originaldatei *datei.gz* wird gelöscht.
`gunzip -c` *`datei.gz`*	Dekomprimiert die Daten auf der Standardausgabe.
`zcat` *`datei.gz`*	Dekomprimiert die Daten auf der Standardausgabe.
`cat` *`datei`* `| gzip | …`	Komprimiert die Daten aus einer Pipeline.
`cat` *`datei.gz`* `| gunzip`	Dekomprimiert die Daten aus einer Pipeline.
`tar -czf` *`tardatei verz`*	Verpackt das Verzeichnis *verz* in eine mit gzip gepackte TAR-Datei. Verwenden Sie `-cvzf`, um die Dateinamen während ihrer Verarbeitung auszugeben.

bzip2

stdin stdout - datei -- opt --help --version

```
bzip2 [optionen] [dateien]
```

```
bunzip2 [optionen] [dateien]
```

```
bzcat [optionen] [dateien]
```

`bzip2` und `bunzip2` komprimieren und dekomprimieren Dateien im Burrows-Wheeler-Format. Komprimierte Dateien haben die Erweiterung *.bz2*.

Beispielbefehle

`bzip2` *datei*	Komprimiert *datei*, um *datei.bz2* zu erzeugen. Die Original-*datei* wird gelöscht.
`bunzip2` *datei.bz2*	Dekomprimiert *datei.bz2*, um *datei* zu erzeugen. Die Originaldatei *datei.bz2* wird gelöscht.
`bunzip2 -c` *datei.bz2*	Dekomprimiert die Daten auf der Standardausgabe.
`cat` *datei* `| bzip2 | ...`	Komprimiert Daten in einer Pipeline.
`cat` *datei.bz2* `| bunzip2`	Dekomprimiert die Daten in einer Pipeline.
`bzcat` *datei.bz2*	Dekomprimiert die Daten auf der Standardausgabe.
`tar -cjf` *tardatei verz*	Verpackt das Verzeichnis *verz* in eine per bzip gepackte TAR-Datei. Verwenden Sie `-cvjf`, um die Dateinamen während ihrer Verarbeitung auszugeben.

compress

stdin stdout - datei -- opt --help --version

`compress` [*optionen*] [*dateien*]

`uncompress` [*optionen*] [*dateien*]

`zcat` [*optionen*] [*dateien*]

`compress` und `uncompress` komprimieren und dekomprimieren Dateien im Standard-Unix-Komprimierungsformat (Lempel Ziv). Komprimierte Dateien haben die Erweiterung .Z.

Beispielbefehle

`compress` *datei*	Komprimiert *datei*, um *datei.Z* zu erzeugen. Die Original-*datei* wird gelöscht.
`uncompress` *datei.Z*	Dekomprimiert *datei.Z*, um *datei* zu erzeugen. Die Original-*datei.Z* wird gelöscht.
`uncompress -c` *datei.Z*	Dekomprimiert die Daten auf der Standardausgabe.
`zcat` *datei.Z*	Dekomprimiert die Daten auf der Standardausgabe.
`cat` *datei* `| compress | ...`	Erzeugt komprimierte Daten aus einer Pipeline.
`cat` *datei.Z* `| uncompress`	Dekomprimiert die Daten aus einer Pipeline.
`tar -cZf` *tardatei verz*	Verpackt das Verzeichnis *verz* in einer per bzip gepackten TAR-Datei. Verwenden Sie `-cvZf`, um die Dateinamen während ihrer Verarbeitung auszugeben.

zip

stdin **stdout** - datei -- opt **--help** **--version**

```
zip archiv.zip [optionen] [dateien]
```

```
unzip [optionen] archiv.zip [dateien]
```

zip und unzip komprimieren und dekomprimieren Dateien im Windows-Zip-Format. Komprimierte Dateien haben die Erweiterung *.zip*.

`zip` *archiv*`.zip` *datei1 datei2* …	Packen.
`zip -r` *archiv*`.zip` *verz*	Verzeichnis rekursiv packen.
`unzip -l` *archiv*`.zip`	Inhalt auflisten.
`unzip` *archiv*`.zip`	Auspacken.

7z

stdin stdout - datei **-- opt** **--help** --version

```
7z [befehl] [optionen] archivdatei [(dateien | verzeichnisse)]
```

Der 7z-Befehl, auch bekannt als 7-Zip, packt und komprimiert Dateien und Verzeichnisse. Standardmäßig erzeugt er Archivdateien im LZMA-Format mit der Dateierweiterung *.7z*. Er unterstützt auch andere Kompressionsmethoden, wie z.B. ZIP, gzip und BZip2, aber Sie können dafür auch die ursprünglichen Linux-Befehle (zip, gzip und bzip2) nutzen, die auf Linux-Rechnern eher vorhanden sind. 7z extrahiert auch aus einer Reihe von Archivdateien, selbst aus Microsoft-CAB-Dateien. In der Manpage finden Sie eine vollständige Liste.

`7z a` *archiv*`.7z` *datei1 datei2* …	Packen.
`7z a` *archiv*`.7z` *verz*	Verzeichnis packen (wie bei Dateien).
`7z l` *archiv*`.7z`	Inhalt auflisten.
`7z x` *archiv*`.7z`	Entpacken.

munpack

stdin **stdout** **-datei** **--opt** **--help** **--version**

```
munpack [optionen] mail_datei

mpack [optionen] dateien
```

Moderne E-Mail-Programme können Anhänge so leicht senden und empfangen, dass wir kaum noch darüber nachdenken. Die Programme `munpack` und `mpack` arbeiten direkt auf der Kommandozeile mit Anhängen. Wenn Sie z.B. eine E-Mail-Nachricht in einer Datei namens *meinemessage* haben und diese ein JPEG-Bild und eine PDF-Datei als Anhänge enthält, kann `munpack` beide Anhänge als Dateien extrahieren:

```
→ munpack meinemessage
beautiful.jpg (image/jpeg)
researchpaper.pdf (application/pdf)
```

Das Gegenstück `mpack` kümmert sich um die andere Richtung, indem es eine oder mehrere Dateien in eine MIME-Datei einfügt. Hier erzeugen wir die Datei *anhang.mime* mit einem MIME-codierten Bild *foto.jpg*:

```
→ mpack -o anhang.mime foto.jpg
Subject: Mein Foto
```

gpg

stdin **stdout** **-datei** **--opt** **--help** **--version**

```
gpg [optionen] [argumente]
```

Der gpg-Befehl verschlüsselt und entschlüsselt Dateien, arbeitet mit digitalen Signaturen, verwaltet Schlüssel und vieles mehr. Er ist Teil der Verschlüsselungsanwendung *GNU Privacy Guard* (GnuPG).

Der einfachste Ansatz – die symmetrische Verschlüsselung – nutzt das gleiche Passwort zum Verschlüsseln und Entschlüsseln einer Datei (verlieren Sie es also nicht!):

```
→ ls geheimnis*
geheimnis
→ gpg -c geheimnis
Passphrase: xxxxxxxxxxx          Schnell ein Passwort ausdenken.
```

```
Repeat: xxxxxxxxxxx
→ ls geheimnis*
geheimnis  geheimnis.gpg        Erstellt die verschlüsselte Datei.
```

Gebräuchlicher ist eine Public-Key-Verschlüsselung, für die ein Schlüsselpaar erforderlich ist (öffentlich und privat). Verschlüsselt wird mit dem öffentlichen Schlüssel, entschlüsselt mit dem privaten. Erstellen Sie dafür zunächst ein Schlüsselpaar, wobei davon ausgegangen wird, dass Ihre E-Mail-Adresse *smith@example.com* ist.

```
→ gpg --quick-generate-key smith@example.com \
  default default never
```

Verschlüsseln Sie eine Datei per Public-Key-Verschlüsselung und erzeugen Sie *geheimnis.gpg*:

```
→ gpg -e geheimnis                Normalen öffentlichen Schlüssel nutzen.
→ gpg -e -r schlüssel geheimnis   Bestimmten öffentlichen Schlüssel
                                  nutzen.
```

Verschlüsseln Sie eine Datei und signieren Sie sie digital, wobei *geheimnis.gpg* entsteht:

```
→ gpg -es geheimnis
Passphrase: xxxxxxxxxxxx
```

Entschlüsseln Sie die Datei *geheimnis.gpg* und überprüfen Sie eine Signatur. (Wenn Sie nicht erneut nach einer Passphrase gefragt werden, hat gpg sie sich vorerst gemerkt.)

```
→ rm geheimnis                    Ursprungsdatei löschen.
→ gpg geheimnis.gpg               Entschlüsseln.
Passphrase: xxxxxxxxxxxx
gpg: encrypted with 4096-bit ELG key, ID 3EE49F4396C9,
 created 2023-02-26 "John Smith <smith@example.com>"
⋮
Good signature from "John Smith <smith@example.com>"
→ ls geheimnis*
geheimnis  geheimnis.gpg          Entschlüsselte Ursprungsdatei.
```

Liste der Schlüssel in Ihrem GnuPG-Keyring:

```
→ gpg --list-public-keys
→ gpg --list-secret-keys
```

Nützliche Optionen

gpg besitzt über 100 Optionen. Hier sind ein paar der gebräuchlichsten aufgeführt:

`-r` *name*	Für einen Empfänger in Ihrem Public Keyring verschlüsseln. Der *name* kann die Key-ID, die E-Mail-Adresse oder beliebige andere Teile des Schlüsselnamens sein.
`-u` *name*	Als User mit diesem Namen in Ihrem Keyring signieren.
`-o` *Datei*	Schreibt Ausgabe in angegebene Datei.
`-a`	Ausgabe im ASCII-Armor-Format statt im OpenPGP-Format erzeugen. ASCII-Armor ist reiner Text, der sich in E-Mail-Nachrichten einfügen lässt. Die Ausgabedateien besitzen die Erweiterung *.asc* statt *.gpg*.
`-q`	Keine Nachrichten beim Verarbeiten ausgeben.
`-v`	Mehr Nachrichten beim Verarbeiten ausgeben.

Dateivergleiche

`diff`	Zeilenweiser Vergleich zweier Dateien oder Verzeichnisse.
`comm`	Zeilenweiser Vergleich zweier sortierter Dateien.
`cmp`	Byteweiser Vergleich zweier Dateien.
`shasum`	Berechnet eine Prüfsumme der angegebenen Dateien.
`md5sum`	Berechnet eine Prüfsumme der angegebenen Dateien (unsicher).

Es gibt mindestens drei Möglichkeiten, um Linux-Dateien miteinander zu vergleichen:

- Zeilenweise (`diff`, `comm`) – am besten geeignet für Textdateien.
- Byteweise (`cmp`) – wird oft für Binärdateien benutzt.
- Vergleich von Prüfsummen (`shasum`). Vermeiden Sie ältere und schwächere Befehle wie `sum`, `cksum` oder `md5sum`, bei denen unsichere Algorithmen zum Einsatz kommen.

diff

stdin **stdout** **-datei** **--opt** **--help** **--version**

```
diff [optionen] datei1 datei2
```

Der `diff`-Befehl vergleicht zwei Dateien zeilenweise oder zwei Verzeichnisse dateiweise. Gibt es keine Unterschiede, liefert `diff` auch keine Ausgabe. Werden Textdateien verglichen, kann `diff` ausführliche Reports über ihre Unterschiede erzeugen. Bei Binärdateien berichtet `diff` lediglich, ob sie sich voneinander unterscheiden oder nicht.

Das traditionelle Ausgabeformat sieht so aus:

```
Anzeige der Zeilennummern und der Art der Änderung
< entsprechender Abschnitt aus datei1, falls vorhanden
---
> entsprechender Abschnitt aus datei2, falls vorhanden
```

Wir starten z.B. mit einer Datei *dateiA*:

```
Hallo, dies ist eine Datei.
Fuchs, du hast die
Gans gestohlen.
Tschüss erst mal.
```

Nehmen wir an, wir löschen die erste Zeile, ändern auf der zweiten Zeile »Fuchs« in »Hund« und fügen eine letzte Zeile hinzu. Das Ganze ergibt dann die Datei *dateiB*:

```
Hund, du hast die
Gans gestohlen.
Tschüss erst mal.
Linux r00lz!
```

Der Befehl `diff` meldet zwei Unterschiede mit den Bezeichnungen 1,2c1 und 4a4:

```
→ diff dateiA dateiB
1,2c1        Die Zeilen 1-2 von dateiA wurden zu Zeile 1 von dateiB.
< Hallo, dies ist eine Datei.   Zeilen 1-2 von dateiA
< Fuchs, du hast die
---                             diff-Trenner
> Hund, du hast die             Zeile 1 von dateiB
4a4                             Zeile 4 wurde in dateiB hinzugefügt.
> Linux r00lz!                  die hinzugefügte Zeile
```

Die führenden Symbole < und > sind Pfeile, die auf *dateiA* bzw. *dateiB* hinweisen. Dieses Ausgabeformat ist Standard: Es gibt noch viele weitere, von denen man einige direkt an andere Werkzeuge übergeben kann. Probieren Sie sie aus, damit Sie sehen, wie sie funktionieren.

Option	Ausgabeformat
`-c`	Kontext-diff-Format, wie es vom `patch`-Befehl erzeugt wird (`man patch`).
`-D` *`makro`*	C-Präprozessorformat, nutzt `#ifdef` *`makro`*`... #else ... #endif`.
`-u`	Vereinheitlichtes Format, das die Dateien zusammenführt und »-« für ein Löschen und »+« für ein Hinzufügen voranstellt. Kommt bei `git` zum Einsatz.
`-y`	»Seite-an-Seite-Format«; benutzen Sie `-W`, um die Breite der Ausgabe anzupassen.
`-q`	Berichtet nicht von den Änderungen, sondern sagt nur, ob sich die Dateien voneinander unterscheiden.

`diff` kann auch Verzeichnisse vergleichen. Standardmäßig werden in diesen Verzeichnissen Dateien gleichen Namens verglichen und Dateien aufgeführt, die in einem Verzeichnis, aber nicht im anderen zu finden sind:

```
→ diff verz1 verz2
```

Um ganze Verzeichnishierarchien rekursiv miteinander zu vergleichen, benutzen Sie die Option `-r`, die einen (potenziell sehr großen) Report aller Unterschiede liefert:

```
→ diff -r verz1 verz2
```

Nützliche Optionen

`-b`	Betrachtet Whitespace nicht.
`-B`	Betrachtet leere Zeilen nicht.
`-i`	Ignoriert die Groß- und Kleinschreibung.
`-r`	Steigt beim Vergleich von Verzeichnissen auch in Unterverzeichnisse ab.

`diff` ist nur ein Mitglied einer Familie von Programmen, die auf Dateidifferenzen operieren. Andere sind `diff3`, das drei Dateien auf einmal vergleicht, und `sdiff`, das die Unterschiede zwischen zwei Dateien zusammenführt, um entsprechend Ihren Anweisungen eine dritte Datei herzustellen.

---

comm

stdin **stdout** **- datei** **-- opt** **--help** **--version**

```
comm [optionen] datei1 datei2
```

Der `comm`-Befehl vergleicht zwei sortierte Dateien miteinander und erzeugt drei Ausgabespalten, die jeweils durch Tabs getrennt sind:

1. Alle Zeilen, die in *datei1* auftauchen, nicht jedoch in *datei2*.
2. Alle Zeilen, die in *datei2* auftauchen, nicht jedoch in *datei1*.
3. Alle Zeilen, die in beiden Dateien auftauchen.

Falls z.B. *datei1* und *datei2* diese Zeilen enthalten:

```
datei1:      datei2:
apple        baker
baker        charlie
charlie      dark
```

erzeugt *comm* folgende dreispaltige Ausgabe:

```
→ comm datei1 datei2
apple
                baker
                charlie
        dark
```

Nützliche Optionen

`-1`	Unterdrückt Spalte 1.
`-2`	Unterdrückt Spalte 2.
`-3`	Unterdrückt Spalte 3.
`-23`	Zeigt Zeilen, die nur in der ersten Datei stehen.
`-13`	Zeigt Zeilen, die nur in der zweiten Datei stehen.
`-12`	Zeigt nur Zeilen, die in beiden Dateien stehen.

cmp

stdin stdout -datei --opt --help --version

```
cmp [optionen] datei1 datei2 [offset1 [offset2]]
```

Der cmp-Befehl vergleicht zwei Dateien miteinander. Sind ihre Inhalte identisch, berichtet cmp nichts; ansonsten listet es den Ort des ersten Unterschieds auf:

```
→ cmp meinedatei deinedatei
meinedatei deinedatei differ: byte 225, line 4
```

Standardmäßig verrät cmp Ihnen nicht, worin der Unterschied besteht, sondern nur, wo er sich befindet. Der Befehl eignet sich auch hervorragend, um Binärdateien miteinander zu vergleichen, ganz im Gegensatz zu diff, das am besten auf Textdateien funktioniert.

Normalerweise startet cmp seinen Vergleich am Anfang jeder Datei, er beginnt aber auch woanders, wenn Sie Offsets angeben:

```
→ cmp meinedatei deinedatei 10 20
```

Hier beginnt der Vergleich beim 10. Zeichen von *meinedatei* und beim 20. Zeichen von *deinedatei*.

Nützliche Optionen

`-l`
: Lange Ausgabe: Gibt Byte für Byte alle Unterschiede aus:

```
→ cmp -l meinedatei deinedatei

225 167 127
```

Dies bedeutet einen Offset von 225 (dezimal), *meinedatei* hat ein kleines »w« (oktal 167), aber *deinedatei* hat ein großes »W« (oktal 127).

`-s`
: Stille Ausgabe: Hier wird nichts ausgegeben, sondern der Befehl wird mit einem passenden Rückgabewert beendet: 0, falls die Dateien passen, 1, falls sie nicht passen. (Oder andere Codes, falls der Vergleich aus irgendeinem Grund fehlschlägt.)

shasum

stdin stdout -datei --opt --help --version

```
shasum -a (256|384|512|512224|512256) [optionen] dateien

shasum --check datei
```

Der Befehl shasum berechnet und überprüft Prüfsummen, um zu ermitteln, ob Dateien unverändert sind. Standardmäßig nutzt shasum einen *unsicheren* Algorithmus namens SHA-1. Mit der Option

-a 256 (oder einem größeren Wert) erhalten Sie kryptografisch sichere Ergebnisse. Hier erzeuge ich eine 256-Bit-Prüfsumme der angegebenen Dateien (64 hexadezimale Ziffern) mit dem sicheren SHA-256-Algorithmus:

```
→ shasum -a 256 meinedatei        SHA-256-Algorithmus
e8183aaa23aa9b74c7033cbc843041fcf1d1e9e9... meinedatei
```

Die zweite Form des Befehls ermittelt mit --check, ob eine Prüfsumme zur ursprünglichen Datei passt:

```
→ shasum -a 256 meinedatei meinedatei2 meinedatei3 > /tmp/mysum
→ cat /tmp/meinesumme
e8183aaa23aa9b74c7033cbc843041fcf1d1e9e937... meinedatei
2254f6879ae5fdf174b3a2ebbdc7fb4fa41e0ddf4a... meinedatei2
0bfa73d888300e3d4f5bc9ac302c1eb38e37499b5e... meinedatei3
→ shasum --check /tmp/meinesumme
meinedatei: OK
meinedatei2: OK
meinedatei3: OK
→ echo "neue Daten" > meinedatei2    meinedatei2 ändern
→ shasum --check /tmp/mysum
meinedatei: OK
meinedatei2: FAILED
meinedatei3: OK
shasum: WARNING: 1 computed checksum did NOT match
```

Es ist sehr unwahrscheinlich, dass zwei verschiedene Dateien die gleiche SHA-256-Prüfsumme haben, daher ist ein Vergleich ihrer Prüfsummen eine zuverlässige Möglichkeit, herauszufinden, ob die Dateien gleich sind.

```
→ shasum -a 256 meinedatei | cut -c1-64 > /tmp/sum1
→ shasum -a 256 meinedatei2 | cut -c1-64 > /tmp/sum2
→ diff -q /tmp/sum1 /tmp/sum2
Files /tmp/sum1 and /tmp/sum2 differ
```

md5sum

stdin stdout -datei --opt --help --version

md5sum *dateien* | --check *datei*

Der md5sum-Befehl berechnet Prüfsummen mit dem *unsicheren* MD5-Algorithmus. Nutzen Sie ihn nicht in einer produktiven Umgebung. Insgesamt funktioniert er ähnlich wie shasum:

```
→ md5sum meinedatei meinedatei2 > /tmp/summe   Generieren
→ md5sum --check /tmp/summe                    Prüfen
```

Dateien in andere Formate umwandeln

`pandoc`	Aus einer Markup-Sprache in eine andere umwandeln.
`hxselect`	Informationen aus einer HTML-Datei extrahieren.
`jq`	Informationen aus einer JSON-Datei extrahieren.
`xmllint`	Informationen in einer XML-Datei validieren und daraus extrahieren.
`csvtool`	Informationen aus einer kommaseparierten (CSV-)Datei extrahieren.
`split`	Eine Datei einfach in mehrere Dateien aufteilen.
`csplit`	Eine Datei anhand komplexer Kriterien in mehrere Dateien aufteilen.

Haben Sie schon einmal per Hand mühevoll eine Textdatei aus einem Format in ein anderes überführt oder manuell Werte aus CSV-, JSON- oder XML-Dateien extrahiert? Das muss nicht mehr sein! Linux besitzt ein ganzes Arsenal an Befehlen zum Umwandeln von Dateien, die Ihnen diese Art von Arbeit abnehmen.

pandoc

stdin stdout -datei --opt --help --version

```
pandoc [optionen] [dateien]
```

Der wundervolle pandoc-Befehl wandelt Dateien aus sehr vielen Formaten in viele andere Formate um. Er kann mit Dateien in HTML, JSON, CSV, LaTeX, Microsoft DOCX und PPTX, DocBook XML, Manpages, diversen Markdown- und Wiki-Text-Varianten sowie mit Dutzenden weiterer Formate umgehen. Die Ergebnisse sind nicht perfekt und erfordern im Zweifel ein bisschen manuelle Nacharbeit, aber sie sind trotzdem erstaunlich gut.[17]

Der Einsatz von pandoc könnte nicht einfacher sein: Sie geben eine Eingabedatei mit und wählen über die Option `-t` das Ausgabeformat. pandoc gibt dann das konvertierte Ergebnis aus. Schauen Sie mal, wie einfach es ist, eine CSV-Datei nach HTML, GitHub Markdown, LaTeX oder JSON umzuwandeln:

---

17 Ich habe pandoc laufen lassen, um Material aus der dritten Auflage dieses Buchs, das in DocBook XML vorlag, für die vierte Auflage nach AsciiDoc umzuwandeln.

```
→ cat data.csv                          Ursprungsdatei
eins,zwei,drei,vier,fünf,sechs,sieben
EINS,ZWEI,DREI,VIER,FÜNF,SECHS,SIEBEN
1,2,3,4,5,6,7
→ pandoc -t html data.csv               CSV nach HTML
<table>
<thead>
<tr class="header">
<th>eins</th>
<th>zwei</th>
⋮
→ pandoc -t gfm data.csv                CSV nach Markdown
| eins | zwei | drei | vier | fünf | sechs | sieben |
|------|------|------|------|------|-------|--------|
| EINS | ZWEI | DREI | VIER | FÜNF | SECHS | SIEBEN |
| 1    | 2    | 3    | 4    | 5    | 6     | 7      |
→ pandoc -t latex data.csv              CSV nach LaTeX
\begin{longtable}[]{@{}lllllll@{}}
\toprule
eins & zwei & drei & vier & fünf & sechs & sieben …
⋮
→ pandoc -t json data.csv               CSV nach JSON
{"blocks":[{"t":"Table","c":[[], ...
```

Leiten Sie die Ergebnisse in eine Datei um oder ergänzen Sie besser noch die Option -o, um in eine Datei zu schreiben – insbesondere wenn das Ziel aus einem Binärformat besteht. Kann pandoc das Ausgabeformat aus dem Ausgabedateinamen erraten, können Sie auch die Option -t weglassen:

```
→ pandoc -o page.pdf page.html      HTML nach PDF
```

Wenn pandoc das Format der Eingabedatei nicht erkennen kann, greifen Sie auf die Option -f (*from*) zurück:

```
→ pandoc -o page.pdf -f html page.html
```

Nützliche Optionen

pandoc besitzt viel mehr Optionen, als ich hier aufgeführt habe, und es unterstützt Konfigurationsdateien, um bequem mehrere Optionen einzurichten. In der Manpage finden Sie die entsprechenden Details dazu.

`--list-input-formats`	Alle unterstützten Eingabeformate auflisten (aktuell 34).
`--list-output-formats`	Alle unterstützten Ausgabeformate auflisten (aktuell 57).
`-f` *eingabeformat*	Explizit aus diesem Format konvertieren.
`-t` *ausgabeformat*	Explizit in dieses Format konvertieren.
`-o` *datei*	Die Ausgabe in diese Datei schreiben.
`--wrap=`*typ*	Ermitteln, ob Text in der Ausgabe umbrochen werden soll. Mögliche Werte sind `none` für keinen Umbruch, `auto` für einen Umbruch nach 72 Zeichen und `preserve`, um den Umbruch wie in der Ursprungsdatei beizubehalten.
`--columns=`*N*	Bei Spalte *N* umbrechen (Standard = 72).

hxselect

stdin stdout - datei -- opt --help --version

`hxselect [`*optionen*`]` *CSS_selektoren*

Der hxselect-Befehl extrahiert Strings basierend auf CSS-Selektoren aus HTML-Daten. So holen Sie beispielsweise alle div-Tags aus einer Datei *seite.html*:

```
→ cat seite.html                                    Ursprungsdatei
<html>
  <head>
  </head>
  <body>
    <div>
      Dies ist das erste div.
    </div>
    <div class="secondary">
      Dies ist das zweite div.
    </div>
  </body>
</html>
→ hxselect 'div' < seite.html                       ein div ausgeben
<div>
      Dies ist das erste div
    </div><div class="secondary">
      Dies ist das zweite div
    </div>
```

```
→ hxselect -c 'div' < seite.html                 Inhalt
      Dies ist das erste div
      Dies ist das zweite div
→ hxselect -c 'div.secondary' < seite.html       über Selektor
      Dies ist das zweite div
```

Die besten Ergebnisse erhalten Sie, wenn Sie den Inhalt zuerst von hxnormalize -x verarbeiten lassen, um den HTML-Code aufzuräumen.

```
→ hxnormalize -x seite.html | hxselect …
```

Pipen Sie die Quelle einer Webseite an hxselect mithilfe von curl:

```
→ curl url | hxnormalize -x | hxselect …
```

Nützliche Optionen

-c	Den Inhalt innerhalb der Tags ausgeben, nicht aber die Tags selbst.
-i	Strings unabhängig von Groß- und Kleinschreibung finden.

jq

stdin stdout - datei -- opt --help --version

jq [*optionen*] *filter* [*JSON_dateien*]

Der jq-Befehl extrahiert und manipuliert JSON-Daten anhand eines von Ihnen angegebenen Filters und gibt die Ergebnisse schön formatiert aus. Ich zeige hier ein paar Beispiele für den Einsatz dieses leistungsfähigen Tools (die Manpage enthält mehr davon).

```
→ cat book.json                                  Ursprungsdatei
{
  "title": "Linux Pocket Guide",
  "author": "Daniel J. Barrett",
  "publisher": {
    "name": "O'Reilly Media",
    "url": "https://oreilly.com"
  },
  "editions": [1, 2, 3, 4]
}
→ jq .title book.json                            einfacher Wert
"Linux Pocket Guide"
→ jq .title,.author book.json                    mehrere Werte
"Linux Pocket Guide"
```

```
"Daniel J. Barrett"
→ jq .publisher book.json                Objekt
{
  "name": "O'Reilly Media",
  "url": "https://oreilly.com"
}
→ jq .publisher.url book.json            verschachtelter Wert
"https://oreilly.com"
→ jq .editions book.json                 Array
[
1,
2,
3,
4
]
→ jq .editions[0] book.json              ein Array-Wert
1
→ jq '.editions|length' book.json        Array-Länge
4
→ jq '.editions|add' book.json           Summe 1+2+3+4
10
→ cat oneline.json                       JSON-Datei mit einer Zeile
{"title":"Linux Pocket Guide","author": ...
→ jq < oneline.json                      Datei schön formatieren
{
  "title": "Linux Pocket Guide",
  "author": ...
  ⋮
```

Nützliche Optionen

-f *datei*	Den Filter aus einer Datei statt von der Kommandozeile lesen.
-S	Die Ausgabe anhand ihrer JSON-Schlüssel sortieren.

---

xmllint

stdin **stdout** **- datei** -- opt **--help** **--version**

xmllint [*optionen*] [*XML_dateien*]

Der Befehl `xmllint` validiert und extrahiert XML-Daten. Beim Validieren einer gültigen XML-Datei wird einfach der Inhalt ausgegeben. Mit der Option `--noout` wird diese Ausgabe unterbunden.

```
→ xmllint good.xml
<?xml version="1.0"?>
<hello> </hello>
→ xmllint --noout good.xml
→ echo $?
0                                   erfolgreich
```

Eine ungültige XML-Datei sorgt für eine Fehlermeldung:

```
→ cat bad.xml
<?xml version="1.0"?>
<hello> </helo>                     unpassende Tags
→ xmllint bad.xml
bad.xml:2: parser error : Opening and ending tag
mismatch: hello line 2 and helo
⋮
→ echo $?
1                                   Fehlercode
```

Mit einem XPath-Ausdruck (*https://oreil.ly/WZdhL*) extrahieren Sie Daten:

```
→ cat book.xml                      Ursprungsdatei
<?xml version="1.0"?>
<book>
  <title>Linux Pocket Guide</title>
  <author>Daniel J. Barrett</author>
  <pub>
    <name>O'Reilly Media</name>
    <url>https://oreilly.com</url>
  </pub>
  <eds>
    <ed id="1">First edition</ed>
    <ed id="2">Second edition</ed>
    <ed id="3">Third edition</ed>
    <ed id="4">Fourth edition</ed>
  </eds>
</book>
→ xmllint --xpath '//book/title' book.xml
<title>Linux Pocket Guide</title>
→ xmllint --xpath '//book/title/text()' book.xml
Linux Pocket Guide
→ xmllint --xpath '//book/pub/url/text()' book.xml
https://oreilly.com
→ xmllint --xpath '//book/eds/ed[@id][4]' book.xml
<ed id="4">Fourth edition</ed>
```

```
→ xmllint --xpath '//book/eds/ed[@id][4]/text()' \
    book.xml
Fourth edition
```

Nützliche Optionen

--xpath *pfad*	Den angegebenen XPath-Ausdruck in den XML-Daten abfragen.
--format	Die Ausgabe schön formatieren.
--noout	Nichts ausgeben.

csvtool

stdin stdout - datei -- opt --help --version

csvtool [*optionen*] *befehl* [*befehlsargs*] *CSV_dateien*

Der csvtool-Befehl extrahiert Daten aus CSV-Dateien. Er kann Spalten extrahieren:

```
→ cat data.csv                    Ursprungsdatei
eins,zwei,drei,vier,fünf,sechs,sieben
EINS,ZWEI,DREI,VIER,FÜNF,SECHS,SIEBEN
1,2,3,4,5,6,7
→ csvtool col 3 data.csv          eine Spalte
drei
DREI
3
→ csvtool col 2,5-7 data.csv      mehrere Spalten
zwei,fünf,sechs,sieben
ZWEI,FÜNF,SECHS,SIEBEN
2,5,6,7
```

Er kann auch die Anzahl der Zeilen und Spalten zählen:

```
→ csvtool height data.csv         Anzahl Zeilen
3
→ csvtool width data.csv          Anzahl Spalten
7
```

Er kann Werte aus jeder Zeile in längere Strings einfügen:

```
→ csvtool format 'Dritte Spalte ist "%3"\n' data.csv
Dritte Spalte ist "drei"
Dritte Spalte ist "DREI"
Dritte Spalte ist "3"
```

Er kann die erste Zeile entfernen, die oft Überschriften enthält:

```
→ csvtool drop 1 data.csv
EINS,ZWEI,DREI,VIER,FÜNF,SECHS,SIEBEN
1,2,3,4,5,6,7
```

Er kann einen einzelnen Wert isolieren, beispielsweise Zeile 2, Spalte 6:

```
→ csvtool drop 1 data.csv \     erste Zeile löschen
  | csvtool head 1 - \          verbleibende Zeile ausgeben
  | csvtool col 6 -             Spalte 6 extrahieren
SECHS
```

und vieles mehr. Die Manpage von `csvtool` ist nicht sehr umfangreich, daher sollten Sie `csvtool --help` ausführen, um mehr Informationen zu erhalten.

Nützliche Optionen

`-c` *zeichen*	Das Eingabetrennzeichen von einem Komma zu *zeichen* ändern. Für Tabulatorzeichen nutzen Sie `-c TAB`.
`-o`	Wie `-c`, aber für das Ausgabetrennzeichen.

split

stdin stdout - datei -- opt --help --version

`split [`*optionen*`] [`*datei* `[`*präfix*`]]`

Der `split`-Befehl teilt eine Datei in gleich große Abschnitte auf (für unterschiedliche Definitionen von »gleich groß«) und legt diese in eigenen Dateien ab. Die Ausgabedateien werden sequenziell benannt, wie z.B. (standardmäßig) *Xaa*, *Xab*, *Xac* usw. *X* wird als *Präfix* bezeichnet, die Endungen *aa*, *ab* usw. als *Suffix*.

Die Eingabedatei anhand der Zeilenanzahl aufteilen:

```
→ split riesendatei             jeweils 1000 Zeilen
→ split -l 2000 riesendatei     jeweils 2000 Zeilen
```

oder anhand der Bytegröße:

```
→ split -b 1024 riesendatei     jeweils 1.024 Byte
```

Auch anhand eines angegebenen Zeichens – dem Separator – lässt sich die Datei aufteilen:

```
→ split -t@ -l1 riesendatei   Separatorzeichen ist @
```

Optional können Sie das Präfix durch ein letztes Argument anpassen:

```
→ split riesendatei teil-   Präfix auf »teil-« setzen
→ ls
riesendatei  teil-aa  teil-ab  teil-ac …
```

`split` kann Ihnen bei der Arbeit mit Dateien helfen, die zu groß sind, um sie in andere Programme zu laden, oder zu groß, um sie auf Offlinemedien zu speichern. Im Anschluss können Sie die Teile mit cat wieder zusammenfügen:

```
→ cat teil-* > /tmp/ausgabedatei   Teile zusammenbringen
```

Nützliche Optionen

`-l` *zeilen*	In Dateien mit entsprechender Anzahl an Zeilen oder Datensätzen aufteilen.
`-b` *byte*	In Dateien mit entsprechender Bytegröße aufteilen.
`-t` *separator*	Trennzeichen zum Aufteilen setzen.
`-a` *länge*	Länge des Suffixes in Zeichen setzen.
`-d`	Numerische Suffixe statt Buchstaben nutzen, beginnend bei 0. Den Startwert können Sie mit `--numeric-suffixes` *N* auf *N* setzen.

csplit

stdin **stdout** **-datei** **--opt** **--help** **--version**

`csplit [`*optionen*`]` *datei muster*

Der `csplit`-Befehl teilt eine Datei abhängig von regulären Ausdrücken in viele Dateien auf. Die Ausgabedateien werden sequenziell benannt, wie z. B. (standardmäßig) *xx01*, *xx02*, *xx03* usw. *xx* ist dabei das Präfix, die Endungen *01*, *02* usw. die *Suffixe*. Standardmäßig gibt `csplit` die Größe jeder Datei aus, die es erstellt hat.

Die Syntax ist ein wenig ungewöhnlich. Nach dem Eingabedateinamen geben Sie eines oder mehrere Muster an, die Trennzeilen in der Datei repräsentieren. Muster gibt es in zwei Versionen:

Reguläre Ausdrücke
: Ein Ausdruck (siehe Tabelle 2-2), von Schrägstrichen umschlossen, wie z.B. `/^[A-Z]*$/` für eine Zeile, die nur aus Großbuchstaben besteht. Jeder Ausdruck wird standardmäßig nur einmal gefunden.

Wiederholer
: Ein Wiederholer besitzt die Form `'{N}'`, was bedeutet: »Finde das vorige Muster bis zu *N* Mal.« Ein Beispiel ist `'{2}'`, was das vorige Muster zweimal findet. Der spezielle Wiederholer `'{*}'` findet das vorige Muster so oft wie möglich, bis die Eingabe beendet ist.

`csplit` lässt sich wunderbar einsetzen, um strukturierten Text wie z.B. HTML, XML oder Programmquellcode aufzuteilen.

```
→ cat page.html          Ursprungsdatei
<html>
  <head>
  </head>
  <body>
    <div>
      Dies ist das erste div.
    </div>
    <div class="secondary">
      Dies ist das zweite div.
    </div>
  </body>
</html>
```

Mit vier Mustern teilen Sie eine Datei beim ersten `<head>`, dann beim nächsten `<body>` und dann bei jedem `<div>`-Tag auf:

```
→ csplit page.html '/<head>/' '/<body>/' '/<div/' '{*}'
7
19
9                        Größe der Ausgabedateien in Byte
50
87
```

Schauen Sie sich die fünf Ausgabedateien an:

```
→ ls xx*
xx00 xx01 xx02 xx03 xx04
→ cat xx00
<html>
→ cat xx01
  <head>
  </head>
→ cat xx02
  <body>
→ cat xx03
    <div>
      Dies ist das erste div
    </div>
→ cat xx04
    <div class="secondary">
      Dies ist das zweite div
    </div>
  </body>
</html>
```

Nützliche Optionen

`-f` *präfix*	Setzt das Präfix für die Ausgabedateinamen.
`-n` *länge*	Setzt die Länge des Suffixes für die Ausgabedateinamen.
`-s`	Stilles Verarbeiten: Die Größe der erzeugten Dateien wird nicht ausgegeben.

PDF- und PostScript-Dateien

`pdftotext`	Extrahiert Text aus PDF-Dateien.
`ps2ascii`	Extrahiert Text aus PostScript- oder PDF-Dateien.
`pdfseparate`	Extrahiert einzelne Seiten aus einer PDF-Datei.
`pdftk`	Teilt, verbindet und dreht PDF-Dateien und verändert sie auf andere Art und Weise.
`pdf2ps, ps2pdf`	Wandelt zwischen PDF- und PostScript-Format um.
`ocrmypdf`	Optische Texterkennung (OCR) in einer PDF-Datei.

Um PDF- und PostScript-Dateien unter Linux anzuzeigen, benötigen Sie eine grafische Oberfläche und einen Dokumentenbetrachter, z. B.:[18]

→ **okular sample.pdf**	*Dokumentenbetrachter von KDE*
→ **evince sample.pdf**	*Dokumentenbetrachter von GNOME*
→ **gv sample.pdf**	*Ghostscript-Betrachter*

Zudem bietet Linux eine ganze Reihe an Kommandozeilentools, um mit PDF- und Postscript-Dateien zu arbeiten, ohne sie anzuzeigen. Es lohnt sich, sich mit ihnen zu beschäftigen, insbesondere mit dem ausgezeichneten pdftk.

pdftotext

stdin stdout **-datei** **--opt** **--help** --version

```
pdftotext [optionen] [datei.pdf [ausgabedatei.txt]]
```

Der Befehl pdftotext extrahiert den Text aus einer PDF-Datei und schreibt ihn in eine Datei. Das funktioniert nur, wenn die PDF-Datei tatsächlich Text enthält und nicht nur Bilder, die wie Text aussehen (dann müssen Sie zuerst ocrmypdf ausführen).

→ **pdftotext sample.pdf**	*Erzeugt sample.txt.*

Nützliche Optionen

-f *N*	Beginnt in der PDF-Datei mit Seite *N*. Zwischen der Option und der Zahl muss ein Leerzeichen stehen.
-l *N*	Endet in der PDF-Datei auf Seite *N*. Zwischen der Option und der Zahl muss ein Leerzeichen stehen.
-htmlmeta	Erzeugt keinen reinen Text, sondern HTML-Code (erzeugt *sample.html*).
-eol *OS*	Schreibt in die Datei End-of-Line-Zeichen für das angegebene Betriebssystem *OS*, bei dem dos, mac oder unix zur Wahl stehen.

18 Das beste Linux-Programm, das ich kennengelernt habe, um PDF-Dateien zu bearbeiten, ist Master PDF Editor von Code Industry (*https://oreil.ly/l5Hto*) – ein kommerzielles Produkt.

ps2ascii

stdin **stdout** **- datei** -- opt --help **--version**

```
ps2ascii datei.(ps|pdf)] [ausgabedatei.txt]
```

Der Befehl `ps2ascii` extrahiert Text aus einer PostScript-Datei. Es handelt sich um einen ganz einfachen Befehl ohne Optionen.[19] Um Text aus *sample.ps* zu extrahieren und nach *extrahiert.txt* zu schreiben, nutzen Sie Folgendes:

```
→ ps2ascii sample.ps extrahiert.txt
```

`ps2ascii` kann auch Text aus einer PDF-Datei extrahieren, was dem Befehlsnamen so nicht zu entnehmen ist.

```
→ ps2ascii sample.pdf extrahiert.txt
```

pdfseparate

stdin stdout - datei **-- opt** **--help** --version

```
pdfseparate [optionen] [datei.pdf] [muster.txt]
```

Der Befehl `pdfseparate` teilt eine PDF-Datei in mehrere PDF-Dateien auf, die jeweils eine Seite enthalten. Ist zum Beispiel *eins.pdf* zehn Seiten lang, erzeugt der Befehl die zehn PDF-Dateien *teil1.pdf* bis *teil10.pdf*, die jeweils eine Seite enthalten:

```
→ pdfseparate eins.pdf teil%d.pdf
```

Beim letzten Argument handelt es sich um ein Muster für die Namen der einzelnen Seitendateien. Das `%d` steht dabei für die entsprechende Seitennummer.

Nützliche Optionen

`-f` *N*	Beginnt in der PDF-Datei mit Seite *N*. Zwischen der Option und der Zahl muss ein Leerzeichen stehen.
`-l` *N*	Endet in der PDF-Datei mit Seite *N*. Zwischen der Option und der Zahl muss ein Leerzeichen stehen.

19 Rufen Sie `ps2ascii --help` auf, werden Ihnen tatsächlich Optionen angezeigt, die aber nicht funktionieren. Es handelt sich um die Optionen eines zugehörigen Programms namens gs, das von `ps2ascii` aufgerufen wird.

pdftk

stdin stdout - datei -- opt --help --version

```
pdftk [argumente]
```

`pdftk` ist das »Schweizer Taschenmesser« für PDF-Dateien. Dieses praktische Programm kann Seiten aus einer PDF-Datei extrahieren, mehrere PDF-Dateien zu einer zusammenfassen, Seiten drehen, Wasserzeichen hinzufügen, Dateien ver- und entschlüsseln und vieles mehr – alles von der Befehlszeile aus. Diese umfassende Funktionalität lässt sich leider nur über eine recht komplizierte Syntax erreichen, aber mit ein bisschen Aufwand können Sie ein paar hilfreiche Tricks erlernen.

Um die Dateien *eins.pdf* und *zwei.pdf* zu einer einzelnen PDF-Datei *kombiniert.pdf* zusammenzufassen, schreiben Sie:

```
→ pdftk eins.pdf zwei.pdf cat output kombiniert.pdf
```

Um die Seiten 3, 5 sowie 8 bis 10 aus der Datei *eins.pdf* zu extrahieren und nach *neu.pdf* zu schreiben, dient dieser Befehl:

```
→ pdftk eins.pdf cat 3 5 8-10 output neu.pdf
```

Sie möchten die ersten fünf Seiten aus *eins.pdf* und die ungeraden Seiten aus *zwei.pdf* extrahieren und in der Datei *kombiniert.pdf* zusammenführen:

```
→ pdftk A=eins.pdf B=zwei.pdf cat A1-5 Bodd output \
  kombiniert.pdf
```

Sie kopieren die Datei *eins.pdf* nach *neu.pdf*, und dabei drehen Sie Seite 7 um 90° im Uhrzeigersinn (»east«):

```
→ pdftk eins.pdf cat 1-6 7east 8-end output neu.pdf
```

Schreiben Sie die Seiten von *eins.pdf* und *zwei.pdf* abwechselnd nach *vermischt.pdf*:

```
→ pdftk eins.pdf zwei.pdf shuffle output vermischt.pdf
```

Vielleicht ist Ihnen aufgefallen, dass die Kriterien zum Auswählen der Seiten vor dem `output`-Schlüsselwort sehr mächtig sind. Sie bestehen aus einem oder mehreren Seitenbereichen mit Qualifikatoren. Bei einem Seitenbereich kann es sich um eine einzelne Seite handeln (5), einen Seitenbereich (5-10) oder um einen umgekehrten

Bereich (10-5), der die Seiten in der Ausgabe von hinten nach vorne einbindet.

Qualifikatoren können Seiten aus einem Bereich entfernen, zum Beispiel 1-100~20-25, das die Seiten 1 bis 100 ohne die Seiten 20 bis 25 beschreibt. Sie können mit den Schlüsselwörtern even und odd auch nur gerade oder nur ungerade Seiten ansprechen und mit den Himmelsrichtungen north, south, east und west Seiten drehen. Dabei haben wir hier nur an der Oberfläche der Möglichkeiten von pdftk gekratzt. In der Manpage finden Sie noch viele weitere Beispiele und die vollständige Syntax.

---

pdf2ps

stdin stdout **-datei** --opt **--help** --version

```
pdf2ps [optionen] datei.pdf [datei.ps]
ps2pdf [optionen] datei.ps [datei.pdf]
```

Der Befehl pdf2ps wandelt eine Adobe-PDF-Datei in eine PostScript-Datei um. (Geben Sie keinen Namen für eine Ausgabedatei an, wird der Name der Eingabedatei verwendet und *.pdf* durch *.ps* ersetzt):

```
→ pdf2ps beispiel.pdf konvertiert.ps
```

Wollen Sie umgekehrt eine PostScript-Datei in das PDF-Format umwandeln, verwenden Sie ps2pdf:

```
→ ps2pdf beispiel.ps konvertiert.pdf
```

---

ocrmypdf

stdin stdout **-datei** **--opt** **--help** **--version**

```
ocrmypdf [optionen] eingabedatei ausgabedatei
```

Der Befehl ocrmypdf führt eine optische Zeichenerkennung (OCR) durch, um eine durchsuchbare PDF-Datei zu erzeugen. Die Eingabedatei kann eine Bilddatei oder eine PDF-Datei mit Bildern sein.

```
→ ocrmypdf imageoftext.png ausgabedatei.pdf   Umwandeln
→ okular ausgabedatei.pdf                     Anzeigen
```

Nützliche Optionen

`-l` *sprache*	Nutzt *sprache* statt Englisch. Eine Liste aller unterstützten Sprachen erhalten Sie mit `tesseract --list-langs`.
`-r`	Versucht, Seiten zu rotieren, um die richtige Ausrichtung zu erhalten.

Drucken

`lpr`	Druckt eine Datei.
`lpq`	Zeigt die Druckerwarteschlange an.
`lprm`	Entfernt einen Druckjob aus der Warteschlange.

Linux besitzt zwei beliebte Drucksysteme namens CUPS und LPRng. Beide Systeme benutzen Befehle mit denselben Namen: `lpr`, `lpq` und `lprm`. Allerdings bringen diese Befehle unterschiedliche Optionen mit, je nachdem, ob Sie CUPS oder LPRng verwenden. Zu Ihrer generellen Unterstützung stelle ich gebräuchliche Optionen vor, die mit beiden Systemen funktionieren.

Um Drucker zu installieren und zu warten, besitzen GNOME und KDE in ihren Systemeinstellungen Werkzeuge zur Konfiguration. Um Probleme mit einem CUPS-Drucker zu beheben, rufen Sie die Seite *http://localhost:631* auf, auf der Sie das CUPS-Managementsystem vorfinden.

lpr

stdin stdout - datei -- opt **--help** --version

`lpr [`*optionen*`] [`*dateien*`]`

Der Befehl `lpr` (*line printer*) sendet eine Datei an einen Drucker.

→ **`lpr meinedatei`** *auf Standarddrucker*
→ **`lpr -P meindrucker meinedatei`** *auf angegebenem Drucker*

Nützliche Optionen

`-P` *druckername*	Sendet die Datei an den Drucker *druckername*, den Sie zuvor eingerichtet haben.
`-#` *N*	Druckt *N* Kopien der Datei.

`-J` *name*	Setzt den Namen des Jobs, der auf das Deckblatt gedruckt wird (falls auf Ihrem System eingestellt ist, dass es Deckblätter druckt).

lpq

stdin **stdout** - datei -- opt **--help** --version

```
lpq [optionen]
```

Der Befehl `lpq` (*line printer queue*) listet alle Druckjobs auf, die in der Druckerwarteschlange darauf warten, gedruckt zu werden.

Nützliche Optionen

`-P` *druckername*	Listet die Druckerwarteschlange für den Drucker *druckername* auf.
`-a`	Listet die Druckerwarteschlange für alle Drucker auf.
`-v`	Ausführlich: Zeigt Informationen in einem längeren Format an.

lprm

stdin **stdout** - datei -- opt --help --version

```
lprm [optionen] [job_IDs]
```

Der Befehl `lprm` (*line printer remove*) bricht einen oder mehrere Druckjobs ab. Mit `lpq` ermitteln Sie die ID der gewünschten Druckjobs (etwa 61 und 78), anschließend tippen Sie:

```
→ lprm -P druckername 61 78
```

Falls Sie keine Job-IDs angeben, wird der aktuelle Druckjob abgebrochen. (Nur der Administrator kann die Jobs anderer Benutzer abbrechen.) Die Option `-P` gibt an, welche Druckerwarteschlange den Job enthält.

Rechtschreibkontrolle

`look`	Schlägt schnell die Schreibweise eines Worts nach.
`aspell`	Interaktive Rechtschreibkontrolle.
`spell`	Rechtschreibkontrolle als Stapelverarbeitung.

In Linux sind mehrere Rechtschreibkontrollen enthalten. Sollten Sie an grafische Rechtschreibkontrollen gewöhnt sein, werden Sie die textbasierten Varianten von Linux relativ primitiv finden. Diese können allerdings in Pinches oder Pipelines eingesetzt werden, was ziemlich leistungsfähig ist.

look

stdin **stdout** - datei **-- opt** **--help** **--version**

```
look [optionen] präfix [wörterbuchdatei]
```

Der `look`-Befehl gibt Wörter aus, die mit einem angegebenen Stringpräfix beginnen. Die Wörter werden aus einer Wörterbuchdatei herausgesucht (Standard ist */usr/share/dict/words*):

```
→ look bigg
bigger
biggest
Biggs
```

Falls Sie Ihre eigene Wörterbuchdatei liefern – jede Textdatei mit alphabetisch sortierten Zeilen kann als solche dienen –, gibt `look` alle Zeilen aus, die mit dem angegebenen *präfix* beginnen.

Nützliche Optionen

`-f` Ignoriert Groß- und Kleinschreibung. Nur erforderlich, wenn Sie eine Wörterbuchdatei angeben.

aspell

stdin **stdout** **- datei** **-- opt** **--help** **--version**

```
aspell [optionen] datei
```

`aspell` ist eine interaktive Rechtschreibkontrolle. Diese ermittelt Wörter, die sie nicht kennt, und schlägt Alternativen vor. Einige nützliche Befehle sind:

`aspell -c` *datei*
: Prüft interaktiv die Schreibweise aller Wörter in der Datei und korrigiert sie optional.

`aspell dump master`
: Gibt das Masterwörterbuch von `aspell` auf der Standardausgabe aus.

`aspell help`
: Gibt eine knappe Hilfenachricht aus. Mehr Informationen finden Sie hier: *http://aspell.net*.

spell

stdin stdout - datei -- opt --help --version

spell [*dateien*]

Der `spell`-Befehl gibt alle Wörter aus den angegebenen Dateien aus, die entsprechend seinem Wörterbuch falsch geschrieben sind (er ist nicht interaktiv).

```
→ cat badwords
This Linux file has some spelling errors.
You may naturaly wonder if a spelling checker
will pick them up. Careful Linuxx users should
run thier favorite spelling checker on this file.
→ spell badwords
naturaly
Linuxx
thier
```

KAPITEL 3

Grundlagen für die Systemadministration

Administrator werden

Normale Benutzer können üblicherweise nur die Dateien modifizieren, die ihnen gehören. Ein besonderer Benutzer, der sogenannte *Administrator* (*Superuser* oder *Root*), hat kompletten Zugriff auf den Rechner und kann alles darauf machen. Sie sollten selten Administratorrechte benötigen – setzen Sie sie möglichst nur dann ein, wenn es sich nicht vermeiden lässt, damit Sie Ihr Linux-System nicht unabsichtlich beschädigen. Und melden Sie sich nur dann als Root an, wenn es unbedingt sein muss (z.B. um einen defekten Bootprozess wiederherzustellen).

Administratorbefehle können ein Linux-System zerstören, wenn Sie nicht vorsichtig genug sind.

Sie können auf unterschiedlichen Wegen Administrator werden. Einer führt über den Befehl sudo, mit dem Sie die entsprechenden Berechtigungen für einen einzelnen Befehl erhalten. Geben Sie einfach sudo und dann den Befehl ein. Abhängig von der Konfiguration von sudo auf Ihrem Rechner werden Sie nach dem Passwort gefragt:

```
→ sudo rm geschuetzte_datei
[sudo] password: xxxxxx       Ihr eigenes Passwort
```

Um für mehrere Befehle Administrator zu werden, können Sie eine Administrator-Shell mit einem der folgenden Befehle ausführen:

```
→ sudo -s
→ sudo bash
```

Das ist zum Beispiel praktisch, wenn Sie mit cd viele geschützte Verzeichnisse durchsuchen wollen. Sind Sie mit den Befehlen als Administrator fertig, drücken Sie ^D oder rufen exit auf, um die Administrator-Shell zu beenden und wieder Sie selbst zu werden. Haben Sie vergessen, ob Ihre Shell eine Administrator-Shell oder eine normale Shell ist, prüfen Sie Ihre Identität mit dem Befehl whoami. Als Administrator wird hier root angezeigt.

Eine andere Möglichkeit, Administrator zu werden, ist der Befehl su, der ebenfalls eine Administrator-Shell erzeugt. Sie benötigen hier aber ein anderes Passwort, das Root-Passwort. (Wer auch immer Linux installiert hat, wurde während der Installation aufgefordert, ein Root-Passwort auszuwählen):

```
→ su
Password: xxxxxx                  Root-Passwort
#
```

Ihr Shell-Prompt verwandelt sich wahrscheinlich – meist in ein Hash-Zeichen (#), um zu zeigen, dass Sie der Administrator sind. Mit der zusätzlichen Option -l führen Sie eine Log-in-Shell aus, die die vollständige Umgebung von Root enthält, z.B. seine Shell-Aliase.

```
→ su -l                           Log-in-Shell starten
Password: xxxxxx                  Root-Passwort
#
```

Geben Sie sudo oder su einen Benutzernamen mit, werden Sie dieser Benutzer (sofern Sie die richtigen Berechtigungen haben):

```
→ sudo -u sophia befehl           User sophia mit sudo werden.
[sudo] password: xxxxxx           Sie müssen sudo-Berechtigungen haben.
→ su sophia                       User sophia mit su werden.
Password: xxxxxx                  Sie müssen sophias Passwort kennen.
```

Nutzen Sie sudo wann immer möglich, insbesondere wenn Ihr System mehrere Benutzer kennt. su baut auf einem gemeinsam genutzten Passwort auf, was aus Sicherheitsaspekten problematisch ist. sudo nutzt Ihr eigenes Passwort, aber es muss entsprechend konfiguriert sein (und viele Distros sind entsprechend vorbereitet). sudo bietet zudem eine detailliertere Kontrolle der Berechtigungen in der Datei */etc/sudoers*, und es protokolliert die Befehle, die darüber ausgeführt wurden. Eine vollständige Behandlung dieser Befehle würde den Rahmen dieses Buchs sprengen – über `man sudo` erhalten Sie weitere Informationen.

Prozesse betrachten

`ps`	Listet Prozesse auf.
`pgrep`	Listet die IDs von Prozessen auf, die einem regulären Ausdruck entsprechen.
`uptime`	Betrachtet die Systemlast.
`w`	Listet aktive Prozesse für alle Benutzer auf.
`top`	Überwacht interaktiv ressourcenintensive Prozesse.
`free`	Zeigt freien Speicher an.

Ein *Prozess* ist eine Arbeitseinheit auf einem Linux-System. Jedes Programm, das Sie ausführen, repräsentiert einen oder mehrere Prozesse. Linux bietet Befehle zum Betrachten und Manipulieren dieser Prozesse. Jeder Prozess wird durch eine numerische *Prozess-ID* bzw. *PID* gekennzeichnet und lässt sich im Verzeichnis */proc* analysieren (siehe »Kernelbezogene Verzeichnisse« auf Seite 34).

Prozesse sind nicht dasselbe wie Jobs (siehe »Jobkontrolle mit der Shell« auf Seite 51): Prozesse sind Teil des Betriebssystems, während Jobs Konstrukte auf einer höheren Ebene sind, die nur der Shell bekannt sind, in der sie laufen. Ein laufendes Programm besteht aus einem oder mehreren Prozessen, ein Shell-Job besteht dagegen aus einem oder mehreren Programmen, die als Shell-Befehl ausgeführt werden.

---

ps stdin **stdout** -datei --opt **--help** **--version**

```
ps [optionen]
```

Der `ps`-Befehl zeigt Informationen über Ihre laufenden Prozesse an, optional auch über die Prozesse anderer Benutzer.

```
→ ps
  PID TTY          TIME CMD
 4706 pts/2    00:00:01 bash
15007 pts/2    00:00:00 emacs
16729 pts/2    00:00:00 ps
```

ps besitzt wenigstens 80 Optionen; ich werde hier nur einige nützliche Kombinationen behandeln. Falls die Optionen willkürlich oder inkonsistent erscheinen, liegt das daran, dass der angegebene ps-Befehl (GNU ps) die Eigenschaften mehrerer anderer ps-Befehle verkörpert, weil er versucht, mit ihnen allen kompatibel zu sein.

Um Ihre Prozesse zu betrachten, geben Sie Folgendes ein:

```
→ ps -ux
```

Alle Prozesse des Benutzers »smith«:

```
→ ps -U smith
```

Alle Vorkommen eines Programms:

```
→ ps -C python
```

Prozesse an Terminal *N*:

```
→ ps -tN
```

Die speziellen Prozesse 1, 2 und 3505:

```
-> ps -p1,2,3505
```

Alle Prozesse mit Befehlszeilen, die auf Bildschirmbreite beschnitten wurden:

```
→ ps -ef
```

Alle Prozesse mit kompletten Befehlszeilen:

```
→ ps -efww
```

Alle Prozesse in einer Thread-Ansicht, wobei Kindprozesse unter ihren Eltern eingerückt sind:

```
→ ps -efH
```

Nutzen Sie grep und andere Filterprogramme, um Informationen viel feingranularer aus der Ausgabe von ps herauszufiltern:

```
→ ps -ux | grep python
```

pgrep

stdin **stdout** -datei --opt **--help** **--version**

```
pgrep [optionen] regexp
```

Der pgrep-Befehl gibt die Prozess-IDs (PIDs) von Prozessen aus, die bestimmte von einem regulären Ausdruck vorgegebene Kriterien erfüllen. (Der ähnliche Befehl `pidof` sucht nur nach festen Strings.) So werden beispielsweise die PIDs aller laufenden `python`-Prozesse ausgegeben:

```
→ pgrep python
4675
79493
82866
83114
```

Mit der Option `-c` wird die Anzahl der Prozesse aufsummiert:

```
→ pgrep -c python
4
```

Begrenzen Sie die Ausgabe nur auf die Prozesse, die zu einem bestimmten Benutzer gehören:

```
→ pgrep -u smith
79493
```

pgrep ist besonders nützlich, um eine Liste mit PIDs an einen anderen Befehl weiterzureichen. Suchen Sie beispielsweise nach Prozessen mit einem bestimmten String, nutzen Sie `ps` und die Befehls-Substitution (siehe »Befehls-Substitution« auf Seite 46).

```
→ ps -fwp $(pgrep python)
```

Mehr Beispiele zu `pgrep` und dem `kill`-Befehl finden Sie in »Prozesse steuern« auf Seite 169.

Nützliche Optionen

`-d` *string*	Nutzt *string* als Trennzeichen zwischen PIDs (Standard ist Newline).
`-u` *user*	Gibt nur Prozesse aus, die für einen bestimmten Benutzernamen oder eine User-ID laufen. Dabei handelt es sich um die effektive User-ID. Für die echte User-ID nutzen Sie `-U`.

`-f`	In der kompletten Befehlszeile des Prozesses suchen, nicht nur in seinem Namen.
`-x`	Exakte Übereinstimmung statt der Suche nach Teilstrings.
`-v`	PIDs von Prozessen ausgeben, die *nicht* passen.

uptime

stdin **stdout** - datei -- opt **--help** **--version**

```
uptime
```

Der `uptime`-Befehl verrät Ihnen, wie lange das System seit dem letzten Booten schon läuft.

```
→ uptime
10:54pm up 8 days, 3:44, 3 users,
load average: 0.89, 1.00, 2.15
```

Diese Information gibt von links nach rechts Folgendes an: die aktuelle Zeit (10:54 pm), die Systemlaufzeit (8 Tage, 3 Stunden, 44 Minuten), die Anzahl der angemeldeten Benutzer (3) und die durchschnittliche Systemlast für drei Zeiträume: eine Minute (0.89), fünf Minuten (1.00) und 15 Minuten (2.15). Der Lastdurchschnitt ist die durchschnittliche Anzahl der Prozesse, die in diesem Zeitintervall laufbereit sind.

w

stdin **stdout** - datei **-- opt** **--help** **--version**

```
w [benutzername]
```

Der `w`-Befehl zeigt den aktuellen Prozess, der gerade für alle angemeldeten Benutzer in den jeweiligen Shells läuft:

```
→ w
  10:51pm  up 8 days,  3:42,  8 users,
  load average: 2.02, 3.79, 5.44
USER    TTY   FROM  LOGIN@ IDLE   JCPU   PCPU  WHAT
barrett pts/0 :0    Sat 2pm 27:13m 0.07s  0.07s emacs
jones   pts/1 host1 6Sep03   2:33m 0.74s  0.21s bash
smith   pts/2 host2 6Sep03   0.00s 13.35s 0.04s w
```

Die oberste Zeile ist identisch mit der Ausgabe bei `uptime`. Die Spalten zeigen das Terminal des Benutzers an, den Ursprungshost oder das X-Display (gegebenenfalls), die Log-in-Zeit, die Idle-Zeit, zwei Maße für die CPU-Zeit (Näheres finden Sie unter `man w`) und den aktuellen Prozess. Geben Sie einen Benutzernamen an, um nur die Informationen dieses Benutzers zu sehen.

Um eine ganz kurze Ausgabe zu erhalten, probieren Sie `w -hfs` aus.

Nützliche Optionen

`-h`	Gibt die Kopfzeile nicht mit aus.
`-f`	Gibt die `FROM`-Spalte nicht mit aus.
`-s`	Gibt die `JCPU`- und `PCPU`-Spalten nicht mit aus.

top

stdin **stdout** **-datei** **--opt** **--help** **--version**

```
top [optionen]
```

Der top-Befehl erlaubt Ihnen, die aktivsten Prozesse zu überwachen, wobei die Anzeige regelmäßig aktualisiert wird (standardmäßig alle drei Sekunden):

```
→ top
top - 13:02:14 up 1 day, 32 min, 9 users, ...
Tasks: 719 total, 2 running, 717 sleeping, 0 stopped...
%Cpu(s): 0.3 us, 0.2 sy, 0.0 ni, 99.6 id, 0.0 wa, ...
MiB Mem : 31950.5 total,  3040.6 free, 5267.4 used ...
MiB Swap: 32000.0 total, 31991.7 free,    8.2 used ...

PID   USER  PR NI VIRT SHR S  %CPU %MEM TIME CMD
26265 smith 20  0 1092 840 R   4.7  0.2 0:00 top
    1 root  20  0  540 472 S   0.0  0.1 0:07 systemd
  914 www    0  0    0   0 SW  0.0  0.0 0:00 httpd
⋮
```

Während top läuft, können Sie Tasten drücken, um sein Verhalten zu ändern, etwa um die Update-Geschwindigkeit einzustellen (`s`), untätige (idle) Prozesse zu verbergen (`i`) oder Prozesse zu beenden (`k`). Mit `h` erhalten Sie eine komplette Liste, mit `q` beenden Sie das Programm. Ähnliche Programme zum Überwachen der I/O-Last und der Netzwerkbandbreite Ihres Systems sind `iotop` und `iftop`. Schauen Sie sich auch das alles umfassende Programm `btop` an, das

Statistiken für Ihre CPUs, Festplatten, Prozesse und Netzwerkschnittstellen zusammenbringt.

Nützliche Optionen

`-n`*N*	Führt *N* Updates durch und beendet sich dann.
`-d`*N*	Aktualisiert die Anzeige alle *N* Sekunden.
`-p`*N*	Zeigt nur die Prozesse mit der PID *N* an. Sie können diese Option für bis zu 20 Prozesse wiederholen.
`-c`	Zeigt die Kommandozeilenargumente von Prozessen an.
`-b`	Gibt nicht interaktiv auf der Standardausgabe aus. Das ist nützlich, um die Ausgabe in eine Datei umzuleiten. `top -b -n1 > ausgabedatei` sichert eine einzelne Ausführung von `top` in einer Datei.

free

stdin **stdout** - datei -- opt **--help** **--version**

```
free [optionen]
```

Der Befehl `free` zeigt die Speicherauslastung in Kilobyte an:

```
→ free
        total    used    free shared buf/cache available
Mem:   523812  491944   31868      0    224812    299000
Swap:  530104       0  530104
```

Der Linux-Kernel reserviert Speicher für Caching-Zwecke (Spalte `buf/cache`), deshalb befindet sich Ihre beste Schätzung für freien RAM in der oben stehenden Ausgabe in der `available`-Spalte (also 299000 KB) und nicht in der `free`-Spalte (31868 KB).

Nützliche Optionen

`-s` *N*	Läuft kontinuierlich und aktualisiert die Anzeige alle *N* Sekunden.
`-m`	Zeigt die Menge in Byte an.
`-h`	Zeigt die Menge in sinnvollen Einheiten wie »Gi« für GB an.
`-t`	Fügt am Ende eine Zeile für den Gesamtwert hinzu.

Prozesse steuern

`kill`	Beendet einen Prozess (oder sendet ein Signal).
`pkill`	Prozesse anhand ihres Namens beenden (oder ihnen ein Signal senden).
`timeout`	Beendet ein Programm, das zu lange läuft.
`nice`	Ruft ein Programm mit einer bestimmten Priorität auf.
`renice`	Ändert die Priorität eines Prozesses während der Ausführung.
`nohup`	Einen Prozess weiter ausführen, nachdem man sich abgemeldet hat.
`flock`	Stellt mithilfe von Locks sicher, dass nur eine Kopie eines Prozesses gleichzeitig läuft.

Sobald Prozesse gestartet werden, kann man sie stoppen, neu starten, beenden und mit einer neuen Priorität versehen. Ich habe einige dieser Operationen, die von der Shell erledigt werden, in »Jobkontrolle mit der Shell« auf Seite 51 besprochen. Jetzt behandeln wir das Beenden und das Ändern von Prioritäten.

---

kill

stdin **stdout** -datei --opt **--help** --version

```
kill [optionen] [prozess_ids]
```

Der `kill`-Befehl sendet ein Signal an einen Prozess. Dieses kann einen Prozess beenden (Standardaktion), unterbrechen, suspendieren, zum Absturz bringen usw. Sie müssen den Prozess besitzen oder Administrator sein, um ihn zu beeinflussen. Um z.B. den Prozess 13243 zu beenden, führen Sie Folgendes aus:

```
→ kill 13243
```

Klappt das nicht – manche Programme fangen dieses Signal ab, ohne sich zu beenden –, fügen Sie die Option `-KILL` oder (äquivalent) `-9` hinzu:

```
→ kill -KILL 13243
```

die eigentlich immer funktioniert. Das ist allerdings kein sauberer Abgang für das Programm, das bei seinem Tod noch Ressourcen belegt haben (oder andere Inkonsistenzen verursachen) könnte.

Falls Ihnen die PID eines Prozesses nicht bekannt ist, führen Sie `ps` aus und untersuchen die Ausgabe oder greifen besser noch auf `pgrep` zurück, um die PID direkt zu erhalten:

```
→ ps -uax | grep emacs
smith 8374 ... emacs meinedatei.txt  eigentlicher emacs-Prozess
smith 9051 ... grep emacs
ungewünschtes Ergebnis (ignorieren)
→ pgrep emacs                         exaktere Ausgabe
8374
```

Jetzt können Sie den Prozess über die PID beenden oder seinen Namen zusammen mit der Befehls-Substitution verwenden (siehe »Befehls-Substitution« auf Seite 46):

```
→ kill 8374                  per PID beenden
→ kill $(pgrep emacs)        per Name beenden
```

Sie können auch den Befehl `pkill` verwenden, um alle Prozesse eines bestimmten Programms zu beenden:

```
→ pkill emacs
```

Zusätzlich zum `kill`-Programm des Dateisystems (meist */bin/kill*) sind in die meisten Shells `kill`-Befehle eingebaut. Deren Syntax und Verhalten können aber unterschiedlich sein. Sie alle unterstützen jedoch Folgendes:

```
→ kill -N PID
→ kill -NAME PID
```

Dabei ist *N* eine Signalnummer, *NAME* ein Signalname ohne sein führendes »SIG« (benutzen Sie z.B. `-HUP`, um das Signal SIGHUP zu senden) und *PID* die ID des abzuschießenden Prozesses. Für eine vollständige Liste der Signale, die von `kill` übermittelt werden, führen Sie `kill -l` aus, obwohl seine Ausgabe davon abhängt, welches `kill` Sie ausführen. Beschreibungen der Signale erhalten Sie, wenn Sie `man 7 signal` aufrufen.

timeout

stdin stdout -datei --opt **--help** **--version**

```
timeout [optionen] sekunden befehl …
```

Der Befehl `timeout` setzt ein Zeitlimit in Sekunden für das Ausführen eines anderen Programms. Läuft dieses länger, wird es durch `timeout` beendet. Als Beispiel dient ein `sleep`-Befehl, der eine Minute laufen sollte, aber nach drei Sekunden beendet wird:

```
→ timeout 3 sleep 60        Nach 3 Sekunden beendet.
```

Ein etwas realistischeres Beispiel: Sie wollen für eine Stunde Musik aus Ihrer MP3-Sammlung hören:

```
→ timeout 3600 mplayer *.mp3
```

Nützliche Optionen

`-s` *signal*	Schickt ein anderes als das Standardsignal (TERM). Die Möglichkeiten entsprechen denen von `kill -l`.
`-k` *sekunden*	Wenn das Programm nach dem ersten Signal nicht beendet wird, warte so viele weitere Sekunden und schicke dann ein endgültiges KILL-Signal.

nice

stdin **stdout** -datei --opt **--help** **--version**

```
nice [-n level] kommandozeile
```

Wenn man ein systemintensives Programm aufruft, kann man »nett« zu den anderen Prozessen (und Benutzern) sein, indem man dessen Priorität absenkt. Dafür wird der `nice`-Befehl genutzt: Er stellt ein »nettes Level« für einen Prozess ein, damit dieser weniger Aufmerksamkeit beim Linux-Prozess-Scheduler erregt.[20] Hier ist ein Beispiel dafür, wie ein großer Job auf das Nice-Level 7 gesetzt wird:

```
→ nice -n 7 sort SehrGrosseDatei > ausgabedatei
```

20 Man nennt diesen Vorgang auch »Nicing« des Prozesses. Sie werden den Begriff ebenfalls als Verb finden: »Ich habe den Prozess auf 12 genict.«

Normale Prozesse (die ohne nice aufgerufen werden) laufen auf Level null, was Sie sehen können, wenn Sie nice ohne Argumente aufrufen:

```
→ nice
0
```

Lassen Sie die Option -n weg, ist das Standard-Level 10. Der Administrator kann ebenfalls das Nice-Level senken und damit die Priorität eines Prozesses vergrößern:

```
→ sudo nice -n -10 meinprogramm
```

Die Nice-Level Ihrer Jobs erhalten Sie über die Ausgabe von ps (Spalte NI) oder top (Spalte N).

```
→ ps -o pid,user,args,nice
```

Bei Programmen mit viel Festplattenzugriff können Sie sich auch den Befehl ionice anschauen, der wie nice funktioniert, aber für I/O-Operationen.

renice

stdin **stdout** -datei --opt **--help** **--version**

```
renice [-n N] [optionen] PID
```

Während der Befehl nice ein Programm auf einem vorgegebenen Nice-Level aufrufen kann, ändert renice das Nice-Level eines bereits laufenden Prozesses. Als schnellen (wenn auch trivialen) Test erstellen Sie einen Prozess, der zwei Minuten schläft, im Hintergrund läuft und sein Nice-Level auf 5 erhöht:

```
→ sleep 120 &
→ pgrep sleep
2673
→ renice -n 5 -p 2673
2673 (process ID) old priority 0, new priority 5
```

Normale Benutzer können das Nice-Level ihrer eigenen Prozesse erhöhen, während der Administrator es auch verringern (und damit die Priorität erhöhen) und außerdem auf jedem Prozess arbeiten kann. Der gültige Bereich ist –20 bis +20, allerdings sollten Sie hohe negative Werte vermeiden, da Sie ansonsten wichtigen Systemprozessen in die Quere kommen.

Nützliche Optionen

`-p` *`pid`*	Beeinflusst die angegebene Prozess-ID. Sie können `-p` auch weglassen und nur eine PID angeben (`renice -n 5 28734`).
`-u` *`benutzername`*	Beeinflusst alle Prozesse, die dem angegebenen Benutzer gehören.

nohup

stdin stdout - datei -- opt **--help** **--version**

`nohup` *`befehl`*

Verwenden Sie nohup, um einen Befehl auch dann noch laufen zu lassen, wenn Sie die Shell beenden, von der aus er gestartet wurde. Endet eine Shell oder ein anderer Prozess, erhalten normalerweise alle Kindprozesse ein Termination-Signal (ein *Hangup*-Signal). Der Befehl nohup (*no hangup*) sorgt dafür, dass der angegebene Befehl Hangup-Signale ignoriert.

→ **`nohup`** ***`langlaufendes_programm`*** **`&`**

Schreibt der angegebene Befehl nach *stdout* oder *stderr*, leitet nohup die Ausgabe in eine Datei *nohup.out* im aktuellen Verzeichnis (sofern Sie Berechtigungen dafür haben) oder in Ihr Home-Verzeichnis um (sofern das nicht der Fall ist).

flock

stdin **stdout** - datei -- opt **--help** **--version**

`flock [`*`optionen`*`]` *`sperrdatei befehl`* …

Mussten Sie jemals sicherstellen, dass ein Programm immer nur einmal zur selben Zeit auf Ihrem Computer läuft? Führen Sie zum Beispiel jede Stunde automatische Backups mit einem Befehl wie `rsync` durch, kann es gelegentlich vorkommen, dass das vorherige Backup noch läuft, wenn das nächste gestartet wird. Der Befehl `flock` löst solche Probleme. Er erstellt eine Lock-Datei, die verhindert, dass ein Befehl, wie zum Beispiel ein Backup-Skript, parallel zu sich selbst läuft. Versuchen Sie, einen Befehl zweimal gleichzeitig zu starten, wird der zweite Aufruf fehlschlagen. So wird zum Beispiel dieser `rsync`-Befehl bei der Ausführung mit `flock` und der Sperrdatei */tmp/meinesperre* fehlschlagen, wenn schon eine andere Instanz des gleichen Befehls läuft:

```
→ flock -n /tmp/meinesperre rsync -av dir1 dir2
```

Um `flock` auszuprobieren, öffnen Sie zwei Shell-Fenster und lassen den folgenden Befehl in beiden laufen (ich verwende hier zu Demonstrationszwecken den `sleep`-Befehl, der nichts tut, außer die angegebenen Sekunden zu warten):

```
→ flock -n /tmp/meinesperre sleep 60
```

Der erste Aufruf wird funktionieren, der zweite wird hingegen sofort wieder beendet, weil beide die gleiche *Sperrdatei* nutzen. Das kann eine beliebige Datei oder ein Verzeichnis sein. `flock` behandelt sie als eindeutigen Marker, der verhindert, dass ein anderer Befehl ausgeführt wird. Lassen Sie zum Beispiel in der einen Shell den Befehl `sleep` laufen, nutzen in der zweiten aber einen anderen wie etwa `ls`, allerdings mit der gleichen Sperrdatei:

```
→ flock -n /tmp/meinesperre ls
```

wird der zweite Aufruf trotzdem fehlschlagen.

Nützliche Optionen

`-n`	Schlägt sofort fehl, wenn ein anderer Befehl schon läuft.
`-w` *N*	Schlägt nach *N* Sekunden des Wartens fehl, wenn schon ein anderer Befehl läuft.
`-s`	Nutzt eine gemeinsame (shared) Sperre statt einer exklusiven Sperre. Sie können mit dieser Option mehrere Befehle parallel laufen lassen, und `flock` schlägt nur dann fehl, wenn Sie sie weglassen. Das ist nützlich, wenn Sie eine begrenzte Zahl von Befehlen parallel laufen lassen wollen.

Jobs zeitlich planen

`sleep`	Wartet eine bestimmte Anzahl von Sekunden, tut nichts.
`watch`	Führt ein Programm in festgesetzten Intervallen aus.
`at`	Startet einen Job für einen bestimmten Zeitpunkt in der Zukunft.
`crontab`	Startet Jobs für bestimmte Zeitpunkte.

Falls Sie Programme zu bestimmten Zeiten oder in regelmäßigen Intervallen starten müssen, hilft Ihnen Linux mit verschiedenen Scheduling-Werkzeugen unterschiedlicher Komplexität.

sleep

stdin stdout -datei --opt **--help** **--version**

```
sleep zeitangabe
```

Der `sleep`-Befehl wartet einfach eine festgesetzte Zeit ab. Bei der angegebenen Zeit kann es sich um einen Integerwert handeln (das bedeutet Sekunden) oder um einen Integerwert, gefolgt von dem Buchstaben `s` (ebenfalls Sekunden), `m` (Minuten), `h` (Stunden) oder `d` (Tage), zum Beispiel:

```
→ sleep 5m                    Mache fünf Minuten lang nichts.
```

`sleep` ist sinnvoll, wenn man einen Befehl eine bestimmte Zeit lang verzögern möchte:

```
→ sleep 3 && echo 'Drei Sekunden sind vergangen.'
(3 Sekunden verstreichen.)
Drei Sekunden sind vergangen.
```

watch

stdin **stdout** -datei **--opt** **--help** **--version**

```
watch [optionen] befehl
```

Das `watch`-Programm führt einen bestimmten Befehl in regelmäßigen Zeitabständen aus, standardmäßig alle zwei Sekunden. Der Befehl wird an die Shell übergeben (schützen Sie deshalb Sonderzeichen), und die Ergebnisse werden im Vollbildmodus angezeigt, sodass Sie die Ausgabe bequem begutachten können und sehen, was sich geändert hat. So führt z.B. `watch -n 1 date` einmal pro Sekunde den `date`-Befehl aus. Drücken Sie zum Beenden `^C`.

Nützliche Optionen

`-n` *sekunden*	Setzt – in Sekunden – die Zeit zwischen den Ausführungen.
`-d`	Hebt Unterschiede in der Ausgabe hervor und betont auf diese Weise, was sich von einer Ausführung zur nächsten geändert hat.
`-g`	Beendet den Befehl, wenn sich die Ausgabe des Programms von seinem vorherigen Durchlauf unterscheidet.

at

stdin **stdout** - datei **-- opt** --help --version

```
at [optionen] zeitangabe
```

Der at-Befehl führt zu einem angegebenen Zeitpunkt einmal einen oder mehrere Shell-Befehle aus:

```
→ at 7am next sunday
at> echo Denk ans Einkaufen | mail smith
at> lpr $HOME/einkaufszettel
at> ^D
<EOT>
job 559 at 2015-09-14 21:30
```

Schläft der Host zur angegebenen Zeit oder ist er ausgeschaltet, läuft der Job sofort, wenn der Host wieder verfügbar ist. Die Zeitangaben, die at versteht, sind ausgesprochen flexibel. Im Allgemeinen können Sie Folgendes festlegen:

- eine Zeit, gefolgt von einem Datum (nicht ein Datum, gefolgt von einer Zeit)
- nur ein Datum (nimmt Ihre aktuelle Uhrzeit an)
- nur eine Zeit (nimmt das nächste Auftreten dieser Zeit an, ob heute oder morgen)
- ein besonderes Wort, wie `now`, `midnight` oder `teatime` (16:00)
- einen der genannten Werte, gefolgt von einem Offset, wie etwa »+ 3 days«

Datums- und Zeitformate sind in vielen Formen akzeptabel: `december 25 2030`, `25 december 2025`, `december 25`, `25 december`, `12/25/2030`, `25.12.2030`, `20301225`, `today`, `thursday`, `next thursday`, `next month`, `next year` und mehr. Monatsnamen können auf drei Buchstaben abgekürzt werden (`jan`, `feb`, `mar` ...). Zeiten sind ebenfalls flexibel: `8pm`, `8 pm`, `8:00pm`, `8:00 pm`, `20:00` und `2000` sind äquivalent. Offsets sind Plus- oder Minuszeichen, gefolgt von Whitespace und einer Zeitdauer: `+ 3 days`, `+ 2 weeks`, `- 1 hour` usw.

Falls Sie einen Teil des Datums oder der Zeit nicht angeben, kopiert at die fehlenden Informationen aus dem Systemdatum und der Systemzeit. `next year` bedeutet also ein Jahr von genau jetzt an, `thursday` bedeutet den nächsten Donnerstag genau zu dieser Zeit, `december 25` bedeutet den kommenden 25. Dezember, und `4:30pm` bedeutet das nächste 16.30 Uhr, das auftreten wird.

Der Befehl, den Sie an `at` übergeben, wird von der Shell erst zum Zeitpunkt der Ausführung ausgewertet, weshalb Wildcards, Variablen und andere Shell-Konstrukte auch erst dann erweitert werden. Außerdem bleibt Ihre aktuelle Umgebung (siehe `printenv`) innerhalb des Jobs erhalten, sodass dieser genau so ausgeführt wird, als wären Sie angemeldet. Aliase stehen jedoch für `at`-Jobs nicht zur Verfügung, Sie sollten sie deshalb auch nicht benutzen.

Um Ihre `at`-Jobs aufzulisten, benutzen Sie `atq` (*at queue*):

```
→ atq
559  2024-09-08  21:30 a smith
```

Um einen Job zu löschen, rufen Sie `atrm` (*at remove*) zusammen mit der Jobnummer auf:

```
→ atrm 559
```

Nützliche Optionen

`-f` *dateiname*	Liest die Befehle aus der angegebenen Datei anstatt von der Standardeingabe.
`-c` *jobnummer*	Gibt die Jobbefehle auf der Standardausgabe aus.

---

crontab

stdin **stdout** **-datei** **--opt** --help --version

```
crontab [optionen] [datei]
```

Der `crontab`-Befehl plant genau wie `at` Jobs für bestimmte Zeitpunkte ein. Allerdings wird `crontab` für wiederholt durchgeführte Jobs verwendet, wie etwa »Führe diesen Befehl jeden Dienstag um Mitternacht durch«. Damit das funktioniert, können Sie eine Datei bearbeiten und speichern (die sogenannte *crontab-Datei*), die automatisch in einem Systemverzeichnis installiert wurde (*/var/spool/cron*). Einmal pro Minute wacht ein Linux-Prozess namens `cron` auf, prüft die crontab-Datei und führt alle Jobs aus, die fällig werden.

`crontab -e`
: Bearbeitet Ihre crontab-Datei in Ihrem Standardeditor (`$VISUAL`).

`crontab -l`
: Gibt die crontab-Datei auf der Standardausgabe aus.

`crontab -r`
: Löscht die crontab-Datei sofort und dauerhaft – *ohne Rückfrage*.

`crontab meinedatei`
: Installiert die Datei *meinedatei* als Ihre crontab-Datei.

Der Administrator kann die Option `-u` *`benutzername`* hinzufügen, um mit den crontab-Dateien anderer Benutzer zu arbeiten.

Crontab-Dateien können einen Job pro Zeile enthalten. (Leere Zeilen und Kommentarzeilen, die mit # beginnen, werden ignoriert.) Jede Zeile enthält sechs Felder, die durch Whitespace getrennt sind. Die ersten fünf Felder geben die Zeit an, zu der der Job ausgeführt werden soll, das letzte Feld enthält den Jobbefehl selbst.

Minuten der Stunde
: Ein Integer zwischen 0 und 59. Das kann eine einzelne Zahl sein (`30`), eine Folge von Zahlen, getrennt durch Kommata (`0,15,30,45`), ein Bereich (`20-30`), eine Folge von Bereichen (`0-15,50-59`) oder ein Sternchen, das »alles« bedeutet. Sie können mit dem Suffix */n* »jedes *n*te Mal« angeben, sodass z.B. `*/12` und `0-59/12` bedeuten: `0,12,24,36,48` (d.h. alle 12 Minuten).

Stunden des Tages
: Gleiche Syntax wie bei den Minuten.

Tage des Monats
: Integer zwischen 1 und 31; auch hier können Sie Folgen, Bereiche, Folgen von Bereichen oder ein Sternchen benutzen.

Monate des Jahres
: Integer zwischen 1 und 12; hier können Sie ebenfalls Folgen, Bereiche, Folgen von Bereichen oder ein Sternchen einsetzen. Außerdem sind dreibuchstabige Abkürzungen möglich (`jan`, `feb`, `mar` ...), allerdings nicht in Bereichen oder Folgen.

Tage der Woche

Integer zwischen 0 (Sonntag) und 6 (Sonnabend); hier können Sie wieder Folgen, Bereiche, Folgen von Bereichen oder ein Sternchen verwenden. Außerdem sind dreibuchstabige Abkürzungen möglich (`sun`, `mon`, `tue` ...), allerdings nicht in Bereichen oder Folgen.

Auszuführender Befehl

Jeder Shell-Befehl, der dann in Ihrer Log-in-Umgebung ausgeführt wird, sodass Sie sich auch auf Umgebungsvariablen wie `$HOME` beziehen und damit rechnen können, dass sie funktionieren. Als allgemeine Regel gilt, dass Sie nur absolute Pfade zu Ihren Befehlen (z.B. */usr/bin/who* anstelle von *who*) verwenden sollten, um sicherzustellen, dass der richtige Befehl durch cron ausgeführt wird – es kann schließlich mehrere Programme mit dem gleichen Namen geben.

Hier sind einige Beispiele:

*	*	*	*	*	jede Minute
45	*	*	*	*	45 Minuten nach jeder vollen Stunde (1:45, 2:45 usw.)
45	9	*	*	*	täglich um 9:45 Uhr
45	9	8	*	*	am achten Tag jedes Monats um 9:45 Uhr
45	9	8	12	*	immer am 8. Dezember um 9:45 Uhr
45	9	8	dec	*	immer am 8. Dezember um 9:45 Uhr
45	9	*	*	6	jeden Samstag um 9:45 Uhr
45	9	*	*	sat	jeden Samstag um 9:45 Uhr
45	9	*	12	6	jeden Samstag im Dezember um 9:45 Uhr
45	9	8	12	6	jeden Samstag im Dezember sowie am 8. Dezember um 9:45 Uhr

So sieht ein vollständiger crontab-Eintrag aus, mit dem jeden Samstag um 9:45 Uhr ein Skript ausgeführt wird:

```
45   9   *   *   sat   /usr/local/bin/meinskript
```

Wenn der Befehl bei der Ausführung eine Ausgabe erzeugt, sendet cron diese per E-Mail dem Benutzer zu, dem diese crontab-Datei gehört.

> Vermeiden Sie lange, unübersichtliche Befehle in der *crontab*-Datei. Speichern Sie sie stattdessen lieber in Shell-Skripten, um diese dann über die *crontab* auszuführen.

Anmelden, abmelden und herunterfahren

`systemctl`	Steuert den Status Ihres Rechners und seiner Services.
`shutdown`	Fährt Ihren lokalen Rechner herunter.
`reboot`	Startet Ihren lokalen Rechner neu.

Das An- und Abmelden von GNOME, KDE oder anderen grafischen Benutzeroberflächen ist einfach. Um sich von einer externen Shell aus abzumelden, schließen Sie einfach die Shell (tippen Sie `exit` oder `logout` oder drücken Sie in einer neuen Zeile `^D`). Linux bietet auch Befehle zum Neustarten und Herunterfahren des Rechners oder einzelner Services an. Schalten Sie ein Linux-System niemals einfach so aus: Es muss vorsichtig heruntergefahren werden, um das Dateisystem sauber zu halten.

systemctl

stdin **stdout** - datei -- opt **--help** **--version**

systemctl [*optionen*] *befehl* [*argumente*]

Der `systemctl`-Befehl steuert Systemservices. Er ist Teil eines Servicemanagers namens `systemd`. Eine vollständige Abhandlung würde den Rahmen dieses Buchs sprengen, daher werden wir nur ein paar grundlegende Anwendungsfälle vorstellen. (Mit `man systemd` erhalten Sie mehr Informationen.) `systemctl` kann das System als Ganzes kontrollieren:

`sudo systemctl poweroff`	Das System herunterfahren.
`sudo systemctl reboot`	Das System neu starten.
`sudo systemctl suspend`	Das System schlafen legen.

Der Befehl verwaltet auch einzelne Services, wie beispielsweise Webserver oder Datenbanken, mit den folgenden grundlegenden Befehlen (es gibt noch viele weitere):

`systemctl`	Alle Services mit ihrem Status ausgeben.
`sudo systemctl enable` *`service_name`*	Einen Service ausführbar machen, aber noch nicht starten.
`sudo systemctl start` *`service_name`*	Einen ausführbaren Service starten.
`sudo systemctl restart` *`service_name`*	Entspricht `stop`, gefolgt von `start`.
`sudo systemctl reload` *`service_name`*	Einen laufenden Service zwingen, seine Konfiguration neu zu lesen.
`sudo systemctl status` *`service_name`*	Den aktuellen Status des Service ausgeben. Für einen detaillierteren Status schauen Sie sich `man journalctl` an.
`sudo systemctl stop` *`service_name`*	Einen laufenden Service herunterfahren.
`sudo systemctl disable` *`service_name`*	Einen Service davon abhalten, gestartet zu werden.

Servicenamen haben das Suffix *.service*, das Sie aber weglassen können. Um beispielsweise den mySQL-Datenbankserver neu zu starten, ist einer der beiden folgenden Befehle möglich:

```
→ sudo systemctl restart mysqld.service      mit Suffix
→ sudo systemctl restart mysqld              ohne Suffix
```

shutdown

stdin **stdout** - datei -- opt **--help** --version

```
shutdown [optionen] zeit [nachricht]
```

Der `shutdown`-Befehl hält ein Linux-System an oder startet es neu; nur der Administrator darf ihn ausführen. (In vielen Linux-Distros ist der `shutdown`-Befehl ein symbolischer Link auf `systemctl`.) Hier ist ein Befehl, der das System in zehn Minuten anhält, wobei er allen Benutzern, die gerade angemeldet sind, die Meldung »Turnusmäßige Wartung« schickt:

```
→ sudo shutdown -h +10 "Turnusmäßige Wartung"
```

Die *zeit* kann eine Anzahl von Minuten sein, denen ein Pluszeichen vorangestellt ist, also etwa `+10`, eine absolute Zeit in Stunden und Minuten, wie etwa `16:25`, oder das Wort `now` für sofortiges Herunterfahren.

Ohne Optionen bringt `shutdown` das System in den Single-User-Modus, einen speziellen Wartungsmodus, in dem nur `root` angemeldet ist (an der Systemkonsole) und alle unwichtigen Dienste ausgeschaltet sind. Um den Single-User-Modus zu verlassen, führen Sie entweder einen weiteren `shutdown` zum Anhalten oder Neustarten aus oder beenden die Shell mit `exit` oder `^D`, um das System im normalen Multi-User-Modus zu booten.

Nützliche Optionen

`-r` Neustart des Systems.

`-h` Anhalten des Systems.

`-k` Fährt das System nicht wirklich herunter, sondern sendet nur Warnungen an alle Benutzer, so als würde das System herunterfahren (»Kidding«).

`-c` Bricht das Herunterfahren ab. (Lassen Sie das *`zeit`*-Argument weg.)

`-f` Überspringt beim Neustart die übliche Überprüfung des Dateisystems, die vom `fsck`-Programm durchgeführt wird (beschrieben in »Festplatten und Dateisysteme verwenden« auf Seite 211).

`-F` Fordert beim Neustart die übliche Überprüfung des Dateisystems.

Für technische Informationen zum Herunterfahren, den Single-User-Modus und verschiedene Systemzustände lesen Sie `man systemd` oder `man init`.

---

reboot stdin **stdout** - datei -- opt **--help** --version

`reboot [`*optionen*`]`

Der `reboot`-Befehl tut genau das, was sein Name sagt. Er startet den Computer direkt neu. Sie gehen vielleicht davon aus, dass für `reboot` Administrationsberechtigungen erforderlich sind, aber in manchen Distros kann er von jedem Benutzer ausgeführt werden.

`reboot` besitzt Optionen (siehe die Manpage), die ich aber nur sehr selten einsetze. In manchen Linux-Distros ist der `reboot`-Befehl lediglich ein symbolischer Link auf `systemctl`.

Benutzer und deren Umgebung

`logname`	Gibt Ihren Log-in-Namen aus.
`whoami`	Gibt Ihren aktuellen, effektiven Benutzernamen aus.
`id`	Gibt die Benutzer-ID und die Gruppenmitgliedschaft eines Benutzers aus.
`who`	Listet angemeldete Benutzer auf; lange Ausgabe.
`users`	Listet angemeldete Benutzer auf; kurze Ausgabe.
`tty`	Gibt den Gerätenamen Ihres Terminals aus.
`last`	Stellt fest, wann jemand zuletzt angemeldet war.
`printenv`	Gibt Ihre Umgebung aus.

Wer sind Sie? Nur das System weiß das genau. Diese Ansammlung von Programmen verrät Ihnen alles über Benutzer: ihre Log-in-Namen, die Log-in-Zeiten und die Eigenschaften von deren Umgebung.

logname

stdin **stdout** -datei --opt **--help** **--version**

```
logname
```

Der Befehl logname gibt Ihren Log-in-Namen aus:

```
→ logname
smith
```

Wenn dieser Befehl auf Ihrem System nicht funktioniert, versuchen Sie es stattdessen wie folgt:

```
→ echo $LOGNAME
```

whoami

stdin **stdout** -datei --opt **--help** **--version**

```
whoami
```

Der whoami-Befehl gibt den Namen des aktuellen, effektiven Benutzers aus. Dieser kann sich von Ihrem Log-in-Namen unterscheiden (der Ausgabe von logname), falls Sie den sudo-Befehl benutzt haben. Dieses Beispiel unterscheidet whoami von logname:

```
→ logname                 Log-in-Name
smith
→ sudo logname            Wert ändert sich nicht
smith
→ whoami                  effektiver Benutzername
smith
→ sudo whoami             Wert ändert sich
root
```

id

stdin **stdout** -datei **--opt** **--help** **--version**

```
id [optionen] [benutzername]
```

Jeder Benutzer besitzt eine einmalige numerische *Benutzer-ID* sowie eine Standardgruppe mit einer einmaligen numerischen *Gruppen-ID*. Der id-Befehl gibt diese Werte zusammen mit ihren dazugehörigen Benutzer- und Gruppennamen aus:

```
→ id
uid=500(smith) gid=500(smith) groups=500(smith),6(disk)
```

Nützliche Optionen

`-u`	Gibt die effektive Benutzer-ID aus und beendet sich.
`-g`	Gibt die effektive Gruppen-ID aus und beendet sich.
`-G`	Gibt die IDs aller anderen Gruppen aus, zu denen der Benutzer gehört.

Sie können jede dieser Optionen um `-n` ergänzen, um die Benutzer- oder Gruppennamen anstelle der numerischen IDs auszugeben. Mit `-r` werden die echten IDs/Namen statt der effektiven IDs/Namen ausgegeben.

---

who

stdin **stdout** - datei -- opt **--help** **--version**

```
who [optionen] [dateiname]
```

Der `who`-Befehl listet alle angemeldeten Benutzer auf. Benutzer mit mehreren interaktiven Shells erscheinen auch mehrfach:

```
→ who
smith    pts/0    Sep  6 17:09 (:0)
barrett  pts/1    Sep  6 17:10 (10.24.19.240)
jones    pts/2    Sep  8 20:58 (192.168.13.7)
jones    pts/4    Sep  3 05:11 (192.168.13.7)
```

Normalerweise holt `who` seine Daten aus der Datei */var/run/utmp*. Mit dem *dateiname*-Argument kann man eine andere Datendatei angeben, also etwa */var/log/wtmp* für vergangene Log-ins oder */var/log/btmp* für fehlgeschlagene Log-ins.[21]

Nützliche Optionen

`-H`	Gibt als erste Zeile eine Reihe von Überschriften aus.
`--lookup`	Gibt für Benutzer, die von außen angemeldet sind, die Hostnamen ihrer Ursprungsrechner aus.
`-u`	Gibt auch die Idle-Zeit (untätig verbrachte Zeit) eines Benutzers an seinem Terminal aus.

---

21 Falls Ihr System so konfiguriert ist, dass es diese Informationen protokolliert.

`-m`	Zeigt nur Informationen über Sie selbst an, d. h. über den Benutzer, der mit dem aktuellen Terminal verbunden ist.
`-q`	Schnelle Anzeige der Benutzernamen und der Anzahl der Benutzer. Fast wie der `users`-Befehl, gibt aber zusätzlich die Anzahl aus.

users

stdin **stdout** - datei -- opt **--help** **--version**

users [*dateiname*]

Der users-Befehl gibt ein schnelles Listing der Benutzer aus, die angemeldet sind. Wenn ein Benutzer mehrere Shells ausführt, taucht er auch mehrfach auf:

```
→ users
barrett jones smith smith smith
```

Genau wie der who-Befehl liest users standardmäßig */var/log/utmp* aus, kann seine Daten aber auch einer anderen angegebenen Datei entnehmen.

tty

stdin **stdout** - datei -- opt **--help** **--version**

tty

Der tty-Befehl gibt den Namen des Terminalgeräts aus, das mit der aktuellen Shell verbunden ist:

```
→ tty
/dev/pts/4
```

last

stdin **stdout** - datei **-- opt** **--help** **--version**

last [*optionen*] [*benutzer*] [*ttys*]

Der last-Befehl zeigt eine Historie der Log-ins in umgekehrt chronologischer Reihenfolge an.

```
→ last
bob pts/3  localhost Mon Sep 8 21:07 - 21:08 (00:01)
sue   pts/6  :0        Mon Sep 8 20:25 - 20:56 (00:31)
bob pts/4  myhost    Sun Sep 7 22:19 still logged in
⋮
```

Sie können Benutzernamen oder tty-Namen angeben, um die Ausgabe zu beschränken.

Nützliche Optionen

`-N`	Gibt nur die letzten *N* Zeilen der Ausgabe aus, wobei *N* ein positiver Integerwert ist.
`-p zeit`	Gibt nur Benutzer aus, die innerhalb der angegebenen Zeit angemeldet waren. Für aktuelle Log-ins rufen Sie `last -p now` auf.
`-i`	Zeigt IP-Adressen anstelle von Hostnamen an.
`-R`	Zeigt keine Hostnamen an.
`-x`	Zeigt auch, wann das System heruntergefahren oder das Runlevel geändert wurde (z. B. Wechsel vom Single-User- in den Multi-User-Modus).
`-f dateiname`	Liest aus einer anderen Datendatei als */var/run/wtmp* (siehe den `who`-Befehl für weitere Details).

printenv

stdin **stdout** - datei **-- opt** **--help** **--version**

```
printenv [umgebungsvariablen]
```

Der printenv-Befehl gibt alle Umgebungsvariablen aus, die Ihrer Shell bekannt sind, sowie deren Werte:

```
→ printenv
HOME=/home/smith
MAIL=/var/spool/mail/smith
NAME=Sandy Smith
SHELL=/bin/bash
⋮
```

Oder nur angegebene Variablen:

```
→ printenv HOME SHELL
/home/smith
/bin/bash
```

Verwaltung der Benutzerzugänge

`useradd`	Erzeugt einen Zugang.
`userdel`	Löscht einen Zugang.

usermod	Modifiziert einen Zugang.
passwd	Ändert ein Passwort.
chsh	Ändert die Shell eines Benutzers.

Bei der Installation von Linux wird automatisch der Administratorzugang (root) und üblicherweise ein normaler Benutzerzugang angelegt (vorzugsweise für Sie selbst). Sie können auch noch weitere Zugänge anlegen. Denken Sie nur daran, dass jeder Zugang ein potenzielles Einfallstor für Eindringlinge ist, sodass jeder Benutzer ein starkes, schwer zu erratendes Passwort haben sollte.

useradd

stdin **stdout** -datei **--opt** **--help** --version

`useradd [optionen] benutzername`

Der Befehl useradd erlaubt dem Administrator, einen Benutzerzugang anzulegen. (Verwechseln Sie ihn nicht mit dem ähnlich benannten Befehl adduser.)

```
→ sudo useradd -m smith
```

Seine Standardwerte sind nicht besonders nützlich (Sie sehen sie, wenn Sie `useradd -D` ausführen), sodass Sie darauf achten müssen, dass Sie alle erforderlichen Optionen angeben, zum Beispiel:

```
→ sudo useradd -d /home/smith -s /bin/bash \
  -G games,video smith
```

Nützliche Optionen

`-m`	Kopiert alle Dateien aus Ihrem System-»Skelett«-Verzeichnis, */etc/skel*, in das neu angelegte Home-Verzeichnis. Das Skelett-Verzeichnis enthält traditionell minimale Versionen der Initialisierungsdateien (quasi nur ein Skelett), wie *~/.bashrc*, damit die neuen Benutzer erst einmal starten können. Wollen Sie von einem anderen Verzeichnis kopieren, fügen Sie die Option `-k` hinzu (`-k` *verzname*).
`-d` *verz*	Setzt das Home-Verzeichnis des Benutzers auf *verz*.
`-s` *shell*	Setzt die Log-in-Shell des Benutzers auf *shell*.

`-u` *`uid`*	Setzt die ID des Benutzers auf *`uid`*. Wenn Sie nicht ganz genau wissen, was Sie tun, sollten Sie diese Option meiden und den Standardwert verwenden.
`-c` *`string`*	Setzt das Kommentarfeld des Benutzers (historisch als GECOS-Feld bezeichnet). Normalerweise ist das der vollständige Name des Benutzers, es kann aber auch ein beliebiger anderer String sein.
`-g` *`gruppe`*	Setzt die Ausgangsgruppe des Benutzers (seine Standardgruppe) auf *`gruppe`*. Dabei kann es sich um eine numerische Gruppen-ID oder einen Gruppennamen handeln, die aber beide bereits existieren müssen.
`-G` *`gruppe1,gruppe2,...`*	Macht den Benutzer zu einem Mitglied der zusätzlichen bereits existierenden Gruppen *`gruppe1`*, *`gruppe2`* usw.

userdel

stdin **stdout** - datei **-- opt** **--help** --version

`userdel [-r]` *`benutzername`*

Der `userdel`-Befehl löscht einen vorhandenen Benutzer.

```
→ sudo userdel smith
```

Die Dateien des Benutzers (Home-Verzeichnis, Mailbox usw.) werden hierbei nur gelöscht, wenn Sie auch die Option `-r` angeben. Denken Sie sorgfältig nach, bevor Sie einen Benutzer löschen; ziehen Sie stattdessen in Betracht, den Zugang zu deaktivieren (mit `usermod -L`). Und sorgen Sie dafür, dass Sie Backups aller Dateien des Benutzers haben, bevor Sie ihn löschen: Sie brauchen sie möglicherweise irgendwann noch einmal.

usermod

stdin **stdout** - datei **-- opt** **--help** --version

`usermod [`*`optionen`*`]` *`benutzername`*

Der `usermod`-Befehl modifiziert den Zugang des angegebenen Benutzers auf verschiedene Weise, beispielsweise ändert er sein Home-Verzeichnis:

```
→ sudo usermod -d /home/another smith
```

Nützliche Optionen

`-a`	Beim Hinzufügen des Benutzers zu einer Gruppe (`-G`) werden die bestehenden Gruppenmitgliedschaften beibehalten.
`-c` *`string`*	Setzt das Kommentarfeld des Benutzers (historisch als GECOS-Feld bezeichnet). Hier findet sich meist der vollständige Name des Benutzers, es kann aber auch ein beliebiger String sein.
`-d` *`verz`*	Ändert das Home-Verzeichnis des Benutzers auf *`verz`*.
`-l` *`benutzername`*	Ändert den Log-in-Namen des Benutzers auf *`benutzername`*. Denken Sie sorgfältig nach, bevor Sie das tun, denn es kann sein, dass irgendetwas auf Ihrem System von dem Originalnamen abhängt. Und ändern Sie Systemzugänge (root, daemon usw.) nur dann, wenn Sie wirklich wissen, was Sie tun!
`-s` *`shell`*	Ändert die Log-in-Shell des Benutzers auf *`shell`*.
`-g` *`gruppe`*	Ändert die Ausgangsgruppe des Benutzers (seine Standardgruppe) auf *`gruppe`*. Dabei kann es sich entweder um eine numerische Gruppen-ID oder um einen Gruppennamen handeln; beide müssen bereits existieren.
`-G` *`gruppe1,gruppe2,...`*	Macht den Benutzer zu einem Mitglied nur der zusätzlichen, bereits existierenden Gruppen *`gruppe1`*, *`gruppe2`* usw. **`Warnung:`** Falls der Benutzer vorher zu anderen Gruppen gehört hat, die Sie hier aber nicht angegeben haben, gehört er ab sofort nicht mehr zu ihnen. Um die bisherigen Gruppen beizubehalten, nutzen Sie zusätzlich die Option `-a`.
`-L`	Deaktiviert (blockiert) den Zugang, sodass sich der Benutzer nicht mehr anmelden kann.
`-U`	Entsperrt den Zugang nach einer Sperroperation (`-L`).

passwd

stdin **stdout** - datei **-- opt** **--help** --version

`passwd` [*`optionen`*] [*`benutzername`*]

Der Befehl `passwd` ändert ein Log-in-Passwort, und zwar standardmäßig Ihres:

```
→ passwd
```

oder das eines anderen Benutzers, falls der Befehl vom Administrator ausgeführt wird:

```
→ sudo passwd smith
```

passwd besitzt Optionen, von denen die meisten mit dem Verfall des Passworts zu tun haben. Benutzen Sie diese nur im Zusammenhang mit einer wohldurchdachten Sicherheitspolitik.

---

chsh stdin **stdout** - datei **-- opt** **--help** **--version**

```
chsh [optionen] [benutzername]
```

Der Befehl chsh (*change shell*) stellt Ihr Log-in-Shell-Programm ein. Aufgerufen ohne einen Benutzernamen, beeinflusst chsh Ihren Zugang; aufgerufen mit einem Benutzernamen (durch root), wird dieser Benutzer beeinflusst. Ohne Optionen aufgerufen, fragt chsh Sie nach den gewünschten Informationen:

```
→ chsh
Password: xxxxxxxx
New shell [/bin/bash]: /bin/tcsh
```

Die neue Shell muss in der Datei */etc/shells* aufgeführt sein.

Nützliche Optionen

-s *shell*	Gibt die neue Shell an.
-l	Listet alle zulässigen Shells auf.

Gruppen verwalten

groups	Gibt die Gruppenzugehörigkeit eines Benutzers aus.
groupadd	Erzeugt eine Gruppe.
newgrp	Nutzt sofort eine neue Gruppenzugehörigkeit.
groupdel	Löscht eine Gruppe.
groupmod	Modifiziert eine Gruppe.

Eine *Gruppe* ist eine Menge von Zugängen, die als eine Einheit behandelt werden. Falls Sie einer Gruppe die Erlaubnis erteilen, eine bestimmte Aktion auszuführen (etwa eine Datei zu modifizieren), dürfen alle Mitglieder der Gruppe das tun. Sie können z.B. der Gruppe »freunde« die vollständige Berechtigung erteilen, die Datei */tmp/beispiel* zu lesen, zu schreiben und auszuführen:

```
→ groups
users smith freunde
→ chgrp freunde /tmp/beispiel
→ chmod 770 /tmp/beispiel
→ ls -l /tmp/beispiel
-rwxrwx---  1 smith freunde  2874 … /tmp/sample
```

Um Benutzer einer Gruppe hinzuzufügen, rufen Sie `usermod -aG` auf, oder Sie bearbeiten */etc/group* als Root. Um die Gruppeneigentümerschaft einer Datei zu ändern, sollten Sie den `chgrp`-Befehl aus »Dateieigenschaften« auf Seite 85 verwenden.

groups

stdin **stdout** -datei --opt **--help** **--version**

groups [*benutzernamen*]

Der `groups`-Befehl gibt die Linux-Gruppen aus, zu denen Sie oder andere Benutzer gehören:

```
→ whoami
smith
→ groups
smith users
→ groups jones root
jones : jones users
root : root bin daemon sys adm disk wheel src
```

groupadd

stdin stdout -datei **--opt** **--help** --version

groupadd [*optionen*] *gruppe*

Der `groupadd`-Befehl erzeugt eine Gruppe. In den meisten Fällen sollten Sie die Option `-f` einsetzen, um zu verhindern, dass Gruppen doppelt angelegt werden:

```
→ sudo groupadd -f freunde
```

Nützliche Optionen

`-g` *gid*
: Geben Sie Ihre eigene numerische Gruppen-ID an, anstatt `groupadd` eine wählen zu lassen.

`-f`
: Falls die angegebene Gruppe bereits existiert, beschwert sich der Befehl und beendet sich dann.

---

newgrp

stdin stdout - datei -- opt **--help** --version

`newgrp [-] [`*gruppe*`]`

Wurden Sie einer neuen Gruppe zugewiesen (z. B. mit `usermod -aG`), wirkt sich die Änderung im Allgemeinen nicht sofort aus, sondern erst, wenn Sie sich das nächste Mal anmelden. Der Befehl `newgrp` vermeidet das. Führen Sie `newgrp` mit dem neuen Gruppennamen als Argument aus, wird eine neue Shell gestartet, in der Ihre aktuelle Gruppen-ID auf diese neue Gruppe gesetzt ist. So können Sie direkt Ihre neu erworbenen Gruppenprivilegien nutzen. Der Effekt hält allerdings nur an, solange die neue Shell läuft, aber es ist immer noch besser, als sich ab- und wieder anmelden zu müssen. Beenden Sie die Shell, um zu Ihrer Standard-Gruppen-ID zurückzukehren.

Stellen Sie sich beispielsweise vor, Sie wären gerade der Gruppe `video` hinzugefügt worden. Haben Sie sich noch nicht abgemeldet, werden Sie `video` nicht in der Liste Ihrer Gruppen finden.

```
→ groups                Ihre aktiven Gruppen anzeigen.
smith sudo docker
```

Führen Sie `newgrp` aus, um Ihre Gruppen-ID auf `video` zu setzen:

```
→ newgrp video          Eine Shell mit der Gruppen-ID video starten.
→ groups                Jetzt ist »video« Ihre Standardgruppe.
video sudo docker smith
→ exit                  Gruppen-ID wieder auf Standard setzen.
```

Die einzige Option – ein einzelner Bindestrich – sorgt dafür, dass `newgrp` Ihre Umgebung so aufsetzt, als hätten Sie sich gerade angemeldet, so wie es auch `su -l` tut.

groupdel

stdin stdout - datei **-- opt** **--help** --version

```
groupdel gruppe
```

Der groupdel-Befehl löscht eine vorhandene Gruppe.

```
→ sudo groupdel freunde
```

Bevor Sie das tun, sollten Sie alle Dateien identifizieren, deren Gruppen-ID auf diese spezielle Gruppe gesetzt ist, damit Sie sich später damit befassen können:

```
→ sudo find / -group freunde -print > /tmp/freunde.dateien
```

Das ist nötig, weil groupdel nicht die Gruppeneigentümerschaft von Dateien ändert. Es entfernt lediglich den Gruppennamen aus */etc/groups*. Falls Sie solche Dateien auflisten, sehen Sie anstelle des Gruppennamens die nun obsolete numerische Gruppen-ID.

groupmod

stdin **stdout** - datei **-- opt** **--help** --version

```
groupmod [optionen] gruppe
```

Der Befehl groupmod modifiziert die angegebene Gruppe, indem er ihren Namen oder ihre Gruppen-ID ändert:

```
→ sudo groupmod -n newname freunde
```

groupmod beeinflusst keine Dateien, die dieser Gruppe gehören: Es ändert lediglich die ID oder den Namen in den Aufzeichnungen des Systems.

Nützliche Optionen

-n *name*	Ändert den Namen der Gruppe auf *name* (sicher).
-g *gid*	Ändert die ID der Gruppe auf *gid* (riskant). Alle Dateien mit der ursprünglichen Gruppen-ID haben nun eine ungültige Gruppenmitgliedschaft, und es muss ihnen hinterhergeräumt werden.

Software installieren

`dnf`	Standardpaketmanager für RPM-Dateien (CentOS, Fedora, Red Hat, Rocky usw.).
`yum`	Älterer Paketmanager für RPM-Dateien.
`rpm`	RPM-Pakete lokal bearbeiten.
`apt`	Standardpaketmanager für DEB-Dateien (Debian, Deepin, elementary OS, Kodachi, Linux Lite, MX, Mint, Nitrux, POP!_OS, Rscatux, Ubuntu, Zorin OS usw.).
`aptitude`	Alternativer Paketmanager für DEB-Dateien.
`dpkg`	DEB-Pakete lokal bearbeiten.
`emerge`	Portage-Paketmanager für Gentoo Linux.
`pacman`	Paketmanager für Arch Linux (plus Garuda, EndeavourOS, Manjaro usw.).
`zypper`	Paketmanager für openSUSE Linux.
`flatpak`	Containerbasierter Paketmanager.
`snap`	Containerbasierter Paketmanager.

Ihre Linux-Distribution bringt eine *Paketmanager*-Anwendung mit, um Softwarepakete über die Kommandozeile, die GUI oder beides zu installieren. Verwirrenderweise besitzt jeder Paketmanager eigene Befehle und im Zweifel auch eigene Dateiformate für Pakete. Daher ist eine der ersten Aufgaben als Linux-Benutzer, zu lernen, welcher der Standardpaketmanager für Ihre Distro ist. Sind Sie sich nicht sicher, welche Linux-Distribution Sie betreiben, gibt Ihnen einer der folgenden Befehle einen Hinweis:

```
→ cat /etc/issue
Ubuntu 22.04.2 LTS \n \l        Ubuntu Linux
→ more /etc/*-release
DISTRIB_ID=Ubuntu
DISTRIB_RELEASE=22.04
DISTRIB_CODENAME=jammy
⋮
```

Dann suchen Sie nach dem Paketmanager Ihrer Distro im Web oder führen einfach jeden Paketmanagerbefehl in meiner Liste aus, um herauszufinden, welche installiert sind. Die verbreitetsten Pakettypen und -manager sind:

Debian-, dpkg- oder .deb-Pakete
: Debian-Pakete werden von Debian, Ubuntu und anderen Distributionen genutzt. Ich behandle die Paketmanagerbefehle `apt`, `aptitude` und `dpkg`.

RPM-Pakete
: Red Hat, Fedora, CentOS und andere Distributionen verwenden RPM-Paketmanagerdateien. Ich behandle `dnf`, `yum`, `rpm` und `zypper`.

Diese Pakettypen und andere (von denen ich manche anspreche) installieren Software in Systemverzeichnissen wie */usr/bin*. Andere Paketmanager verfolgen einen anderen Ansatz und führen ihre Software in einer eingeschränkten Miniumgebung aus – einem *Container*. Beispiele dafür sind Snap und Flatpak.

dnf

stdin **stdout** - datei -- opt **--help** **--version**

```
dnf [optionen] [pakete]
```

`dnf` ist der neueste Paketmanager für RPM-Pakete (*.rpm*-Dateien). Die folgende Tabelle führt die gebräuchlichsten Optionen auf:

Aktion	dnf-Befehl
Nach einem Paket suchen, das Sie benötigen (unterstützt die Wildcards * und ?).	`dnf search` *string*
Prüfen, ob ein Paket installiert ist.	`dnf list installed` *paketname*
Ein Paket herunterladen, aber nicht installieren.	`dnf download` *paketname*
Ein Paket herunterladen und installieren.	`sudo dnf install` *paketname*
Eine Paketdatei installieren.	`sudo dnf install` *datei*`.rpm`
Sich über ein Paket informieren.	`dnf info` *paketname*
Den Inhalt eines Pakets aufführen.	`rpm -ql` *paketname*
Ermitteln, zu welchem Paket eine installierte Datei gehört.	`dnf provides` */pfad/zu/datei*
Ein installiertes Paket aktualisieren.	`sudo dnf upgrade` *paketname*
Ein installiertes Paket entfernen.	`sudo dnf remove` *paketname*

Aktion	dnf-Befehl
Alle auf dem System installierten Pakete aufführen. (Tipp: Per `less` pipen.)	`dnf list installed`
Für alle Pakete im System nach Updates suchen.	`dnf check-update`
Alle Pakete im System aktualisieren.	`sudo dnf upgrade`
Die Distro auf die nächste Version aktualisieren.	`sudo dnf system-upgrade`

yum

stdin **stdout** - datei -- opt **--help** **--version**

`yum [`*`optionen`*`] [`*`pakete`*`]`

`yum` ist ein älterer Paketmanager für RPM-Pakete (*.rpm*-Dateien), der größtenteils durch `dnf` ersetzt wurde. Die folgende Tabelle zeigt gebräuchliche Operationen mit `yum`. Für Operationen auf lokalen Dateien, die `yum` nicht bietet, benutzen wir direkt den `rpm`-Befehl.

Aktion	yum-Befehl
Sucht nach einem Paket, das Ihren Anforderungen entspricht (unterstützt die Wildcards * und ?).	`yum search` *`befehlsname`*
Prüft, ob ein Paket installiert ist.	`yum list installed` *`paketname`*
Lädt ein Paket herunter, installiert es aber nicht.[a]	`sudo yum --downloadonly install` *`paketname`*
Lädt ein Paket herunter und installiert es.	`sudo yum install` *`paketname`*
Installiert eine Paketdatei.	`rpm -ivh` *`paketdatei`*`.rpm`
Holt Informationen über ein Paket.	`yum info` *`paketname`*
Listet den Inhalt eines Pakets auf.	`rpm -ql` *`paketname`*
Stellt fest, zu welchem Paket eine installierte Datei gehört.	`yum provides` *`/pfad/zu/datei`*
Aktualisiert ein installiertes Paket.	`sudo yum update` *`paketname`*
Entfernt ein installiertes Paket.	`sudo yum remove` *`paketname`*
Listet alle Pakete auf, die auf dem System installiert sind. (Tipp: Per `less` pipen.)	`yum list installed`
Sucht nach Updates für alle Pakete auf dem System.	`yum check-update`

Aktion	yum-Befehl
Aktualisiert alle Pakete auf dem System.	`sudo yum update`

[a] Dies erfordert eventuell das Installieren des `downloadonly`-Plug-ins, indem Sie `sudo yum install yum-downloadonly` aufrufen.

rpm

stdin **stdout** - datei -- opt **--help** **--version**

```
rpm [optionen] [dateien]
```

Ziehen Sie es vor, RPM-Pakete von Hand herunterzuladen und zu installieren, benutzen Sie `rpm`. Im Gegensatz zu `dnf` oder `yum` arbeitet `rpm` lokal auf Ihrem Computer – es durchsucht nicht die Softwarearchive im Internet nach neuen Paketen.

RPM-Dateinamen haben typischerweise die Form *<name>-<version>.<architektur>.rpm*. Zum Beispiel deutet *emacs-29.1-2.x86.rpm* auf das Emacs-Paket, Version 29.1-2, für 64-Bit-x86-Rechner hin. Denken Sie daran, dass `rpm` manchmal ein Dateinamensargument verlangt (wie *emacs-29.1-2.x86.rpm*) und manchmal nur den Paketnamen (wie *emacs*). Dies sind häufiger genutzte Operationen:

Aktion	rpm-Befehl
Prüft, ob ein Paket installiert ist.	`rpm -q` *paketname*
Installiert eine Paketdatei.	`sudo rpm -ivh` *paketdatei*`.rpm`
Sucht Informationen über ein Paket.	`rpm -qi` *paketname*
Listet den Inhalt eines Pakets auf.	`rpm -ql` *paketname*
Stellt fest, zu welchem Paket eine installierte Datei gehört.	`rpm -qf` */pfad/zu/datei*
Aktualisiert ein installiertes Paket.	`sudo rpm -Uvh` *paketdatei*`.rpm`
Entfernt ein installiertes Paket.	`sudo rpm -e` *paketname*
Listet alle Pakete auf, die auf dem System installiert sind. (Tipp: Per `less` pipen.)	`rpm -qa`

APT

stdin **stdout** - datei -- opt **--help** **--version**

apt *unterbefehl* [*optionen*] *pakete*

dpkg [*optionen*] *pakete*

Die APT-Suite (*Advanced Packaging Tool*) kann mit ihren Befehlen Debian-Linux-Pakete (*.deb*) installieren, entfernen und bearbeiten. Die folgende Tabelle führt gebräuchliche Operationen auf:

Aktion	APT-Befehl
Die neuesten Informationen über verfügbare Pakete einholen, bevor andere Befehle ausgeführt werden.	`sudo apt update`
Nach Paketen suchen, die Sie interessieren.	`apt search` *string*
Prüfen, ob ein Paket installiert ist.	`apt policy` *paketname*
Ein Paket herunterladen, aber nicht installieren.	`sudo apt install -d` *paketname*
Ein Paket herunterladen und installieren.	`sudo apt install` *paketname*
Eine Paketdatei installieren.	`sudo apt install` *paketdatei*`.deb`
Etwas über ein Paket erfahren.	`apt show` *paketname*
Den Inhalt eines Pakets anzeigen.	`dpkg -L` *paketname*
Herausfinden, zu welchem Paket eine installierte Datei gehört.	`dpkg -S` */pfad/zu/datei*
Ein installiertes Paket aktualisieren.	`sudo apt upgrade` *paketname*
Ein installiertes Paket entfernen.	`sudo apt remove` *paketname*
Ein installiertes Paket mitsamt allen Dateien entfernen.	`sudo apt purge` *paketname*
Alle auf dem System installierten Pakete auflisten. (Tipp: Per `less` pipen.)	`apt list --installed`
Nach Updates für alle installierten Pakete auf dem System suchen (erst `sudo apt update` ausführen).	`sudo apt list --upgradable`
Alle Pakete auf dem System aktualisieren.	`sudo apt upgrade`
Die Distro auf die nächste Version updaten.	`sudo apt dist-upgrade`

aptitude

stdin **stdout** - datei -- opt **--help** **--version**

```
aptitude [optionen] [pakete]
```

`aptitude` ist ein weiterer Paketmanager für die Kommandozeile, der Debian-Pakete (*.deb*) manipuliert. Ohne Argumente ausgeführt, bietet er eine vollständig interaktive Oberfläche für das APT-System an:

```
→ sudo aptitute
```

`aptitude` kann auch manche (aber nicht alle) APT-Operationen von der Befehlszeile aus durchführen. Die folgende Tabelle führt gebräuchliche Operationen auf, einschließlich solcher, die `aptitude` nicht unterstützt und für die entsprechende apt- oder dpkg-Befehle auszuführen sind.

Aktion	aptitude-Befehl
Die neuesten Informationen über verfügbare Pakete einholen, bevor andere Befehle ausgeführt werden.	`sudo aptitude update`
Sucht nach einem Paket, das Ihren Anforderungen entspricht.	`aptitude search` *string*
Prüft, ob ein Paket installiert ist (siehe den »State« in der Ausgabe).	`aptitude show` *paketname*
Lädt ein Paket herunter, installiert es aber nicht.	`aptitude download` *paketname*
Lädt ein Paket herunter und installiert es.	`sudo aptitude install` *paketname*
Installiert eine Paketdatei.	`sudo apt install` *paketdatei*`.deb`
Informationen über ein Paket.	`aptitude show` *paketname*
Listet den Inhalt eines Pakets auf.	`dpkg -L` *paketname*
Stellt fest, zu welchem Paket eine installierte Datei gehört.	`dpkg -S` */pfad/zu/datei*
Aktualisiert ein installiertes Paket.	`sudo aptitude safe-upgrade` *paketname*
Entfernt ein installiertes Paket.	`sudo aptitude remove` *paketname*

Aktion	aptitude-Befehl
Listet alle Pakete auf, die auf dem System installiert sind. (Tipp: Per `less` pipen.)	`aptitude search ~i`
Sucht nach Updates für alle installierten Pakete auf dem System.	`aptitude --simulate full-upgrade`
Aktualisiert alle Pakete auf dem System.	`sudo aptitude full-upgrade`

emerge

stdin **stdout** - datei -- opt **--help** **--version**

`emerge [`*optionen*`] [`*argumente*`]`

`emaint [`*optionen*`]` *unterbefehl*

`equery [`*optionen*`]` *unterbefehl* `[`*argumente*`]`

Der emerge-Befehl steuert in Gentoo-Linux den Paketmanager Portage. Bevor Sie das erste Mal mit Portage-Paketen arbeiten, führen Sie folgenden Befehl aus:

→ **`sudo emerge gentoolkit`** *Zusätzliche Portage-Befehle installieren.*

Aktion	emerge-Befehl
Die neuesten Informationen über verfügbare Pakete einholen, bevor andere Befehle ausgeführt werden.	`sudo emaint -a sync`
Sucht über den Namen nach einem Paket, das Ihren Anforderungen entspricht.	`emerge -s` *string*
Sucht über die Beschreibung nach einem Paket, das Ihren Anforderungen entspricht.	`emerge -S` *string*
Prüft, ob ein Paket installiert ist.	`equery list "*" | grep` *paketname*
Lädt ein Paket herunter, installiert es aber nicht.	`sudo emerge -f` *paketname*
Lädt ein Paket herunter und installiert es.	`sudo emerge` *paketname*
Informationen über ein Paket.	`sudo equery meta [--description]` *paketname*
Listet den Inhalt eines Pakets auf.	`equery files` *paketname*
Stellt fest, zu welchem Paket eine installierte Datei gehört.	`equery belongs` */pfad/zu/datei*

Aktion	emerge-Befehl
Aktualisiert ein installiertes Paket.	`sudo emerge -u` *`paketname`*
Entfernt ein installiertes Paket.	`sudo emerge -cav` *`paketname`*
Listet alle Pakete auf, die auf dem System installiert sind. (Tipp: Per `less` pipen.)	`equery list "*"`
Sucht nach Updates für alle installierten Pakete auf dem System.	`emerge -puD world`
Aktualisiert alle Pakete auf dem System.	`sudo emerge -uD world`

Will emerge ein Paket aufgrund von Abhängigkeiten nicht entfernen, versuchen Sie, diese mit in die Kommandozeile aufzunehmen:

```
→ sudo emerge -cav mein/paket                           schlägt fehl
Calculating dependencies... done!
  mein/paket-29.3 pulled in by:
    anderes/paket-16.1 requires ...                     Abhängigkeit!
>>> No packages selected for removal by depclean
→ sudo emerge -cav mein/paket anderes/paket             Erfolg
Would you like to unmerge these packages? [Yes/No] Yes
```

pacman

stdin **stdout** - datei -- opt **--help** **--version**

```
pacman unterbefehl [optionen] [argumente]
```

Der pacman-Befehl ist ein Paketmanager für Arch Linux. Arch-Pakete sind meist *tar*-Dateien, die mit dem Befehl `zstd` komprimiert wurden. Die folgende Tabelle führt die gebräuchlichsten Operationen auf:

Aktion	pacman-Befehl
Die neuesten Informationen über verfügbare Pakete einholen, bevor andere Befehle ausgeführt werden.	`sudo pacman -Sy`
Sucht nach einem Paket, das Ihren Anforderungen entspricht (per regulären Ausdruck).	`pacman -Ss` *`string`*
Prüft, ob ein Paket installiert ist.	`pacman -Q` *`paketname`*
Lädt ein Paket herunter, installiert es aber nicht.	`sudo pacman -Sw` *`paketname`*

Aktion	pacman-Befehl
Lädt ein Paket herunter und installiert es.	`sudo pacman -S` *paketname*
Installiert eine Paketdatei.	`sudo pacman -U` *datei*`.pkg.tar.zst`
Informationen über ein Paket.	`pacman -Qi` *paketname*
Listet den Inhalt eines Pakets auf.	`pacman -Ql` *paketname*
Stellt fest, zu welchem Paket eine installierte Datei gehört.	`pacman -Qo` */pfad/zu/datei*
Aktualisiert ein installiertes Paket.	`sudo pacman -S` *paketname*
Entfernt ein installiertes Paket.	`sudo pacman -R` *paketname*
Listet alle Pakete auf, die auf dem System installiert sind. (Tipp: Per `less` pipen.)	`pacman -Qe`
Sucht nach Updates für alle installierten Pakete auf dem System.	`sudo pacman -Syup`
Aktualisiert alle Pakete auf dem System.	`sudo pacman -Syu`

zypper

stdin **stdout** - datei -- opt **--help** **--version**

```
zypper [optionen] unterbefehl [untbef_optionen] [argumente]
```

Der zypper-Befehl ist ein Paketmanager für openSUSE Linux. Hinter den Kulissen werden RPM-Pakete verwendet. Die folgende Tabelle führt die gebräuchlichsten Operationen auf:

Aktion	zypper-Befehl
Die neuesten Informationen über verfügbare Pakete einholen, bevor andere Befehle ausgeführt werden.	`sudo zypper refresh`
Sucht nach einem Paket, das Ihren Anforderungen entspricht.	`zypper search` *string*
Prüft, ob ein Paket installiert ist.	`zypper search -i` *paketname*
Lädt ein Paket herunter, installiert es aber nicht.	`sudo zypper install -d` *paketname*
Lädt ein Paket herunter und installiert es.	`sudo zypper install` *paketname*
Installiert eine Paketdatei.	`sudo rpm -ivh` *datei*`.rpm`

Aktion	zypper-Befehl
Informationen über ein Paket.	`zypper info` *paketname*
Listet den Inhalt eines Pakets auf.	`rpm -ql` *paketname*
Stellt fest, zu welchem Paket eine installierte Datei gehört.	`rpm -qf` */pfad/zu/datei*
Aktualisiert ein installiertes Paket.	`sudo zypper update` *paketname*
Entfernt ein installiertes Paket.	`sudo zypper remove` *paketname*
Listet alle Pakete auf, die auf dem System installiert sind. (Tipp: Per `less` pipen.)	`zypper search -i`
Sucht nach Updates für alle installierten Pakete auf dem System.	`sudo zypper update --dry-run`
Aktualisiert alle Pakete auf dem System.	`sudo zypper update`
Aktualisiert die Distro auf die nächste Version.	`sudo zypper dist-upgrade`

flatpak

stdin **stdout** - datei -- opt **--help** **--version**

`flatpak` *unterbefehl* [*optionen*] [*argumente*]

Flatpak ist ein System für das Installieren von Softwarepaketen – sogenannten *Flatpaks* –, die in einer beschränkten Umgebung laufen: in einem Container oder in einer Sandbox. Ein Container enthält alle Abhängigkeiten des Pakets. Mit dem `flatpak`-Befehl installieren, aktualisieren und entfernen Sie Pakete. Eventuell müssen Sie zuerst ein Remote-Repository hinzufügen:

```
→ sudo flatpak remote-add --if-not-exists flathub \
  https://flathub.org/repo/flathub.flatpakrepo
```

Flatpaks haben nur begrenzten Zugriff auf das Hostdateisystem, aber zum größten Teil verhalten sie sich wie normale Anwendungen – es sei denn, Sie starten sie an der Kommandozeile. Flatpaks müssen mit dem `flatpak`-Befehl ausgeführt werden. Haben Sie also beispielsweise GNU Emacs installiert, ermitteln Sie seine Flatpak-ID, bei der es sich um einen durch Punkte getrennten dreiteiligen String handelt, wie `org.gnu.emacs`. Dann führen Sie das Programm über seine ID aus:

```
→ flatpak list | grep emacs
ID            …
org.gnu.emacs …                die Flatpak-ID
→ flatpak run org.gnu.emacs
```

Wenn das Tippen der ID nervt, können Sie sich einen Alias definieren:

```
alias emacs='flatpak run org.gnu.emacs'
```

In der folgenden Tabelle sind gebräuchliche Operationen für die systemweite Arbeit mit Flatpaks aufgeführt. Dafür sind oft Administratorrechte erforderlich. Um Flatpaks nur für sich selbst zu installieren, führen Sie `flatpak --user` statt `sudo flatpak` aus.

Aktion	Flatpak-Befehl
Ein Remote-Repository zum Herunterladen von Flatpaks hinzufügen.	`sudo flatpak remote-add --if-not-exists` *`name url`*
Die auf Ihrem System installierten Remotes aufführen.	`flatpak remotes`
Sucht nach einem Paket, das Ihren Anforderungen entspricht.	`flatpak search` *`string`*
Prüft, ob ein Paket installiert ist.	`flatpak list | grep` *`paketname`*
Lädt ein Paket herunter und installiert es.	`sudo flatpak install` *`paketname`*
Installiert eine Paketdatei.	`sudo flatpak install` *`pfad/zu/datei`*
Ein Paket ausführen.	`flatpak run` *`paket_id`*
Informationen über ein Paket.	`flatpak info` *`paket_id`*
Aktualisiert ein installiertes Paket.	`sudo flatpak update` *`paket_id`*
Entfernt ein installiertes Paket.	`sudo flatpak uninstall` *`paket_id`*
Listet alle Pakete auf, die auf dem System installiert sind. (Tipp: Per `less` pipen.)	`flatpak list`
Aktualisiert alle Pakete auf dem System.	`sudo flatpak update`

snap

stdin **stdout** - datei -- opt **--help** **--version**

snap [*optionen*] *unterbefehl* [*unterbefehl_optionen*]

Snap ist ein System für das Installieren von Softwarepaketen – sogenannten *Snaps* –, die in einer beschränkten Umgebung laufen: in einem Container oder in einer Sandbox. Ein Container enthält alle Abhängigkeiten des Pakets. Snaps haben nur begrenzten Zugriff auf das Hostdateisystem, aber zum größten Teil verhalten sie sich wie normale Anwendungen. Mit dem snap-Befehl installieren, aktualisieren und entfernen Sie Pakete. In der folgenden Tabelle sind gebräuchliche Operationen aufgeführt:

Aktion	snap-Befehl
Sucht nach einem Paket, das Ihren Anforderungen entspricht.	`snap find` *string*
Prüft, ob ein Paket installiert ist.	`snap list | grep` *paketname*
Lädt ein Paket herunter, ohne es zu installieren.	`sudo snap download` *paketname*
Lädt ein Paket herunter und installiert es.	`sudo snap install` *paketname*
Informationen über ein Paket.	`snap info` *paketname*
Listet den Inhalt eines Pakets auf.	`ls /snap/`*paketname*`/current`
Aktualisiert ein installiertes Paket.	`sudo snap refresh` *paketname*
Entfernt ein installiertes Paket.	`sudo snap remove` *paketname*
Listet alle Pakete auf, die auf dem System installiert sind. (Tipp: Per `less` pipen.)	`snap list`
Prüft für alle installierten Pakete auf dem System auf ein Update.	`snap refresh --list`
Aktualisiert alle Pakete auf dem System.	`sudo snap refresh`

Software aus Quellcode installieren

`configure`	Vorbereitung zum manuellen Bauen von Software mit `make`.
`make`	Software aus Quellcode bauen.

Paketmanager (beschrieben in »Software installieren« auf Seite 195) erfordern im Allgemeinen Administrationsberechtigungen, um Software zu installieren. Als normaler Benutzer können Sie Software auch in Ihrem Home-Verzeichnis installieren. Für den Prozess sind mehr Schritte und mehr Verständnis erforderlich als beim Einsatz eines Paketmanagers.

Quellcode herunterladen

Sehr viel Linux-Software wird als Quellcode bereitgestellt, der heruntergeladen und auf Ihrem lokalen System gebaut werden kann. Die zwei gebräuchlichsten Distributionsformen sind:

- Komprimierte TAR- oder ZIP-Dateien auf Webseiten.
- Git-Repositories, die von Servern wie GitHub geklont werden.

Ich erläutere kurz beide Optionen und zeige dann, wie der Quellcode mit den Befehlen `configure` und `make` gebaut wird.

Methode 1: Eine TAR- oder ZIP-Datei herunterladen und entpacken

Eine komprimierte TAR-Datei – auch als *Tarball* bezeichnet – ist einfach eine Zusammenstellung von Dateien, die von `tar` verpackt wurden. Im Allgemeinen ist sie mit `gzip` komprimiert und besitzt die Dateierweiterung *.tar.gz* oder *.tgz*, oder sie wurde mit `bzip2` komprimiert und hat die Erweiterung *.tar.bz2* oder *.tbz*. Genauso ist eine *.zip*-Datei eine Zusammenstellung von Dateien, die mit `zip` gepackt wurden. Zum Auspacken der Dateien:

1. Lassen Sie sich die Liste mit dem Inhalt ausgeben. Stellen Sie sicher, dass keine Datei beim Extrahieren etwas Wertvolles auf Ihrem System überschreibt – sei es unabsichtlich oder böswillig:[22]

```
→ tar -tvf paket.tar.gz | less          gzip
→ tar -tvf paket.tar.bz2 | less         bzip2
→ unzip -l paket.zip | less             zip
```

2. Wenn Sie zufrieden sind, extrahieren Sie die Dateien in ein neues Verzeichnis:

```
→ mkdir neuesverz
→ tar -xvf paket.tar.gz -C neuesverz    gzip
→ tar -xvf paket.tar.bz2 -C neuesverz   bzip2
→ unzip -d paket.zip | less             zip
```

Wenn das funktioniert hat, fahren Sie mit »Den Code bauen und installieren« auf Seite 208 fort.

---

22 Ein böswilliges Archiv könnte einen absoluten Dateipfad wie */etc/passwd* enthalten, der beim Auspacken die Passwortdatei Ihres Systems überschreiben würde. Unschön.

Methode 2: Ein Git-Repository klonen

Um Software von GitHub oder ähnlichen Repositories zu erhalten, kopieren Sie die URL des gewünschten Repository und übergeben sie an den Befehl `git clone`, sodass das Ganze in etwa wie folgt aussieht:

```
→ git clone git@github.com:username/repository.git
```

`git clone` lädt eine Kopie des Repository auf Ihr lokales System herunter. Jetzt können Sie die Software bauen.

Den Code bauen und installieren

Haben Sie den Quellcode heruntergeladen und/oder extrahiert, bauen Sie die Software. Die Abfolge sieht dabei zusammengefasst so aus:

```
→ ./configure PREFIX=nicht_schreibgeschütztes_verz
→ make
→ make install
```

Detaillierter läuft es so ab:

1. Lesen Sie sich im Quellcodeverzeichnis die extrahierte Datei *INSTALL* oder *README* durch, zum Beispiel:

   ```
   → less INSTALL
   ```

2. Meist werden Sie angewiesen, ein mitgeliefertes Skript namens `configure` auszuführen, dann `make` und schließlich `make install` laufen zu lassen. Um sich die Optionen für das `configure`-Skript anzeigen zu lassen, rufen Sie es wie folgt auf (die Ausgabe ist meist ziemlich lang):

   ```
   → ./configure --help | less
   ```

   Die für unsere Zwecke wichtigste Option ist `--prefix` – sie legt das Installationsverzeichnis fest. Um die Software beispielsweise in Ihrem Home-Verzeichnis in einem Unterverzeichnis namens *pakete* zu installieren, nutzen Sie:

   ```
   → ./configure --prefix=$HOME/pakete
   ```

   Lassen Sie die Option `--prefix` weg, wird `configure` die Software systemweit installieren, und Sie brauchen später Administrationsberechtigungen, um die Installation abzuschließen.

```
→ ./configure
```

Schlägt configure fehl, bedeutet das im Allgemeinen, dass Ihrem lokalen System Software fehlt, die vorausgesetzt wird. Schauen Sie sich die Ausgabe von configure sorgfältig an, installieren Sie fehlende Elemente und versuchen Sie es dann erneut.

3. Ist configure nun erfolgreich, bauen (kompilieren) Sie die Software durch das Ausführen von make. Dadurch werden alle notwendigen Schritte umgesetzt, die für das Vorbereiten der Software auf die Installation erforderlich sind, ohne die Installation selbst durchzuführen.

   ```
   → make
   ```

   Hat make Fehler gemeldet, schauen Sie sich die Ausgabe sorgfältig an, suchen im Web nach Lösungen und melden bei Bedarf einen Fehler bei den Maintainern der Software.

4. Wurde make erfolgreich abgeschlossen und haben Sie configure mit der Option --prefix ausgeführt, schließen Sie die Installation ab:

   ```
   → make install
   ```

   Haben Sie --prefix weggelassen, um die Software systemweit zu installieren, nutzen Sie stattdessen sudo:

   ```
   → sudo make install
   ```

Wenn Sie configure mit --prefix ausgeführt haben, wird sich die installierte Software im von Ihnen angegebenen Verzeichnis befinden – meist in einem Unterverzeichnis namens *bin*. Optional fügen Sie dieses *bin*-Verzeichnis Ihrem Suchpfad hinzu (siehe »Suchpfad« auf Seite 42). Haben Sie die Software wie in meinem Beispiel in *$HOME/pakete* installiert, fügen Sie dessen Unterverzeichnis *bin* mit diesem Befehl Ihrem PATH hinzu:

```
→ PATH=$PATH:$HOME/pakete/bin
```

Tragen Sie diese Zeile in Ihre Shell-Konfigurationsdatei ein (siehe »Das Shell-Verhalten anpassen« auf Seite 59), damit die neue Software in Ihren zukünftigen Shells verfügbar ist.

KAPITEL 4

Wartung des Dateisystems

Festplatten und Dateisysteme verwenden

`df`	Zeigt den verfügbaren Platz auf den eingehängten Dateisystemen an.
`lsblk`	Festplatten und andere Blockgeräte auflisten.
`mount`	Macht eine Festplattenpartition zugreifbar.
`umount`	Hängt eine Festplattenpartition aus (sodass nicht mehr darauf zugegriffen werden kann).
`fsck`	Überprüft eine Festplattenpartition auf Fehler.

Linux-Systeme können mehrere Festplatten oder Festplattenpartitionen haben. Man spricht landläufig von Geräten, Devices, Dateisystemen, Volumes, sogar von Verzeichnissen. Ich versuche hier, genauer zu sein.

Eine *Festplatte* ist ein Massenspeichergerät, das in *Partitionen* aufgeteilt werden kann, die als unabhängige Speichergeräte auftreten. Festplatten und Partitionen werden auf Linux-Systemen als besondere Dateien dargestellt, die sich im Verzeichnis */dev* befinden. So könnte z.B. */dev/sda7* eine Partition auf Ihrer Festplatte sein. Einige gebräuchliche Geräte in */dev* sind:

sda	Erstes Blockgerät, wie etwa SCSI-, SATA- oder USB-Festplatten; Partitionen sind *sda1*, *sda2* …
sdb	Zweites Blockgerät; Partitionen sind *sdb1*, *sdb2* … Genauso für *sdc*, *sdd* …

md0	Erstes RAID-Gerät; Partitionen sind *md0p1*, *md0p2* ... Genauso für *md1*, *md2* usw.
nvme0n1	Erstes NVMe-SSD-Gerät; Partitionen sind *nvme0n1p1*, *nvme0n1p2* ... Genauso für *nvme1n1*, *nvme2n1* usw. Die zweite Zahl (z.B. die 1 in *nwme0n1p2*) ist die Namensraum-ID, die von den meisten Benutzern ignoriert werden kann.

Bevor eine Partition Dateien aufnehmen kann, wird sie von einem Programm formatiert, das ein *Dateisystem* darauf schreibt (siehe »Dateisysteme erstellen und anpassen« auf Seite 217). Ein Dateisystem definiert, wie Dateien dargestellt werden; Beispiele sind ext4 (ein Linux-Journaling-Dateisystem) und NTFS (ein Microsoft-Windows-Dateisystem). Die Formatierung wird normalerweise bei der Installation von Linux erledigt.

Sobald ein Dateisystem erzeugt ist, können Sie es verfügbar machen, indem Sie es in ein leeres Verzeichnis einhängen (es *mounten*).[23] Wenn Sie z.B. ein Windows-Dateisystem in ein Verzeichnis */mnt/win* einhängen, wird es zu einem Teil des Verzeichnisbaums Ihres Systems, und Sie können Dateien wie */mnt/win/meinedatei* anlegen und bearbeiten. Das Einhängen wird im Allgemeinen beim Booten des Systems erledigt. Dateisysteme können auch ausgehängt werden, um sie dem Zugriff über das Dateisystem zu entziehen, etwa zur Wartung.

df

stdin **stdout** - datei **-- opt** **--help** **--version**

```
df [optionen] [festplattengeräte | dateien | verzeichnisse]
```

Das Programm `df` (*disk free*) zeigt die Größe, den benutzten Platz und den freien Platz auf einer angegebenen Festplattenpartition an. Wenn Sie eine Datei oder ein Verzeichnis angeben, beschreibt `df` das Festplattengerät, auf dem sich diese Datei oder dieses Verzeichnis befindet. Bei Benutzung ohne Argumente berichtet `df` über alle eingehängten Dateisysteme:

23 Sie können ein Dateisystem auch in ein nicht leeres Verzeichnis einhängen, aber dann ist der alte Inhalt bis zum Unmounten nicht erreichbar.

```
→ df
Filesystem    1k-blocks     Used     Avail Use% Mounted on
/dev/sda        1011928   225464    735060  24% /
/dev/sda9        521748   249148    246096  51% /var
/dev/sda8       8064272  4088636   3565984  54% /usr
/dev/sda10      8064272  4586576   3068044  60% /home
```

Der `df`-Befehl kann neben Festplatten auch noch alle möglichen anderen Arten von Geräten aufführen. Um die Anzeigen auf Festplatten zu beschränken, probieren Sie diese Optionen aus (und erstellen einen Alias, falls sie hilfreich sind):

```
→ df -h -x tmpfs -x devtmpfs -x squashfs
```

Nützliche Optionen

`-k`	Listet die Größen in Kilobyte auf (Standard).
`-m`	Listet die Größen in Megabyte auf.
`-B` *N*	Zeigt die Größen in Blöcken von *N* Byte Größe an (Standard = 1.024).
`-h` `-H`	Gibt eine für Menschen lesbare Ausgabe aus und wählt die passendste Einheit für jede Größe. Falls z. B. auf Ihren zwei Festplatten 1 Gigabyte bzw. 25 Kilobyte frei sind, gibt `df -h` 1G und 25K aus. Die Option `-h` benutzt ein Vielfaches von 1.024, während `-H` mit einem Vielfachen von 1.000 arbeitet.
`-l`	Zeigt nur lokale Dateisysteme an, keine Dateisysteme, die über ein Netzwerk angebunden sind.
`-T`	Schließt in die Ausgabe den Dateisystemtyp (`ext3`, `vfat` usw.) ein.
`-t` *typ*	Zeigt nur Dateisysteme des angegebenen Typs an.
`-x` *typ*	Zeigt keine Dateisysteme des angegebenen Typs an.
`-i`	Inode-Modus. Zeigt anstelle von Festplattenblöcken die Gesamtanzahl, die Anzahl der benutzten und der freien Inodes für jedes Dateisystem an. Werden alle Inodes eines Dateisystems genutzt, ist das Dateisystem »voll«, selbst wenn noch Festplattenplatz übrig ist.

lsblk

stdin **stdout** - datei **-- opt** **--help** **--version**

`lsblk [`*optionen*`] [`*geräte*`]`

Der `lsblk`-Befehl führt die Massenspeichergeräte (auch als Blockgeräte bekannt) auf, die auf einem Linux-System zur Verfügung stehen, wie beispielsweise Festplatten, SSDs oder RAM-Disks.

```
→ lsblk
NAME          MAJ:MIN RM   SIZE RO TYPE  MOUNTPOINTS
sda             8:0    0    20G  0 disk
├─sda1          8:1    0     1M  0 part
├─sda2          8:2    0   513M  0 part  /boot/efi
├─sda3          8:3    0  19.5G  0 part  /
sdb             8:80   0   7.6G  0 disk
└─sdb1          8:81   1   7.6G  0 part  /mnt/usb-key
```

Die Ausgabe zeigt eine Festplatte unter */dev/sda* mit drei Partitionen und einen USB-Stick unter */dev/sdb* mit einer Partition. `lsblk` besitzt haufenweise Formatierungsoptionen und kann auch auf bestimmte Geräte beschränkt werden.

```
→ lsblk -o NAME,SIZE /dev/sda
NAME    SIZE
sda      20G
├─sda1    1M
├─sda2  513M
└─sda3 19.5G
```

Nützliche Optionen

`-l`	Zeigt statt eines Baums eine einfache Liste an.
`-a`	Zeigt alle Blockgeräte, einschließlich solcher, die normalerweise verborgen sind.
`-f`	Gibt zusätzliche Informationen über die Dateisysteme auf jedem Gerät aus.
`-o` *spalten*	Gibt nur die angegebenen Spalten aus, die Sie als kommaseparierte Liste mitgeben. Die verfügbaren Spalten erhalten Sie mit `lsblk --help`.
`-J`	Gibt die Liste im JSON-Format für eine einfache Verarbeitung durch Programme aus.

mount

stdin **stdout** - datei **-- opt** **--help** **--version**

`mount [`*optionen*`] [`*gerät* | *verzeichnis*`]`

Der `mount`-Befehl sorgt dafür, dass auf eine Partition zugegriffen werden kann. In den meisten Fällen wird er für Festplattenlaufwerke (etwa */dev/sda1*) und Wechselmedien (z.B. USB-Sticks) verwendet, d.h., er stellt sie über ein vorhandenes Verzeichnis zur Verfügung (z.B. */mnt/meinverz*):

```
→ sudo mkdir /mnt/meinverz
→ ls /mnt/meinverz          Beachten Sie, dass es leer ist.
→ sudo mount /dev/sda1 /mnt/meinverz
→ ls /mnt/meinverz
datei1  datei2  datei3      Dateien auf der eingehängten Partition.
→ df /mnt/meinverz
Filesystem    1K-blocks    Used    Avail Use% Mounted on
/dev/sda1       1011928  285744   674780  30% /mnt/meinverz
```

`mount` besitzt eine Unmenge an Optionen und Anwendungsfällen, wir gehen deshalb hier nur auf die grundlegendsten ein. In den meisten Fällen liest `mount` die Datei */etc/fstab* (*filesystem table*, ausgesprochen als »F S Tab«), um festzustellen, wie eine gewünschte Festplatte eingehängt werden kann. Wenn Sie z.B. `mount /usr` eintippen, sucht der `mount`-Befehl nach »/usr« in */etc/fstab*, dessen Zeile so aussehen könnte:

```
/dev/sda8    /usr    ext4    defaults    1    2
```

Hier erfährt `mount` unter anderem, dass das Festplattengerät */dev/sda8* als Linux-ext4-formatiertes Dateisystem in */usr* eingehängt werden soll. Sie können es mit einem dieser Befehle einhängen:

```
→ sudo mount /dev/sda8      nach Gerät
→ sudo mount /usr           nach Verzeichnis
```

`mount` wird typischerweise vom Administrator ausgeführt. Gebräuchliche Geräte wie USB- und DVD-Laufwerke können aber oft auch von allen Benutzern ein- und ausgehängt werden.

Nützliche Optionen

`-t` *typ*	Gibt den Dateisystemtyp an, also etwa `ext4` oder `ntfs`.
`-l`	Listet alle eingehängten Dateisysteme auf; funktioniert auch mit `-t`.
`-a`	Hängt alle Dateisysteme ein, die in */etc/fstab* aufgelistet sind. Ignoriert Einträge, die die Option `noauto` enthalten. Funktioniert auch gut mit `-t`.
`-r`	Hängt das Dateisystem schreibgeschützt ein. (In der Manpage finden Sie noch einige Hinweise dazu.)

umount

stdin **stdout** - datei **-- opt** **--help** **--version**

```
umount [optionen] [gerät | verzeichnis]
```

umount macht genau das Gegenteil von mount: Es sorgt dafür, dass eine Festplattenpartition über das Dateisystem nicht mehr erreichbar ist.[24] Falls Sie z.B. einen USB-Stick eingehängt haben, können Sie ihn erst wieder auswerfen, wenn er mit umount vom Dateisystem getrennt wurde:

```
→ umount "/media/smith/Meine Urlaubsfotos"
```

Sie müssen ein Wechselmedium immer aushängen, bevor Sie es auswerfen, da Sie sonst Schäden an dessen Dateisystem riskieren – insbesondere bei beschreibbaren Medien. Um alle eingehängten Geräte auszuhängen, schreiben Sie:

```
→ sudo umount -a
```

Hängen Sie kein Dateisystem aus, das in Benutzung ist; aus Sicherheitsgründen wird der Befehl umount sogar seine Mitarbeit verweigern.

fsck

stdin **stdout** - datei **-- opt** **--help** **--version**

```
fsck [optionen] [geräte]
```

Der Befehl fsck (*filesystem check*) überprüft die Gültigkeit eines Linux-Festplattendateisystems und repariert auf Anfrage gefundene Fehler. fsck wird beim Systemstart automatisch ausgeführt, Sie können es aber bei Bedarf auch manuell ausführen. Im Allgemeinen sollten Sie ein Gerät aushängen, bevor Sie es überprüfen, damit keine anderen Programme zur selben Zeit darauf arbeiten:

```
→ sudo umount /dev/sda10
→ sudo fsck -f /dev/sda10
Pass 1: Checking inodes, blocks, and sizes
Pass 2: Checking directory structure
Pass 3: Checking directory connectivity
Pass 4: Checking reference counts
```

24 Beachten Sie: Der Befehl heißt »umount«, nicht »unmount«.

```
Pass 5: Checking group summary information
/home: 172/1281696 files (11.6% non-contiguous), …
```

Sie können Ihr Root-Dateisystem nicht mit `fsck` korrigieren, während Ihr System normal läuft. Sie müssen erst von einem Linux-USB-Stick von einem anderen Rettungsmedium booten, dann können Sie `fsck` ausführen.

`fsck` ist das Frontend für eine Gruppe von Programmen zur Überprüfung von Dateisystemen, die man in */sbin* findet und deren Namen mit »fsck« beginnen. Es werden nur bestimmte Arten von Dateisystemen unterstützt. Sie können sie mit diesem Befehl auflisten:

```
→ ls /sbin/fsck.* | cut -d. -f2 | columm
cramfs    ext3      fat       hfsplus   msdos
ext2      ext4      hfs       minix     vfat
```

Nützliche Optionen

`-A`	Überprüft der Reihe nach alle Festplatten, die in */etc/fstab* aufgeführt sind.
`-f`	Zwingt `fsck` zur Ausführung, auch wenn keine Fehler vorhanden sind.
`-N`	Gibt eine Beschreibung der Überprüfung aus, die erfolgen würde, beendet sich aber, ohne tatsächlich eine Überprüfung durchzuführen.
`-r`	Behebt interaktiv Fehler, d. h., fragt vor jeder Reparatur nach.
`-a`	Behebt Fehler automatisch. (Benutzen Sie das nur, wenn Sie *wirklich* wissen, was Sie tun; ansonsten könnten Sie ein Dateisystem ernsthaft schädigen.)

Dateisysteme erstellen und anpassen

`mkfs`	Eine Festplattenpartition formatieren (ein Dateisystem darauf erzeugen).
`resize2fs`	Eine Festplattenpartition vergrößern oder verkleinern.
`e2label`	Den Namen einer Festplattenpartition ändern.

Festplattenbezogene Operationen wie Partitionieren oder Formatieren können an der Kommandozeile komplex sein. Im Allgemeinen empfehle ich für alles, was über das Formatieren einer einzelnen Partition hinausgeht, eine Anwendung mit grafischer Oberfläche (wie `gparted`) zu verwenden. Das ist ehrlich gesagt einfacher und weniger fehleranfällig.

Trotzdem führe ich ein paar schnelle und einfache Operationen an der Kommandozeile durch. Eine ist das Aufführen der Partitionen eines Speichergeräts wie */dev/sda* per `fdisk`:

```
→ sudo fdisk -l /dev/sda
Disk /dev/sda: 20 GiB, 21474836480 bytes, ...
⋮
Device          Start      End  Sectors  Size Type
/dev/sda1        2048     4095     2048    1M BIOS boot
/dev/sda2        4096  1054719  1050624  513M EFI System
/dev/sda3     1054720 41940991 40886272 19.5G Linux
```

oder ähnlich mit parted:

```
→ sudo parted /dev/sda -- print
```

Eine andere Operation ist das Exportieren der Partitionstabelle eines Speichergeräts, um eine Sicherheitskopie zu haben. (Speichern Sie sie auf einem USB-Stick oder einem anderen Gerät, nicht auf der Festplatte, mit der Sie gerade arbeiten!):

```
→ sudo sfdisk -d /dev/sda > /mnt/thumb/sda.txt
```

Wenn Sie später eine riskante Partitionierungsoperation verhauen, können Sie die Partitionstabelle wiederherstellen (achten Sie aber *genau* darauf, die korrekte Festplatte anzugeben, denn sonst überschreiben Sie die falsche Partitionierungstabelle):

```
→ sudo sfdisk /dev/gerät < /mnt/thumb/sda.txt
```

Die folgenden Befehle legen eher die Grundlage für die Arbeit mit Festplatten und Dateisystemen an der Befehlszeile.

mkfs

stdin **stdout** - datei -- opt **--help** **--version**

`mke2fs [`*optionen*`]` *gerät*

`mkfs.ext3 [`*optionen*`]` *gerät*

`mkfs.ext4 [`*optionen*`]` *gerät*

`mkntfs [`*optionen*`]` *gerät*

`mkfs.ntfs [`*optionen*`]` *gerät* *… und viele weitere Variationen …*

Die `mkfs`-Befehlsfamilie formatiert ein Linux-Speichergerät für eine Vielzahl an Dateisystemen. Das Speichergerät ist im Allgemeinen eine Partition wie */dev/sdb1*.

`mkfs` löscht ein Speichergerät. Stellen Sie sicher, dass der von Ihnen angegebene Gerätename der richtige ist!

Beispiele:

→ **`sudo mkfs.ext4 /dev/gerät`**	*Standard-Linux-Dateisystem*
→ **`sudo mke2fs /dev/gerät`**	*Standard-Linux-Dateisystem*
→ **`sudo mkfs.ntfs /dev/gerät`**	*Microsoft-Windows-Dateisystem*
→ **`sudo mkntfs /dev/gerät`**	*Microsoft-Windows-Dateisystem*

Wie Sie sehen, beginnen die meisten Befehlsnamen mit »mkfs«, gefolgt von einem Punkt und einem Dateisystemtyp, zum Beispiel `mkfs.ext4`. Es kann auch alternative Namen (Links) geben, bei denen der Dateisystemtyp mitten in »mkfs« steht, z.B. `mke2fs` für ein ext-Dateisystem. Um alle diese Befehle aufzuführen, die in Ihrem System installiert sind, geben Sie ein:

```
→ ls /usr/*bin/mkfs.*
/usr/sbin/mkfs.ext2    /usr/sbin/mkfs.hfs
/usr/sbin/mkfs.ext3    /usr/sbin/mkfs.minix
/usr/sbin/mkfs.ext4    /usr/sbin/mkfs.msdos
/usr/sbin/mkfs.fat     /usr/sbin/mkfs.ntfs
```

Nützliche Optionen

`-n`	Testmodus: Es wird nichts formatiert, sondern nur angezeigt, was passieren würde.
`-L` *name*	Das formatierte Volume mit diesem Namen versehen, der bis zu 16 Byte lang sein kann.
`-b` *N*	Die Blockgröße auf *N* Byte setzen.

resize2fs

stdin stdout -datei --opt --help --version

`resize2fs [`*optionen*`]` *gerät* `[`*größe*`]`

Der Befehl `resize2fs` lässt ein Standard-Linux-Dateisystem vom Typ ext2, ext3 oder ext4 wachsen oder schrumpfen. Um ein Dateisystem zu vergrößern:

1. Vergewissern Sie sich, dass das Gerät direkt nach der aktuellen Partition ausreichend Platz hat.
2. Hängen Sie das Dateisystem aus.
3. Vergrößern Sie seine Festplattenpartition mit `gparted` oder ähnlichen Programmen. (Dafür ist direkt nach der aktuellen Partition freier Platz erforderlich.)
4. Prüfen Sie das Dateisystem mit `fsck`.
5. Lassen Sie `resize2fs` mit den passenden Argumenten laufen. In modernen Kerneln wird das Dateisystem während der Größenanpassung eventuell eingehängt.

Um ein Dateisystem zu verkleinern:

1. Vergewissern Sie sich mithilfe von `df`, dass die Daten im Dateisystem (Spalte `Used`) in die vorgeschlagene neue Größe passen.
2. Hängen Sie das Dateisystem aus.
3. Führen Sie `resize2fs` mit den passenden Argumenten aus.
4. Verkleinern Sie die Festplattenpartition mit `gparted` oder einem ähnlichen Programm.
5. Prüfen Sie das Dateisystem mit `fsck`.

Um die Größe eines Dateisystems auf */dev/sda1* anzupassen (und Sie schon alle Prüfungen und das Partitionieren vorgenommen haben), führen Sie `resize2fs` entweder mit oder ohne eine Größenangabe aus:

```
→ sudo resize2fs /dev/sda1 100G    auf 100 GB anpassen
→ sudo resize2fs /dev/sda1         auf Partitionsgröße anpassen
```

Bei der Größe kann es sich um eine absolute Anzahl an Blöcken handeln (wie 12345690) oder um eine Größe, gefolgt von `K` (KB), `M` (MB), `G` (GB), `T` (Terabyte) oder `s` (512-Byte-Sektoren). Die Werte sind Potenzen von zwei, daher bedeutet `1K` 1.024 und nicht 1.000.

Passen Sie die Größe Ihrer Dateisysteme häufig an, können Sie sich das Leben mit *Logical Volume Management* (LVM) einfacher machen (erklärt in »Logische Volumes für flexible Speicherlösungen« auf Seite 226). Oder Sie nutzen ein moderneres Dateisystem, wie es in »ZFS: Ein modernes und universelles Dateisystem« auf Seite 232 beschrieben ist.

Nützliche Optionen

`-f`	Größenanpassung erzwingen, auch wenn sich `resize2fs` beschwert.
`-p`	Den Fortschritt der Operation während ihres Verlaufs anzeigen.

e2label

stdin stdout - datei -- opt --help --version

```
e2label gerät [label]
```

Ein Label ist ein »Spitzname« für ein Dateisystem. Der Befehl `e2label` setzt das Label eines Standard-Linux-Dateisystems vom Typ ext2, ext3 oder ext4 oder gibt es aus. Labels sind für Dateisysteme nicht erforderlich, aber es ist praktisch, sich in */etc/fstabs* darauf beziehen zu können.

```
→ sudo e2label /dev/sdb1 backups    Label zuweisen
→ sudo e2label /dev/sdb1            Label ausgeben
backups
```

RAID-Arrays für Redundanz

`mdadm`	RAID-Arrays verwalten.

RAID (*Redundant Array of Independent Disks*) ist eine Technik, die die Daten eines Computers transparent auf mehrere Festplatten verteilt, während sie sich gleichzeitig wie eine einzelne Festplatte verhält. Im Allgemeinen dient RAID der Redundanz – geht eine Festplatte kaputt, sind Ihre Dateien weiterhin intakt. Andere RAID-Arten erhöhen hingegen die Geschwindigkeit des Speicherzugriffs.

Eine Reihe von Festplatten in einem RAID-Arrangement nennt man *RAID-Array*. Die Art des RAID – als *RAID-Level* bezeichnet – bestimmt, wie viele Festplattenausfälle das Array verkraften kann, ohne dass Daten verloren gehen. Zu den Standard-RAID-Levels gehören RAID-0, RAID-1, RAID-5, RAID-10 und andere, nach denen Sie sich im Web umschauen können.

Erstellen wir ein minimales RAID-1-Array mit `mdadm`, der verbreitetsten RAID-Software für Linux. RAID-1 sorgt für Redundanz, indem einfach Daten im Array von einer Festplatte auf die andere gespiegelt werden. Solange noch eine Festplatte läuft, sind die Daten sicher. In diesem Beispiel beginne ich mit den zwei Festplatten */dev/sdf* und */dev/sdg*, die jeweils eine 10-GB-Partition */dev/sdf1* bzw. */dev/sdg1* haben. Die hier gezeigten Schritte ähneln denen für andere RAID-Levels und für zusätzliche Geräte. Umfangreiche Informationen erhalten Sie im Linux-Raid-Wiki (*https://oreil.ly/ibL7l*).

> RAID-Operationen können Dateisysteme ohne Nachfrage löschen. Üben Sie mit den Befehlen auf ungenutzten Festplatten oder in einer virtuellen Maschine, um Sicherheit zu erlangen.

Ein RAID-Array erstellen

Zuerst vergewissern Sie sich, dass noch kein RAID-Setup existiert:

```
→ cat /proc/mdstat
Personalities :                    keine RAID-Typen aufgeführt
```

Erstellen Sie das RAID-1-Array */dev/md1* aus den zwei Partitionen:

```
→ sudo mdadm --create /dev/md1 --level 1 \
  --raid-devices 2 /dev/sdf1 /dev/sdg1
```

Schauen Sie sich */proc/mdstat* erneut an. Die `Personalities`-Zeile zeigt jetzt, dass RAID-1 genutzt wird, die nächste zeigt das neu erstellte Array *md1*:

```
→ cat /proc/mdstat
Personalities : [raid1]
md1 : active raid1 sdg1[1] sdf1[0]
      10474496 blocks super 1.2 [2/2] [UU]
      [=========>...........]  resync = 45.8% …
                               finish=0.4min …
```

Optional warten Sie darauf, dass der Build (resync) abgeschlossen ist:

```
→ cat /proc/mdstat
Personalities : [raid1]
md1 : active raid1 sdg1[1] sdf1[0]
      10474496 blocks super 1.2 [2/2] [UU]
```

Sie müssen allerdings gar nicht warten – das Array ist sofort verfügbar. Formatieren und mounten Sie es wie jedes andere Speichergerät:

```
→ sudo mke2fs /dev/md1                  das Array formatieren
→ sudo mkdir /mnt/raid                  einhängen
→ sudo mount /dev/md1 /mnt/raid
→ df -h /mnt/raid                       anzeigen
Filesystem       Size  Used Avail Use% Mounted on
/dev/md1         9.9G   24K  9.4G   1% /mnt/raid
```

Mit lsblk sehen Sie die RAID-Konfiguration:

```
→ lsblk
⋮
sdf             8:80   0    10G  0 disk
└─sdf1          8:81   0    10G  0 part
  └─md1         9:1    0    10G  0 raid1 /mnt/raid
sdg             8:96   0    10G  0 disk
└─sdg1          8:97   0    10G  0 part
  └─md1         9:1    0    10G  0 raid1 /mnt/raid
```

Mit mdadm erhalten Sie mehr Details zum Array:

```
→ sudo mdadm --detail /dev/md1
dev/md1:
  ⋮
  Creation Time : Thu Jul 20 13:15:08 2023
     Raid Level : raid1
     Array Size : 10474496 (9.99 GiB 10.73 GB)
   Raid Devices : 2
          State : clean
Working Devices : 2
  ⋮
Number   Major   Minor   RaidDevice State
   0       8      81        0       active sync /dev/sdf1
   1       8      97        1       active sync /dev/sdg1
```

Sind Sie mit dem Array zufrieden, sichern Sie seine Konfiguration, sodass es Reboots übersteht und sich selbst einhängt. Lassen Sie keine Schritte aus!

1. Sichern Sie die RAID-Konfiguration in einer Datei:

```
→ sudo mdadm --detail --scan --verbose > /tmp/raid
→ cat /tmp/raid
ARRAY /dev/md1 level=raid1 num-devices=2 …
```

2. Nutzen Sie einen Texteditor, um den Inhalt von */tmp/raid* an die Konfigurationsdatei */etc/mdadm/mdadm.conf* anzufügen und dabei jegliche ältere RAID-Konfiguration zu ersetzen.
3. Führen Sie diesen Befehl aus, um den Linux-Kernel zu aktualisieren:

```
→ sudo update-initramfs -u
```

4. Starten Sie neu. Stellen Sie sicher, dass Ihr RAID-Array überlebt hat, indem Sie es per Hand einhängen:[25]

```
→ sudo mount /dev/md1 /mnt/raid
```

5. Wenn alles funktioniert hat, ergänzen Sie */etc/fstab* um diese Zeile, sodass Ihr RAID-Array beim Booten eingehängt wird:

```
/dev/md1  /mnt/raid  ext4  defaults  0  2
```

> Aktualisieren Sie */etc/fstab* nicht zu früh. Hat Ihre RAID-Konfiguration ein Problem und Sie booten neu, wird der Computer eventuell hängen. Testen Sie die Konfiguration stattdessen zuerst, indem Sie rebooten und das Array per Hand einhängen – so wie ich es getan habe.

Ein Gerät in einem RAID-Array ersetzen

Ihr RAID-Array läuft jetzt also. Was passiert aber, wenn ein Gerät ausfällt und ersetzt werden muss? Zuerst einmal wird der Ausfall in */proc/mdstat* sichtbar. Das ausgefallene Gerät (hier */dev/sdf1*) wird mit `(F)` markiert, und der Uptime-Indikator, bei dem `[UU]` stehen sollte (zwei Geräte laufen), zeigt `[U_]` (das erste Gerät läuft, das zweite nicht).

25 Hat Ihr RAID-Array mysteriöserweise den Namen */dev/md127*, haben Sie vergessen, im Schritt vorher `update-initramfs` auszuführen.

```
→ cat /proc/mdstat
Personalities : [raid1]
md1 : active raid1 sdf1[1](F) sdg1[0]
      10474496 blocks super 1.2 [2/1] [U_]
```

mdadm zeigt zudem, dass das Array degraded ist und das Gerät faulty:

```
→ sudo mdadm --detail /dev/md1
/dev/md1:
   ⋮
      Raid Devices : 2
             State : clean, degraded
   Working Devices : 1
    Failed Devices : 1
   ⋮
    Number  Major  Minor   RaidDevice State
       1      8     97         -      faulty /dev/sdf1
```

Um das Gerät */dev/sdf1* zu ersetzen, markieren Sie es als ausgefallen (wenn es das nicht schon ist) und entfernen es aus dem RAID-Array:

```
→ sudo mdadm --manage /dev/md1 --fail /dev/sdf1
→ sudo mdadm --manage /dev/md1 --remove /dev/sdf1
```

Fahren Sie den Computer herunter, entfernen Sie das Stromkabel und tauschen Sie das ausgefallene Speichergerät gegen ein neues aus, das gleich groß oder größer ist. Ich werde es hier mit dem nicht vorkommenden Namen */dev/NEW* bezeichnen, um es in meinen Anweisungen deutlich unterscheiden zu können, weil die folgenden Befehle destruktiv sind und Sie Ihre Geräte nicht durcheinanderbringen wollen. Setzen Sie auf Ihrem System den korrekten Gerätenamen ein.

Booten Sie den Computer, ermitteln Sie ein gutes Laufwerk im RAID-Array (in unserem Fall */dev/sdg*) und kopieren Sie dessen Partitionstabelle mit dem Befehl sgdisk auf das neue Gerät.

```
→ sudo sgdisk -R /dev/NEW /dev/
sdg          Von sdg nach NEW kopieren.
→ sudo sgdisk -G /dev/NEW                    GUIDs randomisieren.
```

Das Gerät */dev/NEW* hat jetzt eine 10-GB-Partition */dev/NEW1*. Fügen Sie sie dem Array hinzu:

```
→ sudo mdadm --manage /dev/md1 --add /dev/NEW1
mdadm: added /dev/NEW1
```

Das Array beginnt sofort damit, sich wieder neu aufzubauen und die Daten auf das neue Gerät zu spiegeln:

```
→ cat /proc/mdstat
⋮
[==========>..........]  recovery = 51.5% ...
                         finish=0.4min ...
```

Ist das Spiegeln abgeschlossen, hat das neue Gerät */dev/NEW1* das ausgefallene Gerät */dev/sdf1* ersetzt:

```
→ cat /proc/mdstat
Personalities : [raid1]
md1 : active raid1 NEW1[1] sdg1[0]
      10474496 blocks super 1.2 [2/2] [UU]
```

Ein RAID-Array zerstören

Wollen Sie ein RAID-Array jemals zerstören und die Partitionen für andere Zwecke einsetzen, führen Sie diese Befehle aus, sofern Ihre Gerätenamen */dev/sdg1* und */dev/sdh1* sind:

```
→ sudo umount /mnt/raid
→ sudo mdadm --stop /dev/md1
mdadm: stopped /dev/md1
→ sudo mdadm --zero-superblock /dev/sdg1 /dev/sdh1
```

Aktualisieren Sie schließlich noch */etc/fstab* und */etc/mdadm/mdadm.conf*, um das RAID-Array */dev/md1* zu entfernen, und informieren Sie den Kernel darüber, dass das Array nicht mehr existiert:

```
→ sudo update-initramfs -u
```

Logische Volumes für flexible Speicherlösungen

pvcreate	Ein physisches Volume erstellen.
pvdisplay	Details zu physischen Volumes anzeigen.
pvremove	Ein physisches Volume löschen.

`pvs`	Weitere Details zu physischen Volumes anzeigen.
`vgcreate`	Eine Volume-Gruppe erstellen.
`vgdisplay`	Details zu Volume-Gruppen anzeigen.
`vgextend`	Physische Volumes zu einer Volume-Gruppe hinzufügen.
`vgreduce`	Physische Volumes aus einer Volume-Gruppe entfernen.
`vgremove`	Eine Volume-Gruppe löschen.
`lvcreate`	Ein logisches Volume erstellen.
`lvdisplay`	Details zu logischen Volumes anzeigen.
`lvresize`	Die Größe eines logischen Volumes anpassen.
`lvremove`	Ein logisches Volume löschen.

Das *Logical Volume Management* (LVM) löst zwei nervige Probleme beim Speichern auf Festplatten:

- **`Begrenzte Größe:`** Wird eine Festplatte zu voll, müssen Sie Dateien löschen oder die Platte durch eine größere ersetzen.
- **`Feste Partitionen:`** Wenn Sie eine Festplatte partitionieren, schätzen Sie ab, wie viel Platz für jede Partition erforderlich ist. Liegen Sie falsch, ist es zeitaufwendig, das zu ändern.

LVM löst diese Probleme, indem es eine Abstraktionsschicht um physischen Speicherplatz packt. Es bringt mehrere physische Festplatten beliebiger Größe zusammen – die *physischen Volumes* –, um eine große Festplatte zu simulieren, die dann als *Volume-Gruppe* bezeichnet wird. Die Volume-Gruppe wird eine Spielwiese für das Erstellen simulierter Partitionen, der *logischen Volumes*, die je nach Anforderung wachsen oder schrumpfen können. In Abbildung 4-1 sehen Sie die Beziehung zwischen physischen Volumes (PVs), der Volume-Gruppe (VG), die sie enthält, und den logischen Volumes (LVs), die Sie aus dem Gesamtspeicherplatz herausschneiden. Wird die VG zu voll, fügen Sie einfach ein weiteres physisches Volume hinzu, und die VG wächst. Hat eine Partition (LV) die falsche Größe, passen Sie sie einfach an. Bestehende Dateien werden beibehalten. Jedes Massenspeichergerät kann Teil einer Volume-Gruppe sein, selbst RAID-Arrays, die mit `mdadm` erstellt wurden (siehe »RAID-Arrays für Redundanz« auf Seite 221).

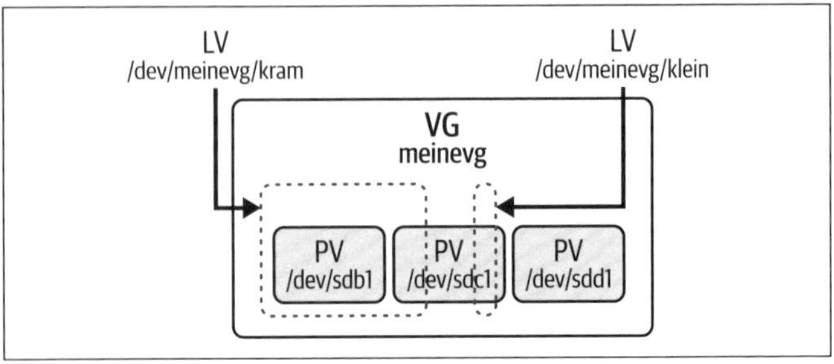

Abbildung 4-1: LVM-Konzepte. Physische Volumes (PVs) werden in einer Volume-Gruppe (VG) zusammengefasst. Logische Volumes (LVs) werden aus der VG herausgeschnitten.

Die unter Linux meistgenutzte LVM-Software ist lvm2. Sie enthält über 50 Befehle, was viel erscheinen mag, aber ihre Namen folgen einfachen Mustern: `pv`, `vg` oder `lv`, gefolgt von einem Verb wie `create`, `remove` oder `display`. `vgcreate` erstellt also eine Volume-Gruppe, und `pvdisplay` gibt Informationen über ein physisches Volume aus.

LVM-Operationen können Dateisysteme ohne Nachfragen löschen. Üben Sie mit den Befehlen auf ungenutzten Festplatten oder in einer virtuellen Maschine, um Sicherheit zu erlangen.

LVM bietet zudem nicht von sich aus Redundanz. Geht ein physisches Volume kaputt, verlieren Sie die gesamte Volume-Gruppe. Mehr Sicherheit erhalten Sie, wenn Sie LVM auf einem RAID laufen lassen (siehe »RAID-Arrays für Redundanz« auf Seite 221).

Ich stelle nun Beispiele für den Einsatz oft genutzter lvm2-Befehle vor. Dazu nutze ich drei leere 10-GB-Festplattenpartitionen */dev/sdb1*, */dev/sdc1* und */dev/sdd1*.[26] lvm2 besitzt aber noch Dutzende weiterer Befehle. Eine vollständige Liste erhalten Sie über die Man-

26 Arbeiten Sie eher mit Partitionen als mit ganzen Festplatten (*https://oreil.ly/Gl2AZ*).

page eines beliebigen lvm2-Befehls und einen Sprung an deren Ende oder über den Besuch von *https://sourceware.org/lvm2*.

Ein erstes logisches Volume erstellen

Diese Abfolge von Schritten richtet zwei physische Volumes ein, gruppiert sie zu einer 20-GB-Volume-Gruppe *meinevg* und erzeugt ein logisches Volume *kram* mit 15 GB:

```
→ sudo pvcreate /dev/sdb1 /dev/sdc1              Zwei PVs erstellen.
  Physical volume "/dev/sdb1" successfully created.
  Physical volume "/dev/sdc1" successfully created.
→ sudo vgcreate meinevg /dev/sdb1 /dev/sdc1      Eine VG erstellen.
  Volume group "meinevg" successfully created
→ sudo lvcreate -L 15G -n kram myvg              Das LV erstellen.
  Logical volume "kram" created.
→ sudo pvs                                       Die PVs anzeigen.
  PV        VG      Fmt  Attr PSize       PFree
  /dev/sdb1 meinevg lvm2 a--  &lt;10.00g      0
  /dev/sdc1 meinevg lvm2 a--  &lt;10.00g  5.34g
```

Das logische Volume *kram* ist wie jedes andere Speichergerät nutzbar. Formatieren Sie es und hängen Sie es ein:

```
→ sudo mke2fs /dev/meinevg/kram          Das LV formatieren.
→ sudo mkdir /mnt/kram                   Einhängen.
→ sudo mount /dev/meinevg/kram /mnt/kram
→ df -h /mnt/kram                        Anzeigen.
Filesystem               Size Used Avail Use% Mounted on
/dev/mapper/meinevg-kram 15G  24K  1.4G   1% /mnt/kram
```

Ist Ihr LV bereit, ergänzen Sie */etc/fstab* um diese Zeile, um es beim Booten einzuhängen:

```
/dev/mapper/meinevg-kram /mnt/kram ext4 defaults 0 2
```

LVM-Details anzeigen

Die Befehle `pvdisplay`, `vgdisplay` und `lvdisplay` liefern Details über physische Volumes, Volume-Gruppen und logische Volumes. Die Befehle `pvs`, `vgs` und `lvs` geben nützliche Zusammenfassungen dieser Informationen aus.

```
→ sudo pvdisplay                        Alle PVs anzeigen.
→ sudo pvdisplay /dev/sdb1              Ausgewählte PVs anzeigen.
→ sudo pvs                              PVs zusammenfassen.
→ sudo vgdisplay                        Alle VGs anzeigen.
→ sudo vgdisplay meinevg                Ausgewählte VGs anzeigen.
→ sudo vgs                              VGs zusammenfassen.
→ sudo lvdisplay                        Alle LVs anzeigen.
→ sudo lvdisplay meinevg/kram           Ausgewählte LVs anzeigen.
→ sudo lvs                              LVs zusammenfassen.
```

Ein logisches Volume hinzufügen

Führen wir lvcreate erneut aus, um zu unserer Volume-Gruppe ein logisches Volume mit 2 GB und dem Namen *klein* hinzuzufügen:

```
→ sudo lvcreate -L 2G -n klein meinevg
  Logical volume "klein" created.
→ sudo mke2fs /dev/meinevg/klein                    Formatieren.
→ sudo mkdir /mnt/klein                             Einhängen.
→ sudo mount /dev/meinevg/klein /mnt/klein
→ df -h /mnt/klein                                  Anzeigen.
Filesystem                  Size Used Avail Use% Mounted on
/dev/mapper/meinevg-klein 2.0G  24K  1.9G   1% /mnt/klein
```

Eine Volume-Gruppe um Festplatten erweitern

Der Befehl vgextend fügt physische Volumes zu einer Volume-Gruppe hinzu. Stellen Sie sich vor, Sie wollten *kram* um 10 GB (auf 25 GB) vergrößern, aber in der Volume-Gruppe *meinevg* sind nur noch 3 GB übrig. Erweitern Sie Ihre VG durch das Hinzufügen eines dritten physischen Volumes */dev/sdd1*, sodass die Gesamtgröße der VG auf 30 GB anwächst:

```
→ sudo pvcreate /dev/sdd1              Ein weiteres PV erstellen.
→ sudo vgextend meinevg /dev/sdd1      Die VG wachsen lassen.
```

Das LVM-Setup sieht jetzt wie in Abbildung 4-1 aus. Führen Sie lsblk aus, um die LVM-Konfiguration darzustellen:

```
→ lsblk /dev/sdb /dev/sdc /dev/sdd
NAME              MAJ:MIN RM SIZE RO TYPE MOUNTPOINTS
sdb                 8:16   0  10G  0 disk
└─sdb1              8:17   0  10G  0 part
  └─meinevg-kram  253:0    0  15G  0 lvm  /mnt/kram
```

```
sdc                   8:32   0  10G  0 disk
└─sdc1                 8:33   0  10G  0 part
  ├─meinevg-kram  253:0    0  15G  0 lvm  /mnt/kram
  └─meinevg-klein 253:1    0   2G  0 lvm  /mnt/klein
sdd                   8:48   0  10G  0 disk
└─sdd1                 8:49   0  10G  0 part
```

Ein logisches Volume vergrößern

Der Befehl `lvresize` lässt ein logisches Volume wachsen oder schrumpfen.[27] Vergrößern wir das LV *kram* auf 25 GB:

```
→ sudo lvresize --resizefs --size 25G /dev/meinevg/kram
→ df -h /mnt/kram
Filesystem              Size  Used Avail Use% Mounted on
/dev/mapper/meinevg-kram 25G  24K   24G   1% /mnt/kram
```

Ein logisches Volume verkleinern

Wir stellen fest, dass das LV *kram* nicht so groß sein muss. Verkleinern wir es also auf 8 GB (aber achten Sie zuvor darauf, dass auch weniger als 8 GB genutzt werden):

```
→ sudo lvresize --resizefs --size 8G /dev/meinevg/kram
Do you want to unmount "/mnt/kram" ? [Y|n] y
⋮
Logical volume meinevg/kram successfully resized.
→ df -h /mnt/kram
Filesystem               Size Used Avail Use% Mounted on
/dev/mapper/meinevg-kram 7.9G  24K  7.5G   1% /mnt/kram
```

Ein logisches Volume löschen

Der Befehl `lvremove` löscht ein logisches Volume. Entsorgen wir zum Beispiel das LV *klein*:

```
→ sudo umount /mnt/klein              LV zuerst aushängen.
→ sudo lvremove /dev/meinevg/klein    Das LV entfernen.
Do you really want to remove and DISCARD
active logical volume meinevg/klein? [y/n]: y
  Logical volume "klein" successfully removed
```

27 Traditionalisten mögen ein LV durch das Ausführen von `lvextend`, `umount`, `fsck`, `resize2fs` und `mount` anpassen, aber `lvresize` ist einfacher.

Eine Volume-Gruppe verkleinern

Der Befehl vgreduce entfernt ein ungenutztes physisches Volume aus einer Volume-Gruppe. Das PV wird weiterhin von lvm2 gemanagt, nur nicht mehr innerhalb der VG *meinevg*:

```
→ sudo vgreduce meinevg /dev/sdd1
  Removed "/dev/sdd1" from volume group "meinevg"
```

Eine Volume-Gruppe löschen

Der Befehl vgremove entfernt eine Volume-Gruppe und löscht alle logischen Volumes, die darin enthalten sind:

```
→ sudo vgremove meinevg
Do you really want to remove volume group "meinevg"
containing 1 logical volumes? [y/n]: y
Do you really want to remove and DISCARD
active logical volume meinevg/kram? [y/n]: y
  Logical volume "kram" successfully removed
  Volume group "meinevg" successfully removed
```

Ein physisches Volume löschen

Der Befehl pvremove entfernt physische Geräte aus dem LVM:

```
→ sudo pvremove /dev/sdb1 /dev/sdc1
  Labels on physical volume "/dev/sdb1" wiped.
  Labels on physical volume "/dev/sdc1" wiped.
```

ZFS: Ein modernes und universelles Dateisystem

zpool	Einen ZFS-Storage-Pool konfigurieren.
zfs	Ein ZFS-Dataset konfigurieren.

ZFS-Operationen können Dateisysteme ohne Nachfragen löschen. Üben Sie mit den Befehlen auf ungenutzten Festplatten oder in einer virtuellen Maschine, um Sicherheit zu erlangen.

Das ZFS (*Zettabyte File System*) verpackt fortschrittliche Features wie RAID, Logical Volume Management, Verschlüsselung und Kompression in ein gut handhabbares Paket. Sind Sie an klassische Linux-Dateisysteme wie ext4 gewöhnt, mag ZFS Ihnen wie ein Alien vorkommen. Es besitzt seine eigene Terminologie mit »Pools« und »Vdevs«. Es nutzt weder */etc/fstab* noch den `mount`-Befehl. Sie müssen nicht einmal Ihre Festplatten explizit partitionieren oder formatieren.

Ein ZFS-Vdev – die Kurzform für *Virtual Device* – ist eine Gruppe physischer Festplatten, die zusammenarbeiten. Sie teilen die Daten unter sich eventuell so auf, als würden sie als eine große Festplatte agieren – wie ein RAID-0-»Disk Striping«-Setup. Oder sie spiegeln sich gegenseitig für eine höhere Redundanz – wie ein RAID-1-Setup. Sie können als Festplatten-Cache agieren, und es gibt noch andere Varianten.

Eine Sammlung von Vdevs wird als *Pool* bezeichnet. Ein Pool verhält sich wie ein großes Speichergerät. Sie können es in Einheiten unterteilen, die sich so ähnlich wie Partitionen verhalten – die *Datasets* –, und Sie können deren Größenbeschränkungen und andere Attribute flexibel anpassen. Dataset-Namen sehen wie Linux-Pfade aus, nur ohne einen führenden Schrägstrich. Ein Pool namens *meinpool* mit einem Dataset namens *kram* würde dann beispielsweise *meinpool/kram* heißen. (Datasets können wiederum auch andere Datasets enthalten, z.B. *meinpool/kram/wichtig*.) Fügen Sie einen führenden Schrägstrich hinzu, erhalten Sie den Standard-Linux-Mountpoint für das Dataset – z.B. */meinpool/kram*.

ZFS ist nicht das einzige Dateisystem mit fortgeschritteneren Möglichkeiten – ein weiteres beliebtes ist Btrfs –, aber es ist eines der am einfachsten konfigurierbaren.

> Ich gehe hier nur auf die minimale ZFS-Funktionalität ein, um interessante Dinge zu tun. Echte ZFS-Systeme müssen sorgfältig konfiguriert und angepasst werden, und sie benötigen viel RAM – lesen Sie dazu die Docs unter *https://oreil.ly/-t5Fu*.

Um ZFS mit Mirroring und Striping zu zeigen, nutze ich zwei Festplattenpaare (siehe Abbildung 4-2). Jedes Paar ist ein Vdev mit Mirroring (RAID-1). ZFS stript dann zwischen den beiden Vdevs (RAID-0) und schafft damit letztendlich ein RAID-10-Setup. Dieser redundante Pool kann eine ausfallende Festplatte in jedem Vdev verkraften und die Daten dabei trotzdem sicher vorhalten.

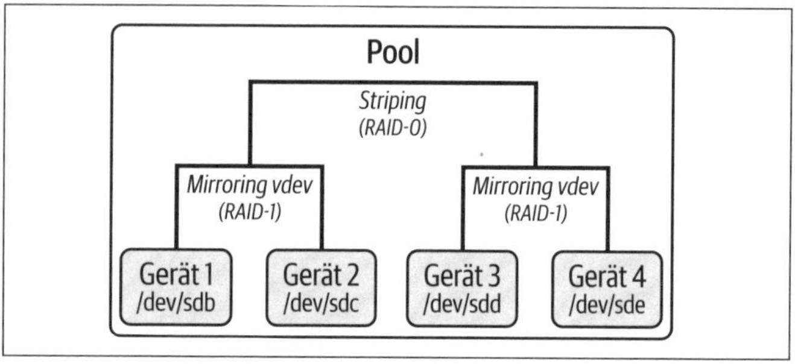

Abbildung 4-2: Unsere Beispiel-ZFS-Konfiguration: ein RAID-10-Pool

Einen ZFS-Pool erstellen

Nutzen Sie den `zpool`-Befehl, um den Pool aus zwei Paaren gespiegelter Festplatten zu erstellen. Ich lege einen Pool namens *meinpool* aus vier 10-GB-Festplatten */dev/sdb*, */dev/sdc*, */dev/sdd* und */dev/sde* an:

```
→ sudo zpool create mypool \
  mirror /dev/sdb /dev/sdc \
  mirror /dev/sdd /dev/sde
```

Die einfachen Gerätenamen in meinem Beispiel (wie */dev/sdb*) können sich nach einem Neustart ändern. Für ein robusteres Setup nutzen Sie Namen, die sich mit Sicherheit nicht ändern, wie z.B. die symbolischen Links, die in */dev/disk/by-id* oder */dev/disk/by-uuid* gefunden werden können.

Stellen Sie zudem auf realen System sicher, dass Sie mit `-o ashift` beim Erstellen einen passenden Alignment-Shift-Wert setzen – siehe dazu die Doku.

Nutzen Sie zpool status, um sich die Ergebnisse anzeigen zu lassen.

```
→ zpool status
  pool: meinpool
 state: ONLINE
config:
  NAME        STATE     READ WRITE CKSUM
  meinpool    ONLINE       0     0     0  der Pool
    mirror-0  ONLINE       0     0     0  erstes Vdev
      sdb     ONLINE       0     0     0
      sdc     ONLINE       0     0     0
    mirror-1  ONLINE       0     0     0  zweites Vdev
      sdd     ONLINE       0     0     0
      sde     ONLINE       0     0     0
```

Ein ZFS-Dataset erstellen

Dateisysteme haben traditionell Partitionen fester Größe, die Sie in der Datei */etc/fstab* einhängen. ZFS hat Datasets beliebiger Größe, die es automatisch einhängt. Erstellen Sie ein Dataset namens *daten* im Pool *meinpool*, das im Verzeichnis */meinpool/daten* eingehängt wird:

```
→ sudo zfs create -o meinpool/daten
```

Wenn Sie möchten, können Sie den Mountpoint verschieben, z. B. nach */mnt/kram*:

```
→ sudo zfs set mountpoint=/mnt/kram meinpool/daten
```

Schauen Sie sich die Ergebnisse mit einem dieser Befehle an:

```
→ zfs mount
meinpool        /meinpool     der gesamte Pool
meinpool/daten  /mnt/kram     Ihr Dataset
→ zfs get mountpoint meinpool/daten
NAME            PROPERTY    VALUE      SOURCE
meinpool/daten  mountpoint  /mnt/kram  local
```

Jetzt nutzen Sie das Dataset wie jede andere eingehängte Partition:

```
→ sudo cp /etc/hosts /mnt/kram
→ cd /mnt/kram
→ ls
hosts
```

Ein verschlüsseltes ZFS-Dataset erstellen

Durch ein paar zusätzliche Optionen können Sie ein Dataset erstellen, das verschlüsselt ist und für das eine Passphrase erforderlich ist, bevor es eingehängt werden kann. Erstellen Sie ein verschlüsseltes Dataset namens *meinpool/kryptisch*:

```
→ zfs create \
  -o encryption=on \
  -o keylocation=prompt \
  -o keyformat=passphrase \
  meinpool/kryptisch
Enter new passphrase: xxxxxxxx
Re-enter new passphrase: xxxxxxxx
```

Setzen Sie das Dataset normal ein. Starten Sie den Rechner neu oder müssen Sie es aus anderen Gründen einhängen, führen Sie Folgendes aus:

```
→ sudo zfs mount -l meinpool/kryptisch
```

Größenbegrenzungen für ZFS-Datasets setzen

Standardmäßig hat ein ZFS-Dataset die gleiche Größe wie der Pool. Begrenzen Sie seine Größe durch das Setzen einer Quota, die Sie auch jederzeit wieder ändern können:

```
→ sudo zfs set quota=15g meinpool/daten
→ zfs list
NAME            USED  AVAIL REFER  MOUNTPOINT
meinpool        312K  18.4G   25K  /meinpool
meinpool/daten   24K  15.0G   24K  /mnt/kram        15-GB-Grenze
```

Komprimierung für ZFS-Datasets aktivieren

ZFS kann Daten automatisch beim Schreiben komprimieren und beim Lesen wieder auspacken. Es unterstützt diverse Komprimierungsalgorithmen; hier verwende ich die gzip-Komprimierung und lasse mit ausgeben, wie effektiv Dateien komprimiert werden (das Komprimierungsverhältnis):

```
→ sudo zfs set compression=gzip meinpool/daten
→ cp hugefile /mnt/kram          Große Datei speichern.
→ zfs get compressratio          Komprimierungsverhältnis anzeigen.
NAME             PROPERTY       VALUE   SOURCE
meinpool         compressratio  122.66x -
meinpool/daten   compressratio  126.12x -
```

Nach dem Aktivieren der Komprimierung werden nur neue Daten komprimiert, nicht aber bestehende Dateien. So schalten Sie die Komprimierung wieder ab:

```
→ sudo zfs set compression=off meinpool/daten
```

Einen Snapshot für ein ZFS-Dataset erstellen

ZFS unterstützt *Snapshots*. Dabei wird der Status eines Dataset abgespeichert, sodass Sie später einfach wieder dorthin zurückkehren können (Rollback). Vor dem Ausführen riskanter Änderungen an Ihren Dateien können Sie beispielsweise einen Snapshot erstellen – geht etwas schief, können Sie die Änderung mit einem einzelnen Befehl wieder rückgängig machen. Snapshots nehmen nur sehr wenig Festplattenplatz ein, und Sie können sie effizient an andere Zpools oder Hosts schicken (mit `zfs send` und `zfs recv`). Erstellen Sie einen Snapshot mit dem Namen *sicherung* von *meinpool/daten*:

```
→ sudo zfs snapshot meinpool/daten@sicherung
```

Geben Sie eine Liste Ihrer Snapshots aus:

```
→ zfs list -t snapshot
NAME                        USED  AVAIL   REFER  MOUNTPOINT
meinpool/daten@sicherung     0B      -      24K  -
```

Können Sie keine Snapshots ausgeben, setzen Sie `listsnapshots=on` und versuchen es dann erneut:

```
→ sudo zpool set listsnapshots=on meinpool
```

Versuchen Sie, ein paar Dateien in *meinpool/daten* zu ändern. Dann kehren Sie per Rollback zum Snapshot *sicherung* zurück und überprüfen, ob Ihre Änderungen rückgängig gemacht wurden:

```
→ sudo zfs rollback meinpool/daten@sicherung
```

Ein ZFS-Dataset oder einen Snapshot löschen

Seien Sie vorsichtig mit dem Befehl `zfs destroy` – er wird ohne Nachfrage direkt ausgeführt.

```
→ sudo zfs destroy meinpool/daten@sicherung     ein Snapshot
→ sudo zfs destroy meinpool/daten               ein Dataset
```

Einen ZFS-Pool löschen

Seien Sie ebenfalls vorsichtig mit dem Befehl `zpool destroy` – auch er wird ohne Nachfrage direkt ausgeführt.

```
→ sudo zpool destroy meinpool
```

Backups und externe Speicherung

`rsync`	Kopiert einen Satz Dateien effizient, selbst über das Netzwerk.
`rclone`	Synchronisiert Dateien mit diversen Cloud-Providern.
`dd`	Low-Level-Kopieren von Daten.
`growisofs`	Brennt eine DVD oder Blu-Ray-Disc.

Es gibt verschiedene Methoden, um Ihre wertvollen Linux-Dateien zu sichern:

- Kopieren Sie sie auf einen externen Rechner.
- Kopieren Sie sie auf ein Sicherungsmedium wie etwa eine externe Festplatte.
- Brennen Sie sie auf eine Disc.

Ich stelle ein paar beliebte Linux-Befehl für Backups vor, es gibt aber noch weitere. Manche Benutzer bevorzugen `cpio` aufgrund seiner Flexibilität, langjährige Administratoren schwören vielleicht eher auf `dump` und `restore` als einzig zuverlässige Möglichkeit, jede Art von Datei zu sichern. Lesen Sie die Manpages dieser Programme, falls Sie an ihnen interessiert sind.

rsync stdin **stdout** - datei **-- opt** **--help** **--version**

```
rsync [optionen] quelle ziel
```

Der `rsync`-Befehl kopiert eine Gruppe von Dateien. Er kann eine exakte Kopie herstellen, einschließlich der Dateiberechtigungen und anderer Attribute (sogenanntes Spiegeln oder *Mirroring*), oder er kann nur die Daten kopieren. Er kann über ein Netzwerk oder auf einem einzelnen Rechner ausgeführt werden. Es gibt für `rsync` viele Anwendungsfälle und über 50 Optionen; ich stelle nur ein paar gebräuchliche Fälle im Zusammenhang mit Backups vor.

Um auf einem einzelnen Rechner das Verzeichnis *meinverz1* und seinen Inhalt in ein anderes Verzeichnis *meinverz2* zu spiegeln, schreiben Sie:

```
→ rsync -a meinverz1 meinverz2
```

`rsync` ist bei der Angabe des ersten Verzeichnisses ziemlich penibel. Schreiben Sie wie im Beispiel *meinverz1*, wird dieses in *meinverz2* kopiert, und damit wird *meinverz2/meinverz1* erzeugt. Das ist aber vermutlich gar nicht das, was Sie wollen. Möchten Sie den Inhalt von *meinverz1* nach *meinverz2* kopieren, fügen Sie an *meinverz1* noch einen Schrägstrich an:

```
→ rsync -a meinverz1/ meinverz2
```

`rsync` kann ein Verzeichnis über das Netzwerk auf einen anderen Host spiegeln, wobei die Verbindung per SSH abgesichert wird, um ein Abhören zu verhindern. Hier kopiere ich das Verzeichnis *meinverz1* auf das Konto »smith« auf dem Host *server.example.com* in ein Verzeichnis *D2*:

```
→ rsync -a meinverz1 smith@server.example.com:D2
```

Möchten Sie mit `rsync` arbeiten, aber inkrementelle Backups verwenden und effizient mit diesen arbeiten, schauen Sie sich den Befehl `rsnapshot` an (*https://oreil.ly/VNfb-*).

Nützliche Optionen

`-o`
: Kopiert die Eigentümerschaft der Dateien. (Wahrscheinlich brauchen Sie Administratorrechte auf dem entfernten Host.)

`-g`
: Kopiert die Gruppeneigentümerschaft der Dateien. (Wahrscheinlich brauchen Sie Administratorrechte auf dem entfernten Host.)

`-p`
: Kopiert die Dateiberechtigungen.

`-t`
: Kopiert die Zeitstempel der Datei.

`-r`
: Kopiert rekursiv die Verzeichnisse, d. h. einschließlich deren Inhalt.

`-l`
: Erlaubt das Kopieren symbolischer Links (nicht der Dateien, auf die sie verweisen).

`-D`
: Erlaubt das Kopieren von Geräten (nur für Administratoren).

`-a`
: Spiegeln: Kopiert alle Attribute der Originaldateien. Dies impliziert alle Optionen `-Dogptrl` (denken Sie an *Dog Patrol*).

`-x`
: Wenn Sie einen Dateibaum kopieren, bleiben Sie im aktuellen Dateisystem – gemountete Dateisysteme werden ignoriert.

`-z`
: Komprimiert die Dateien bei der Übertragung. Nur nützlich für externe Hosts und langsame Verbindungen. Vermeiden Sie ein Komprimieren, wenn Sie Dateien lokal kopieren (es dauert dann länger).

`-n`
: Trockenübung: Es wird nichts kopiert, sondern es wird nur angezeigt, was passieren *würde*.

`-v`
: Ausführlicher Modus: Gibt Informationen darüber aus, was während des Kopierens passiert. Fügen Sie `--progress` hinzu, um beim Kopieren der Dateien eine numerische Fortschrittsanzeige einzublenden.

rclone

stdin stdout - datei **-- opt** **--help** **--version**

```
rclone unterbefehl [optionen] [argumente]
```

Der `rclone`-Befehl verbindet Ihr Linux-System mit den großen Storage-Providern, um Dateien bequem zu kopieren. Er funktioniert mit Dropbox, Google Drive, Microsoft OneDrive, Amazon S3 und über 50 anderen Zielen. Führen Sie zunächst `rclone config` aus und folgen Sie den Angaben zum Einrichten einer Verbindung mit dem Cloud-Provider Ihrer Wahl – von `rclone` als *Remote* bezeichnet. Unter *https://rclone.org/docs* finden Sie detaillierte Anweisungen zur Konfiguration.

Nach der Wahl eines Namens für Ihr Remote – zum Beispiel `mein remote` – beziehen Sie sich auf Remote-Dateien über die Syntax `meinremote:`*pfad*, wobei *pfad* ein Dateipfad im Linux-Stil ist. Eine Datei *foto.jpg* in einem Remote-Verzeichnis *Fotos* würde dann *meinremote:Fotos/foto.jpg* heißen.

Backups erledigt man im Allgemeinen mit dem Befehl `rclone sync`, wodurch ein lokales Verzeichnis und ein Remote-Verzeichnis so synchronisiert werden, dass sie die gleichen Inhalte aufweisen, indem nach Bedarf hinzugefügt oder entfernt wird. Das funktioniert so ähnlich wie der Befehl `rsync --delete`. Sie können in beide Richtungen synchronisieren – von Ihrem lokalen Rechner auf den externen Host oder umgekehrt. Sie können sogar eine clientseitige Verschlüsselung einrichten, sodass Dateien transparent verschlüsselt werden, bevor sie auf den externen Server kopiert werden – und automatisch entschlüsselt, wenn Sie sie auf Ihr lokales System zurückkopieren (siehe dazu die Dokumentation).

Gebräuchliche Operationen für Backups sind:

`rclone ls remote:`	Dateien vom Remote rekursiv auflisten (mit `--max-depth 1` ohne Rekursion).
`rclone lsd remote:`	Nur Verzeichnisse auf dem Remote auflisten.
`rclone lsl remote:`	Eine lange Liste (ähnlich `ls -l`) vom Remote rekursiv auflisten (mit `--max-depth 1` ohne Rekursion).
`rclone copy meinedatei remote:`	Eine lokale Datei auf das Remote kopieren.
`rclone copy remote:meinedatei .`	Eine Remote-Datei in Ihr lokales System kopieren.
`rclone move meinedatei remote:`	Eine lokale Datei auf das Remote verschieben.
`rclone move remote:meinedatei .`	Eine Remote-Datei auf Ihr lokales System verschieben.
`rclone delete remote:meinedatei`	Eine Remote-Datei löschen.
`rclone sync meinverz remote:meinverz`	Lokale Dateien auf das Remote synchronisieren.
`rclone sync remote:meinverz meinverz`	Remote-Dateien auf Ihr lokales System synchronisieren.

Führen Sie `rclone help` aus, um eine vollständige Liste mit Unterbefehlen zu erhalten. Beachten Sie, dass Sie auch ausgefeiltere Pfade auf dem Remote ansprechen können:

```
→ rclone copy remote:Fotos/Urlaub/bild.jpg .
```

Nützliche Optionen

`-n`	Trockenübung: Es wird nichts kopiert, sondern nur angezeigt, was passieren würde.
`-i`	Interaktive Ausführung: Vor Änderungen wird gefragt.

dd

stdin **stdout** - datei -- opt **--help** **--version**

dd [*optionen*]

dd ist ein Low-Level-Kopiertool auf Bit- und Byteebene. Es kann Daten von einer Datei in eine andere kopieren, zum Beispiel von *datei1* nach */tmp/meinekopie*:

```
→ dd if=datei1 of=/tmp/meinekopie
2+1 records in
2+1 records out
1168 bytes (1.2 kB) copied, 0.000174074 s, 6.7 MB/s
```

Beim Kopieren können die Daten sogar umgewandelt werden. So ist es zum Beispiel möglich, alle Zeichen in Großbuchstaben zu verwandeln:

```
→ dd if=datei1 of=/tmp/meinekopie conv=ucase
```

dd kann aber noch mehr, als nur Dateien zu kopieren. Sie können damit eine Festplatte klonen, indem Sie von einem Gerät auf ein anderes kopieren:

```
→ sudo dd if=/dev/gerät1 of=/dev/gerät2 bs=512 \
  conv=noerror,sync                    ÜBERSCHREIBT /dev/gerät2
```

Oder Sie kopieren eine ganze Festplatte, um eine ISO-Datei zu erstellen. Achten Sie darauf, dass sich die Ausgabedatei auf einer anderen Festplatte befindet, die auch ausreichend freien Platz hat.

```
→ sudo dd if=/dev/gerät of=disk_backup.iso
```

> dd als Administrator ausgeführt, kann Ihre Festplatte in Sekunden auslöschen, wenn Sie nicht vorsichtig sind. Prüfen Sie immer doppelt, ob die Ausgabedatei (das Argument von `of=`) die ist, die Sie haben wollen. Machen Sie Backups von Ihrem Computer und halten Sie eine Linux-»Live«-Distro für Notfälle bereit (siehe »Was erwartet Sie in diesem Buch?« auf Seite 11), bevor Sie als `root` mit dd experimentieren.

Unter *https://oreil.ly/R3krx* finden Sie einige sehr interessante Anwendungsmöglichkeiten für dd. Mein Favorit ist das Kopieren des *Master Boot Record* (MBR) mit einer Größe von 512 Byte von einer Festplatte in eine Datei namens *mbr.txt*:

```
→ sudo dd if=/dev/gerät of=mbr.txt bs=512 count=1
```

Nützliche Optionen

`if=`*datei*	Definiert eine Quelldatei oder ein Quellgerät.
`of=`*datei*	Definiert eine Zieldatei oder ein Zielgerät. Prüfen Sie sehr genau, ob das korrekt ist!
`bs=`*N*	Kopiert *N* Bytes auf einmal – auch als »Blockgröße« bekannt. (Um die Blockgröße für Quelle und Ziel getrennt zu setzen, verwenden Sie `ibs` und `obs`.)
`skip=`*N*	Überspringt die *N* ersten Blöcke der Quelle, bevor mit dem Kopieren begonnen wird.
`seek=`*N*	Verwirft *N* Blöcke beim Ziel, bevor mit dem Kopieren begonnen wird.
`conv=`*spec*	Wandelt die Daten beim Kopieren um. Bei *spec* kann es sich um `ucase` (Umwandeln in Großbuchstaben), `lcase` (Umwandeln in Kleinbuchstaben), `ascii` (Umwandeln von EBDIC nach ASCII) und viele weitere Optionen handeln, die alle in der Manpage aufgeführt sind.

growisofs

stdin stdout **- datei** **-- opt** **--help** **--version**

`growisofs [`*optionen*`]` *einträge*

Mit `growisofs` brennen Sie eine CD, DVD oder Blu-Ray-Disc. Um den Inhalt eines Linux-Verzeichnisses auf eine Disc zu schreiben, die für Linux, Windows und macOS lesbar sein soll, gehen Sie wie folgt vor:

1. Finden Sie die auf Ihrem System vorhandenen beschreibbaren Disc-Laufwerke:

   ```
   → grep "^drive name:" /proc/sys/dev/cdrom/info
     drive name:              sr1     sr0
   ```

   Die verfügbaren Geräte sind hier */dev/sr1* und */dev/sr0*.

2. Fassen Sie die zu brennenden Dateien in einem Verzeichnis zusammen, zum Beispiel *verz*. Ordnen Sie sie genau so an, wie sie auf der Disc liegen sollen. Das Verzeichnis *verz* selbst wird nicht kopiert, sondern lediglich sein Inhalt.

3. Verwenden Sie den Befehl `mkisofs`, um eine ISO-Image-Datei zu erzeugen, und brennen Sie diese mit `growisofs` auf eine Disc, zum Beispiel so (das Gerät sei hier */dev/sr1*):

   ```
   → mkisofs -R -l -o $HOME/meinedisk.iso verz
   → growisofs -dvd-compat -Z /dev/sr1=$HOME/meinedisk.iso
   → rm $HOME/meinedisk.iso
   ```

Wollen Sie Audio-CDs brennen, empfiehlt sich eher ein benutzerfreundlicheres grafisches Programm wie k3b.

KAPITEL 5

Netzwerkbefehle

Informationen über Ihren Rechner

`uname`	Gibt grundlegende Systeminformationen aus.
`hostname`	Gibt den Hostnamen des Systems aus.
`ip`	Setzt Informationen zur Netzwerkschnittstelle und zeigt sie an.

Jeder Linux-Rechner (auch *Host*) besitzt einen Namen, eine Netzwerk-IP-Adresse und andere Eigenschaften. Und so zeigen Sie diese Informationen an.

uname stdin **stdout** - datei **-- opt** **--help** **--version**

```
uname [optionen]
```

Der Befehl `uname` gibt grundlegende Informationen über Ihren Computer aus:

```
→ uname -a
Linux myhost 5.15.0-76-generic #83-Ubuntu
 SMP Thu Jun 15 19:16:32 UTC 2023 x86_64
 x86_64 x86_64 GNU/Linux
```

Dazu gehören der Kernelname (`Linux`), der Hostname (`myhost`), das Kernel-Release (`5.15.0-76-generic`), die Kernelversion (`#83-Ubuntu SMP Thu Jun 15 19:16:32 UTC 2023`), der Hardwarename (`x86_64`), der Prozessortyp (auch `x86_64`) und der Betriebssystemname (`GNU/Linux`).

Nützliche Optionen

- `-a` Alle Informationen.
- `-s` Nur der Kernelname (Standard).
- `-n` Nur der Hostname, wie mit dem Befehl `hostname`.
- `-r` Nur das Kernel-Release.
- `-v` Nur die Kernelversion.
- `-m` Nur der Hardwarename.
- `-p` Nur der Prozessortyp.
- `-i` Nur die Hardwareplattform.
- `-o` Nur der Betriebssystemname.

---

hostname

stdin **stdout** - datei **-- opt** **--help** **--version**

`hostname [optionen] [name]`

Der `hostname`-Befehl gibt den Namen Ihres Computers aus. Je nachdem, wie Sie die Dinge eingerichtet haben, kann das der vollqualifizierte Hostname sein:

```
→ hostname
myhost.example.com
```

oder der kurze Hostname:

```
→ hostname -s
myhost
```

Sie können Ihren Hostnamen als Root auch setzen:

```
→ sudo hostname orange
```

> Diese Änderung überlebt möglicherweise einen Neustart nicht. Manche Linux-Distributionen erfordern zusätzliche Schritte, wie etwa das Platzieren des Hostnamens in eine Konfigurationsdatei, die zum Zeitpunkt des Bootens gelesen wird. Schauen Sie dazu in die Dokumentation Ihrer Distribution.

Nützliche Optionen

`-s`	Gibt den Kurznamen Ihres Hosts aus.
`-f`	Gibt den vollqualifizierten Namen Ihres Hosts aus.
`-d`	Gibt den DNS-Domainnamen Ihres Hosts aus.
`-a`	Gibt den Aliasnamen Ihres Hosts aus.
`-I`	Gibt alle Netzwerkadressen Ihres Hosts aus.
`-F` *hostdatei*	Setzt Ihren Hostnamen, indem der Name aus der Datei *hostdatei* gelesen wird.

---

ip

stdin **stdout** - datei -- opt **--help** --version

`ip [`*optionen*`]` *objekt befehl* …

Der ip-Befehl zeigt und setzt verschiedene Aspekte der Netzwerkschnittstelle Ihres Computers. Dieses Thema umfassend zu behandeln, würde den Rahmen unseres Buchs sprengen, aber einige Tricks will ich Ihnen hier dennoch zeigen.

Sie können Informationen über die Standardnetzwerkschnittstelle bekommen (wie *eth0*, *ens160* oder *enp68s0*):

```
→ ip addr show eth0
2: eth0: <BROADCAST,MULTICAST,UP,LOWER_UP> …
  link/ether 00:50:ba:48:4f:ba brd ff:ff:ff: …
  inet 192.168.0.21/24 brd 192.168.0.255 scope …
  inet6 fe80::21e:8cff:fe53:41e4/64 …
```

Dies schließt Ihre IPv4-Adresse (`192.168.0.21`), die IPv6-Adresse (`fe80::21e:8cff:fe53:41e4/64`), die MAC-Adresse (`00:50:ba:48:4f:ba`) und verschiedene andere Informationen ein. Um alle geladenen Netzwerkschnittstellen zu sehen, rufen Sie Folgendes auf:

```
→ ip addr show | less
```

Ein weiterer Befehl – `ifconfig` – gibt die Informationen ähnlich wie `ip addr show` aus. Er ist weitgehend obsolet, aber Sie finden ihn noch auf vielen Systemen.

```
→ ifconfig eth0          Details zu einer Netzwerkschnittstelle
→ ifconfig -a            Details zu allen Netzwerkschnittstellen
```

Hier sind einige weitere nützliche Befehle zum Anzeigen von Netzwerkinformationen. Mit `help` am Ende jedes Befehls (z.B. `ip link help`) erhalten Sie zusätzliche Informationen zum Einsatz:

`ip addr`	Zeigt die IP-Adressen Ihrer Netzwerkgeräte an.
`ip maddr`	Zeigt die Multicast-Adressen Ihrer Netzwerkgeräte an.
`ip link`	Zeigt die Attribute Ihrer Netzwerkgeräte an.
`ip route`	Zeigt Ihre Routing-Tabelle an.
`ip monitor`	Startet die Überwachung Ihrer Netzwerkgeräte; tippen Sie zum Stoppen ^C.
`ip help`	Zeigt Informationen zur Benutzung dieser Befehle.

Darüber hinaus kann `ip` Ihr Netzwerk modifizieren, wenn Sie es als Administrator aufrufen: Ihre Netzwerkgeräte konfigurieren, die Routing-Tabellen und Routing-Regeln verwalten, Tunnel erzeugen usw. Mehr zu `ip` und zugehörigen Tools (bekannt als iproute2) finden Sie in der `ip`-Manpage, oder Sie besuchen *https://oreil.ly/jT5FF*.

Hostpositionen

`host`	Schlägt Hostnamen, IP-Adressen und DNS-Informationen nach.
`whois`	Schlägt die Registrierungsdaten von Internetdomains nach.
`ping`	Überprüft, ob ein entfernter Host erreichbar ist.
`traceroute`	Betrachtet den Netzwerkpfad zu einem entfernten Host.

Beim Umgang mit entfernten Computern wollen Sie an irgendeiner Stelle vermutlich mehr über diese erfahren. Wem gehören sie? Wie lauten ihre IP-Adressen? Wo befinden sie sich im Netzwerk?

host

stdin **stdout** - datei **-- opt** --help --version

`host [optionen] name [server]`

Der `host`-Befehl schlägt den Hostnamen oder die IP-Adresse eines entfernten Rechners nach, indem er das DNS abfragt:

```
→ host www.ubuntu.org
www.ubuntu.com has address 69.16.230.226
→ host 69.16.230.226
226.230.16.69.in-addr.arpa domain name pointer
 lb05.parklogic.com.
```

Er kann aber noch viel mehr herausfinden:

```
→ host -a www.ubuntu.org
Trying "www.ubuntu.org"
;; ->>HEADER&<<- opcode: QUERY, status: NOERROR …
;; flags: qr rd ra; QUERY: 1, ANSWER: 2, …

;; QUESTION SECTION:
;www.ubuntu.org.                    IN      ANY

;; ANSWER SECTION:
www.ubuntu.org.     60      IN      CNAME   ubuntu.org.
```

Eine vollständige Diskussion dieser Ausgabe würde den Rahmen dieses Buchs sprengen. Der letzte, optionale »Serverparameter« gibt einen bestimmten Nameserver für die Abfrage an:

```
→ host www.ubuntu.org ns1.parklogic.com
Using domain server:
Name: ns1.parklogic.com
Address: 69.16.230.48#53
Aliases:
www.ubuntu.org has address 69.16.230.226
www.ubuntu.org mail is handled by …
```

Nützliche Optionen

Um alle Optionen zu sehen, tippen Sie `host` für sich allein ein.

`-a` Zeigt alle verfügbaren Informationen an.

`-t` Wählt die Art der Nameserver-Abfrage: `A`, `AXFR`, `CNAME`, `HINFO`, `KEY`, `MX`, `NS`, `PTR`, `SIG`, `SOA` usw.

Hier ist ein Beispiel für die Option `-t` zum Finden von MX-Records:

```
→ host -t MX centos.org
centos.org mail is handled by 10 mail.centos.org.
```

Wenn der `host`-Befehl nicht das macht, was Sie wollen, probieren Sie es mit `dig`, einem weiteren mächtigen Werkzeug zur DNS-Abfrage. Sie werden möglicherweise auch über den nslookup-Befehl stolpern, der im Prinzip veraltet ist, aber immer noch in manchen Linux- und Unix-Systemen auftaucht.

whois

stdin **stdout** -datei **--opt** **--help** **--version**

```
whois [optionen] domainname
```

Der whois-Befehl schlägt die Registrierungsdaten einer Internetdomain nach. Die Ausgabe ist lang, daher sollten Sie sie per less pipen:

```
→ whois linuxmint.com | less
  Domain name: LINUXMINT.COM
  Registrar: Ascio Technologies, Inc. Danmark
  Updated Date: 2023-05-16T22:22:38Z
  Creation Date: 2006-06-07T10:45:34Z
  Name Server: NS01.SERVAGE.NET
  ⋮
```

Nützliche Optionen

-h *server*	Führt die Abfrage auf dem Server der angegebenen Registrierungsstelle durch, zum Beispiel whois -h whois.comlaude.com redhat.com.
-p *port*	Fragt den angegebenen TCP-Port anstelle des Standardports 43 ab.

ping

stdin **stdout** -datei **--opt** --help --version

```
ping [optionen] host
```

Der ping-Befehl verrät Ihnen, ob ein entfernter Host erreichbar ist. Er sendet kleine Nachrichten (sogenannte ICMP-Pakete) an einen entfernten Host, wartet auf Antworten und gibt aus, wie lange das gedauert hat:

```
→ ping slackware.com
PING slackware.com (64.57.102.36) 56(84) bytes of data.
64 bytes from connie.slackware.com (64.57.102.36):
 icmp_seq=1 ttl=52 time=107 ms
64 bytes from connie.slackware.com (64.57.102.36):
 icmp_seq=2 ttl=52 time=107 ms
```

```
^C
--- slackware.com ping statistics ---
2 packets transmitted, 2 received, 0% packet loss, …
rtt min/avg/max/mdev = 107.207/107.350/107.494/0.143 ms
```

Hier hat der Host `slackware.com` in 107 Millisekunden geantwortet. (Beachten Sie, dass dessen echter Name `connie.slackware.com` ist.) Pings werden eventuell durch Firewalls blockiert, daher kann es sein, dass ein laufender Host nicht antwortet.

Nützliche Optionen

`-c` *N*	»Pingt« höchstens *N*-mal.
`-i` *N*	Wartet *N* Sekunden (Standard 1) zwischen Pings.
`-n`	Gibt statt der Hostnamen in der Ausgabe IP-Adressen aus.
`-6`	Nutzt IPv6 statt IPv4.

---

traceroute

stdin **stdout** - datei **-- opt** **--help** **--version**

```
traceroute [optionen] host [paketlänge]
```

Der `traceroute`-Befehl gibt den Netzwerkpfad von Ihrem lokalen Host zu einem entfernten Host aus sowie die Zeit, die erforderlich ist, damit Pakete diesen Pfad durchlaufen:

```
→ traceroute archlinux.org
  1 server.mydomain.com (192.168.0.20) 1.397 ms …
  2  10.221.16.1 (10.221.16.1) 15.397 ms …
  3  router.example.com (92.242.140.21) 4.952 ms …
  ⋮
 12  archlinux.org (95.217.163.246)  117.100 ms …
```

Jedem Host auf diesem Pfad werden drei »Proben« geschickt. Die Rücklaufzeiten werden ausgegeben. Vergehen fünf Sekunden ohne Antwort, gibt `traceroute` ein Sternchen aus. `traceroute` kann von Firewalls blockiert werden oder aus verschiedenen anderen Gründen nicht in der Lage sein, eine Antwort zu liefern. In diesem Fall würde es ein Symbol ausgeben:

Symbol	Bedeutung
`!F`	Fragmentierung erforderlich.
`!H`	Host unerreichbar.
`!N`	Netzwerk unerreichbar.
`!P`	Protokoll unerreichbar.
`!S`	Quellroute fehlgeschlagen.
`!X`	Kommunikation ist administrativ verboten.
`!`*N*	ICMP unerreichbar, Code *N*.

Die Standardpaketgröße beträgt 40 Byte, Sie können sie allerdings mit dem letzten, optionalen *paketlänge*-Parameter ändern (z.B. `traceroute myhost 120`). Um interaktiver vorzugehen, können Sie den Befehl `mtr` (*my traceroute*) ausprobieren.

Nützliche Optionen

`-n`	Numerischer Modus: Gibt IP-Adressen anstelle von Hostnamen aus.
`-w` *N*	Ändert den Timeout von fünf Sekunden auf *N* Sekunden.
`-6`	IPv6 statt IPv4 verwenden.

Netzwerkverbindungen

`ssh`	Sicheres Anmelden oder Ausführen von Befehlen auf einem entfernten Host.
`scp`	Sicheres Kopieren von Dateien zu/von einem entfernten Host (Stapelverarbeitung).
`sftp`	Sicheres Kopieren von Dateien zu/von einem entfernten Host (interaktiv).
`netcat`	Definiert Netzwerkverbindungen.

Mit Linux ist es ganz leicht, eine Netzwerkverbindung von einem Rechner zu einem anderen aufzubauen, um sich von außen anzumelden, Dateien zu übertragen oder andere Dinge zu erledigen.

ssh

stdin stdout - datei -- opt --help --version

```
ssh [optionen] host [befehl]
```

Das Programm ssh (*Secure Shell*) meldet Sie sicher auf einem entfernten Rechner an. Sind Ihr lokaler und der Remote-Benutzername gleich, geben Sie einfach den Remote-Hostnamen an:

```
→ ssh remote.example.com
smith@remote.example.com's password: xxxxxxxx
```

Alternativ können Sie auch Ihren Remote-Benutzernamen mitgeben:

```
→ ssh sandy@remote.example.com              Syntax 1
→ ssh -l sandy remote.example.com           Syntax 2
```

Geben Sie einen Befehl mit, ruft ssh diesen auf dem entfernten Rechner auf, ohne eine interaktive Login-Session zu starten:

```
→ ssh sandy@remote.example.com df           freien Plattenplatz prüfen
```

ssh verschlüsselt alle Daten, die über seine Verbindung reisen, einschließlich Ihres Benutzernamens und Ihres Passworts. Das SSH-Protokoll unterstützt außerdem andere Authentifizierungsmethoden, wie etwa öffentliche Schlüssel – siehe dazu den Kasten »Public-Key-Authentifizierung mit SSH« auf Seite 254.

Nützliche Optionen

`-l` *benutzer*	Gibt Ihren entfernten Benutzernamen an; ansonsten nimmt ssh einfach Ihren lokalen Benutzernamen an. Sie können auch die Syntax *username@host* benutzen: `→ ssh sandy@remote.example.com`
`-p` *port*	Verwendet eine andere *port*-Nummer als den Standardwert (22).
`-t`	Weist dem entfernten System ein Terminal zu; nützlich, wenn Sie versuchen, einen entfernten Befehl mit einer interaktiven Benutzerschnittstelle zu verwenden, etwa einem Texteditor.
`-v`	Erzeugt eine ausführliche Ausgabe, nützlich für das Debugging.

Public-Key-Authentifizierung mit SSH

Die Public-Key-Authentifizierung ist ein sichererer Weg, sich per SSH mit Remote-Hosts zu verbinden. Dabei kommt ein Paar kryptografischer Schlüssel zum Einsatz. Ihr privater Schlüssel verbleibt auf Ihrem lokalen Rechner im Verzeichnis *~/.ssh* – geschützt von einer Passphrase. Ihr öffentlicher Schlüssel wird auf den Remote-Host kopiert. Zuerst erzeugen Sie dafür ein Schlüsselpaar:

```
→ ssh-keygen
Enter file to save the key (~/.ssh/id_rsa): <Enter>
Enter passphrase (empty for no passphrase): xxxxxxx
Enter same passphrase again:  xxxxxxx
Your identification has been saved in ~/.ssh/id_rsa
```

Dann kopieren Sie Ihren öffentlichen Schlüssel auf den Remote-Host und melden sich an:

```
→ ssh-copy-id sandy@remote.example.com
sandy@remote.example.com's password: xxxxxxxx
Number of key(s) added: 1
→ ssh sandy@remote.example.com
Enter passphrase for '/home/sandy/.ssh/id_rsa': xxxxxxx
```

Konnten Sie sich mit diesem letzten `ssh`-Befehl nicht anmelden, prüfen Sie:

- ob die lokalen und Remote-Verzeichnisse *~/.ssh* den Modus 0700 besitzen,
- ob die lokale Datei mit dem privaten Schlüssel (*~/.ssh/id_rsa*) den Modus 0600 besitzt,
- ob die Remote-Datei *~/.ssh/authorized_keys* den Modus 0600 besitzt und
- ob der öffentliche Schlüssel in der lokalen Datei *~/.ssh/id_rsa.pub* in der Remote-Datei *~/.ssh/authorized_keys* auftaucht. Wenn das nicht der Fall ist, fügen Sie den Inhalt der lokalen Datei an die Remote-Version von *authorized_keys* an und versuchen es erneut.

Lassen Sie auch `ssh -v` laufen, um Debug-Meldungen auszugeben und nach Hinweisen Ausschau zu halten. Mit `ssh -vvv` erhalten Sie noch ausführlichere Informationen.

scp

stdin **stdout** - datei -- opt --help --version

scp *lokale_spezifikationen entfernte_spezifikationen*

Der scp-Befehl (*secure copy*) kopiert Dateien und Verzeichnisse stapelweise von einem Computer zu einem anderen. (Eine interaktive Schnittstelle erhalten Sie mit sftp.) Er verschlüsselt die gesamte Kommunikation zwischen den beiden Rechnern per SSH. Als einfaches Beispiel kann scp eine lokale Datei an einen entfernten Rechner kopieren:

```
→ scp meinedatei remote.example.com:neuedatei
```

rekursiv ein Verzeichnis an einen entfernten Rechner kopieren:

```
→ scp -r meinverz remote.example.com:
```

eine entfernte Datei auf Ihren lokalen Rechner kopieren:

```
→ scp remote.example.com:meinedatei .
```

oder rekursiv ein entferntes Verzeichnis auf Ihren lokalen Rechner kopieren:

```
→ scp -r remote.example.com:meinverz .
```

Sie können sogar Dateien von einem entfernten Rechner auf einen anderen kopieren, wenn Sie SSH-Zugriff auf beide haben:

```
→ scp remote1.example.com:meinedatei remote2.example.com:
```

Um einen alternativen Benutzernamen auf dem entfernten System festzulegen, benutzen Sie die Syntax *benutzername@host*:

```
→ scp meinedatei smith@remote.example.com:
```

Nützliche Optionen

-P *port*	Verbindung über die angegebene TCP-Portnummer aufbauen (Standard ist 22).
-p	Dupliziert beim Kopieren alle Dateiattribute (Berechtigungen, Zeitstempel).
-r	Kopiert rekursiv ein Verzeichnis und dessen Inhalt.
-v	Erzeugt eine ausführliche Ausgabe, nützlich beim Debugging.

sftp

stdin **stdout** - datei **-- opt** **--help** **--version**

```
sftp (host | benutzername@host)
```

Das sftp-Programm kopiert Dateien interaktiv und sicher (per SSH) zwischen zwei Computern (vermeiden Sie das ähnlich benannte ftp – die meisten Implementierungen verschicken Benutzernamen, Passwörter und Dateien unsicher über das Netzwerk.)

```
→ sftp remote.example.com
smith@remote.example.com's password: xxxxxxxx
sftp> cd MeineDateien                Remote-Verzeichnis ändern.
sftp> ls                             Remote-Verzeichnis auflisten.
README
datei1
datei2
datei3
sftp> get datei2                     Remote-Datei übertragen.
Fetching /home/sandy/MeineDateien/datei2 to datei2
sftp> quit
```

Falls Sie auf dem entfernten System einen anderen Benutzernamen haben als auf dem lokalen System, benutzen Sie das Argument *benutzername@host*:

```
→ sftp sandy@remote.example.com
```

Befehl	Bedeutung
`help`	Zeigt eine Liste aller verfügbaren Befehle.
`ls`	Listet die Dateien im aktuellen entfernten Verzeichnis auf.
`lls`	Listet die Dateien im aktuellen lokalen Verzeichnis auf.
`pwd`	Gibt das entfernte Arbeitsverzeichnis aus.
`lpwd`	Gibt das lokale Arbeitsverzeichnis aus.
`cd` *verz*	Ändert das entfernte Verzeichnis auf *verz*.
`lcd` *verz*	Ändert Ihr lokales Verzeichnis auf *verz*.
`get` *datei1* [*datei2*]	Kopiert die entfernte *datei1* auf den lokalen Rechner, benennt sie optional in *datei2* um.
`put` *datei1* [*datei2*]	Kopiert die lokale *datei1* auf den entfernten Rechner, benennt sie optional in *datei2* um.

Befehl	Bedeutung
`mget` *datei**	Kopiert mithilfe der Wildcards * und ? mehrere entfernte Dateien auf den lokalen Rechner.
`mput` *datei**	Kopiert mithilfe der Wildcards * und ? mehrere lokale Dateien auf den entfernten Rechner.
`quit`	Beendet `sftp`.

netcat

stdin **stdout** - datei -- opt --help --version

```
netcat [optionen] [ziel] [port]
```

```
nc [optionen] [ziel] [port]
```

`netcat`, auch als `nc` aufrufbar, ist ein universelles Tool, um Netzwerkverbindungen einzurichten. Mit ihm lassen sich Netzwerke debuggen, analysieren und viele andere Dinge erledigen. So kann `netcat` zum Beispiel direkt mit einem beliebigen TCP- oder UDP-Gerät kommunizieren, etwa einem SSH-Server an Ihrem lokalen TCP-Port 22 (sofern einer läuft):

```
→ netcat localhost 22
SSH-2.0-OpenSSH_8.9p1 Ubuntu-3ubuntu0.1
^C
```

Dieses Feature ist sehr praktisch, um herauszufinden, ob ein bestimmter Dienst läuft oder nicht, und es läuft auch mit den in */etc/services* aufgeführten Servicenamen. So können Sie sich zum Beispiel mit Googles Webservice (Port 80) verbinden:

```
→ netcat www.google.com http
abc <Enter>          Geben Sie etwas ein und drücken Sie die Enter-Taste.
HTTP/1.0 400 Bad Request
Content-Type: text/html; charset=UTF-8
Content-Length: 1555
Date: Tue, 18 Jul 2023 03:14:36 GMT
⋮
```

Wenn Sie noch ein Linux-Anwender der alten Schule sind, nutzen Sie vielleicht `telnet`, um sich mit beliebigen TCP-Ports zu verbinden. `netcat` ist viel flexibler. So können Sie zum Beispiel einen Client und einen Service erzeugen und sie miteinander reden lassen. Starten Sie einen Service, der an Port 55555 lauscht:

```
→ netcat -l 55555
```

Jetzt rufen Sie in einem anderen Fenster einen Client auf, der mit dem gleichen Port spricht, und geben eine Nachricht ein:

```
→ netcat localhost 55555
Hallo Welt, wie geht es dir? <Enter>
```

Ihre Nachricht wird an Ihren Service geschickt, der nun »Hallo Welt, wie geht es dir?« und auch weitere Zeilen ausgibt. Mit `^C` schließen Sie die Verbindung.

Nützliche Optionen

`-u`	Erzeugt eine UDP- statt einer TCP-Verbindung.
`-l`	Lauscht auf Verbindungen über den angegebenen Port.
`-p` *N*	Nutzt *N* als Quellport.
`-w` *N*	Timeout nach *N* Sekunden.
`-h`	Hilfe.

E-Mails im Alltag

`mutt`	Textbasierter Mailclient.
`mail`	Minimaler textbasierter Mailclient.
`mailq`	Dient dem Betrachten der ausgehenden Mailwarteschlange auf Ihrem System.

Die meisten Benutzer empfangen ihre E-Mails in der Cloud und lesen sie in einem Webbrowser oder in einer E-Mail-Anwendung mit grafischer Oberfläche. Die wenigsten werden über die Kommandozeile auf die E-Mails zugreifen. Trotzdem gibt es für textbasierte E-Mail-Programme interessante Anwendungsfälle – insbesondere in Skripten. Ich stelle Ihnen einen E-Mail-Client mit umfangreichen Features vor (`mutt`), der auf der Kommandozeile läuft, gefolgt von ein paar anderen mailbezogenen Befehlen. Dabei gehe ich davon aus, dass Ihr System schon dafür eingerichtet ist, E-Mails anzunehmen – ansonsten werden einige Befehle nicht funktionieren.

mutt

stdin **stdout** **- datei** **-- opt** **--help** **--version**

```
mutt [optionen]
```

`mutt` ist ein textbasierter Mailer, der in einer Shell läuft, sodass er sowohl lokal (z.B. in einem Terminalfenster) als auch entfernt über eine SSH-Verbindung betrieben werden kann. Um ihn aufzurufen, tippen Sie:

```
→ mutt
```

Wenn der Hauptbildschirm erscheint, werden zeilenweise alle Nachrichten aus Ihrer Mailbox aufgelistet. Ihnen stehen folgende Befehle zur Verfügung:

Tastenkürzel	Bedeutung
Pfeil nach oben	Zur vorhergehenden Nachricht gehen.
Pfeil nach unten	Zur nächsten Nachricht gehen.
Seite nach oben	Eine ganze Seite voller Nachrichten nach oben scrollen.
Seite nach unten	Eine ganze Seite voller Nachrichten nach unten scrollen.
Home	Zur ersten Nachricht gehen.
End	Zur letzten Nachricht gehen.
`m`	Eine neue Nachricht aufsetzen. Dabei wird Ihr bevorzugter Texteditor gestartet. Nach dem Bearbeiten der Nachricht und dem Beenden des Editors tippen Sie `y`, um die Nachricht zu senden, oder `q`, um das Versenden zu verschieben.
`r`	Auf aktuelle Nachricht antworten. Funktioniert wie `m`.
`f`	Die aktuelle Nachricht an eine dritte Person weiterleiten. Funktioniert wie `m`.
`i`	Den Inhalt Ihrer Mailbox betrachten.
`C`	Die aktuelle Nachricht in eine andere Mailbox kopieren.
`d`	Die aktuelle Nachricht löschen.

Nachdem Sie Ihren Texteditor verlassen haben, stehen die folgenden Befehle zu Ihrer Verfügung:

Tastenkürzel	Bedeutung
a	Eine Datei an die Nachricht anhängen (den Anhang oder das Attachment).
c	Die CC-Liste einrichten.
b	Die BCC-Liste einrichten.
e	Die Nachricht noch einmal bearbeiten.
r	Das Reply-to-Feld bearbeiten.
s	Die Subject-Zeile bearbeiten.
y	Die Nachricht senden.
C	Die Nachricht in eine Datei kopieren.
q	Die Nachricht zurückstellen, ohne sie zu senden.

Es gibt immer auch zusätzliche Befehle:

Tastenkürzel	Bedeutung
?	Zeigt eine Liste aller Befehle. (Drücken Sie die Leertaste, um nach unten zu scrollen, und q, um die Anzeige zu beenden.)
^G	Bricht den gerade ausgeführten Befehl ab.
q	Beenden.

mail

stdin **stdout** - datei -- opt --help --version

```
mail [optionen] empfänger
```

Das mail-Programm ist ein schneller, einfacher E-Mail-Client. Um schnell einmal eine Nachricht von der Kommandozeile oder aus Skripten heraus zu verschicken, ist mail ganz praktisch. Um eine Nachricht zu versenden, schreiben Sie:

```
→ mail smith@example.com
Subject: mein Betreff
Ich tippe eine Nachricht.
Um sie zu beenden, tippe ich einen Punkt einzeln auf eine Zeile.
.
Cc: jones@example.com
→
```

Um mit einem einzigen Befehl schnell eine Nachricht zu versenden, nehmen Sie eine Pipe:

```
→ echo "Hey!" | mail -s "Betreff" smith@example.com
```

Um mit einem einzigen Befehl eine Datei zu versenden, können Sie eine Umleitung oder eine Pipeline benutzen. Das funktioniert allerdings nicht für Binärdateien wie Bilder, die erst in Anhänge umgewandelt werden müssen.

```
→ mail -s "mein Betreff" smith@example.com < dateiname.txt
```

Nützliche Optionen

`-s` *betreff*	Setzt die Betreffzeile einer ausgehenden Nachricht.
`-c` *adressen*	Kopie (CC) der Nachricht an die angegebenen Adressen, eine kommaseparierte Liste.
`-b` *adressen*	Blindkopie (BCC) der Nachricht an die angegebenen Adressen, eine kommaseparierte Liste.
`-v`	Ausführlicher Modus: Gibt Meldungen über die Auslieferung der E-Mails aus.

mailq

stdin **stdout** - datei -- opt --help --version

```
mailq
```

Der Befehl `mailq` listet alle ausgehenden E-Mail-Nachrichten auf, die auf die Auslieferung warten.

```
→ mailq
…Size-- ----Arrival Time--  -Sender/Recipient---
    333 Tue Jan 10 21:17:14 smith@example.com
                            jones@elsewhere.org
```

Die Zustellung ist allerdings meist so schnell, dass `mailq` keine Ausgabe liefert. Gesendete E-Mails werden ebenfalls in einer Datei aufgezeichnet, z.B. in */var/log/maillog*; der Name kann von Distribution zu Distribution anders ausfallen. Um sich die letzten Aktivitäten rund um die Mailzustellung anzeigen zu lassen, schauen Sie sich die letzten Zeilen mit `tail` an:

```
→ tail /var/log/mail.log
```

Mehr als Mailreader

E-Mail ist auf Linux »transparenter« als auf anderen Plattformen, die lediglich Ihre Mailbox anzeigen und Nachrichten senden und empfangen. Die Fähigkeit, ausgehende E-Mail-Nachrichten mit `mailq` aufzulisten, ist nur ein Beispiel. Hier sind weitere Optionen, die Ihren Appetit anregen und Sie ermutigen sollen, E-Mails zu erkunden.

- Sie können Ihre Mailboxen mit Kommandozeilenwerkzeugen wie `grep` untersuchen, da die Maildateien einfacher Text sind.
- Sie können Nachrichten manuell von Ihrem Mailserver beziehen. Dazu benutzen Sie den `fetchmail`-Befehl auf der Kommandozeile. Mithilfe einer einfachen Konfigurationsdatei kann dieser Befehl auf IMAP- und POP-Server zugreifen und Mails gleich als Stapel herunterladen (siehe `man fetchmail`).
- Ihr System kann einen Mailserver wie `postfix` betreiben, um die kompliziertesten Aufgaben rund um den Mailversand zu erledigen (siehe »E-Mail-Server« auf Seite 262).
- Sie können die Auslieferung lokaler Mails auf raffinierte Weise mit dem `procmail`-Befehl kontrollieren, der ankommende E-Mail-Nachrichten durch ein beliebiges Programm filtert (siehe `man procmail`).
- Die Spam-Filterung ist unter Linux sehr ausgefeilt: Schauen Sie sich das SpamAssassin-Programmpaket an. Sie können es selbst auf Ihre eingehenden E-Mails loslassen oder es im großen Stil (also für alle Benutzer) auf dem Server ausführen.

Kurz gesagt, E-Mail ist nicht auf die Funktionen Ihres E-Mail-Betrachters beschränkt. Schauen Sie und probieren Sie selbst!

E-Mail-Server

Das Konfigurieren eines Mailservers ist eine komplexe Aufgabe, die sich nicht auf ein paar Seiten beschreiben lässt, daher werde ich nur ein paar häufig gebrauchte Operationen vorstellen. Bei Postfix – einem der beliebtesten Mailserver – gehe ich davon aus, dass er schon auf Ihrem lokalen Rechner läuft. Für den Fall, dass Sie noch keinen Mailserver haben, stelle ich auch Nullmailer vor – ein einfacherer Service, der Ihre Mails zum Ausliefern an einen anderen Server weiterleitet.

Postfix: ein vollwertiger Mailserver

Postfix ist ein leistungsfähiger und beliebter Mailserver und wird durch den Befehl `postfix` gesteuert. Wichtige Konfigurationsdateien für den Server finden sich im Verzeichnis */etc/postfix*:

main.cf
: Variablen, die das Verhalten von Postfix steuern, wie zum Beispiel den Namen und die Domain des Servers, die Position wichtiger Dateien, Größenbeschränkungen für Mailboxen und eingehende Mails und vieles mehr. Nachdem diese Datei angepasst wurde, führen Sie `sudo postfix reload` aus, damit die Änderungen wirksam werden.

master.cf
: Definiert, wie Postfix verschiedene Services ausführt. Die meisten Benutzer passen diese Datei nicht an, aber wenn Sie es tun, rufen Sie `sudo postfix reload` aus, um die Änderungen wirksam werden zu lassen.

postfix_files
: Definiert die korrekten Berechtigungen für alle Postfix-Dateien. Diese Berechtigungen sind für die Sicherheit der E-Mails von entscheidender Bedeutung. Die meisten Benutzer werden diese Datei nicht verändern. Um eine Postfix-Installation wieder auf diese Berechtigungen zurückzusetzen, führen Sie `sudo postfix set-permissions` aus.

sasl_passwd
: Authentifizierungsinformationen für das Verbinden mit einem Remote-SMTP-Provider. Nach dem Anpassen dieser Datei führen Sie `sudo postmap /etc/postfix/sasl_passwd` aus, damit die Änderungen wirksam werden. Das Dateiformat ist:

```
[smtpserver]:port benutzername:passwort
```

Dabei ist *smtpserver* der Remote-SMTP-Server, *port* dessen TCP-Portnummer (optional), und *benutzername* und *passwort* sind die Authentifizierungs-Credentials, zum Beispiel:

```
[smtp.example.com]:587 smith:SEEKRIT_PASSWURD
```

> Schützen Sie alle Dateien in */etc/postfix*. Sorgen Sie dafür, dass die Dateien *sasl_passwd* und *sasl_passwd.db* nur von Root lesbar sind (Modus 0600), da sie Passwörter enthalten.

Postfix läuft normalerweise automatisch, aber Sie können es per Hand starten und stoppen:

→ **`sudo postfix start`** *Server starten.*
→ **`sudo postfix status`** *Prüfen, ob der Server läuft.*
→ **`sudo postfix stop`** *Server ordentlich stoppen.*
→ **`sudo postfix abort`** *Server abschießen.*

Ist ein Problem beim Ausliefern der Mails aufgetreten, können Sie alle aufgestauten Mails auf einmal ausliefern:

→ **`sudo postfix flush`**

Mehr Informationen zu Postfix erhalten Sie unter *https://postfix.org*.

Nullmailer: Einfach ausgehende E-Mails

Postfix ist kompliziert. Eine einfachere Lösung ist, die E-Mails von Ihrem lokalen Rechner zur Auslieferung an einen anderen Mailserver weiterzuleiten. (Sie brauchen auf dem Remote-Mailserver ein Konto.) Dieser Vorgang nennt sich Einrichten eines Relay-only-Mailservers.

Stellen Sie sich vor, Sie hätten ein Konto *smith* auf einem Linux-Host *example.com* und wollten diesen Host so konfigurieren, dass er E-Mails verschickt. Sie haben auch ein Konto *sandy* auf einem Remote-Server *mail.example.com*, auf dem schon Postfix zum Ausliefern von Mails läuft. Installieren Sie nun Nullmailer auf Ihrem lokalen Rechner – entweder über den Paketmanager Ihrer Distro (der bevorzugte Weg) oder von *https://oreil.ly/82aMq*. Dann erstellen Sie als Administrator drei lokale Dateien im Verzeichnis */etc/nullmailer*:

adminaddr
: Enthält die E-Mail-Adresse zum Empfangen von administrativen E-Mails, wie zum Beispiel Hinweisen von Nullmailer.

defaultdomain
: Enthält die Domain, die für alle ausgehenden E-Mails gesetzt werden soll.

remotes
: Enthält die Anmeldeinformationen für den Remote-Mailserver. Darin steht auch das Passwort im Klartext, daher müssen Sie sicherstellen, dass diese Datei nur von Root lesbar ist:

```
→ chmod 0600 /etc/nullmailer/remotes
```

So sehen diese drei Dateien in einer typischen Installation aus:

```
→ cd /etc/nullmailer
→ cat adminaddr
smith@example.com
→ cat defaultdomain
example.com
→ cat remotes
cat: remotes: Permission denied
→ sudo cat remotes              Der Inhalt steht auf einer Zeile.
mail.example.com smtp --port=587 --tls --user=sandy
  --pass=…
```

Ihre *remotes*-Datei wird Werte enthalten, die für Ihren Remote-Mailserver spezifisch sind. Mit `man nullmailer-send` erfahren Sie mehr darüber. Sind die drei Dateien dort, wo sie hingehören, aktivieren und starten Sie den Nullmailer-Service:

```
→ sudo systemctl enable nullmailer
→ sudo systemctl start nullmailer
```

Schicken Sie eine Testnachricht ab:

```
→ echo Hallo | mail funkydance@another.example.com
```

Prüfen Sie, ob die Nachricht an *mail.example.com* weitergegeben wurde:

```
→ tail /var/log/mail            oder eine andere Mail-Logdatei
...nullmailer-send: Starting delivery:
                    host: mail.example.com
...nullmailer-send: From: <smith@example.com> to:
    <funkydance@another.example.com>
...nullmailer-send: Delivery complete
```

Im Internet surfen

`lynx`	Rein textbasierter Webbrowser.
`curl`	Von der Kommandozeile aus auf Onlineinhalte zugreifen.
`wget`	Lädt Webseiten und Dateien herunter.

Neben den üblichen Webbrowsern wie Chrome und Firefox bietet Linux auch noch viele weitere Wege, das World Wide Web über die Kommandozeile zu erkunden.

lynx

stdin **stdout** - datei **-- opt** **--help** **--version**

`lynx [optionen] [URL]`

Lynx ist ein abgespeckter textbasierter Webbrowser. Er zeigt keine Bilder an und spielt keine Audio- oder Videodateien ab. Das gesamte Browsen geschieht per Tastatur, nicht mit einer Maus. Er ist aber unglaublich nützlich, wenn Sie nur schnell einmal einen Blick auf eine Seite werfen wollen, wenn das Netzwerk langsam ist oder wenn Sie den HTML-Code einer Website herunterladen wollen. Besonders gut ist er, wenn Sie eine verdächtige URL überprüfen wollen, da Lynx kein JavaScript ausführt und nicht einmal ein Cookie akzeptiert, ohne Sie zuvor zu fragen.

```
→ lynx https://danieljbarrett.com
```

Viele Seiten werden nicht richtig aussehen, vor allem wenn sie exzessiven Gebrauch von Tabellen oder Frames machen, aber normalerweise werden Sie Ihren Weg durch eine Site schon finden.

Tastenkürzel	Bedeutung
`?`	Holt Hilfe.
`k`	Listet alle Tastenkürzel und deren Bedeutung auf.
`^G`	Bricht einen Befehl ab, der gerade ausgeführt wird.
`q`	Beendet Lynx.
`Pfeil nach unten`	Geht zum nächsten Link oder Formularfeld.
`Pfeil nach oben`	Geht zum vorhergehenden Link oder Formularfeld.
`Enter`	»Klickt« den aktuellen Link an oder schließt das aktuelle Formularfeld ab.
`Pfeil nach rechts`	Vorwärts zur nächsten Seite oder »Anklicken« des aktuellen Links.
`Pfeil nach links`	Zurück zur vorherigen Seite.
`g`	Geht zu einer URL. (Sie werden aufgefordert, sie einzugeben.)
`p`	Die aktuelle Seite speichern, drucken oder per E-Mail verschicken.
`Leertaste`	Nach unten scrollen.
`b`	Nach oben scrollen.
`^A`	Geht an den Seitenanfang.
`^E`	Geht an das Seitenende.
`m`	Kehrt auf die Hauptseite/Homepage zurück.
`/`	Sucht nach Text auf der Seite.
`a`	Markiert die aktuelle Seite als Lesezeichen.
`v`	Zeigt Ihre Lesezeichenliste.
`r`	Löscht ein Lesezeichen.
`=`	Zeigt die Eigenschaften der aktuellen Seite und des Links an.
`\`	Zeigt die HTML-Quelle an. (Tippen Sie noch einmal, um zur normalen Ansicht zurückzukehren.)

Lynx besitzt mehr als 100 Kommandozeilenoptionen, sodass es sich lohnt, die Manpage zu lesen. Andere textbasierte Browser sind unter anderem `w3m`, `links` oder `elinks`.

Nützliche Optionen

`-dump`	Gibt die gerenderte Seite auf der Standardausgabe aus und beendet sich. (Vergleichen Sie das mit der Option `-source`.)
`-source`	Gibt die HTML-Quelle auf der Standardausgabe aus und beendet sich. (Vergleichen Sie das mit dem `wget`-Befehl.)
`-useragent=`*name*	Blockiert eine Site `lynx`, setzen Sie den Useragent so, dass er sich als ein anderer Browser ausgibt. Probieren Sie einmal `-useragent=mozilla`.
`-emacskey`	Lynx wird durch Emacs-artige Tastenkürzel gesteuert.
`-vikeys`	Lynx wird durch Vim-artige Tastenkürzel gesteuert.
`-homepage=`*URL*	Setzt Ihre Homepage-URL auf *URL*.
`-color`	Schaltet farbige Texte ein.
`-nocolor`	Schaltet farbige Texte aus.

curl

stdin stdout -datei --opt --help --version

```
curl [optionen | URLs]
```

Der `curl`-Befehl greift auf Onlineinhalte zu. Er kann Webseiten herunterladen, einen Webservice testen oder andere Aufgaben erledigen, die mit einer URL zu tun haben. Standardmäßig schreibt `curl` an die Standardausgabe, daher sollten Sie die Ausgabe bei Bedarf umleiten oder die Option `-o` nutzen:

```
→ curl https://www.yahoo.com > meineseite.html          Umleiten
→ curl -o meineseite.html https://www.yahoo.com         Option -o
→ curl https://www.yahoo.com | wc -l                    Pipelines
```

`curl` ist großartig, um schnell eine REST-API zu testen. Suchen wir in Wikipedia nach dem Wort »Linux« und lassen wir uns eine JSON-Response geben:

```
→ curl "https://en.wikipedia.org/w/rest.php/v1/search/\
page?q=Linux"
{"pages":[{"id":6097297,"key":"Linux","title":"Linux" …
```

`curl` besitzt Dutzende Optionen, und es beherrscht neben HTTP unzählige weitere Protokolle, wie z.B. IMAP, FTP oder SMB. Es kann Webheader hinzufügen, Daten per POST an Webseiten schicken, sich mit Benutzernamen und Passwörtern authentifizieren, SSL-Zertifikate nutzen, Cookies simulieren und vieles mehr (siehe die Manpage).

Nützliche Optionen

`-o` *datei*	Ausgabe in die angegebene Datei schreiben.
`-A` *name*	Useragent auf *name* setzen. Versuchen Sie einmal `-A mozilla`.
`-v`	Ausführlicher Modus: Es werden viele Diagnoseinformationen ausgegeben.
`-s`	Stiller Modus: Es werden keine Diagnoseinformationen ausgegeben.

wget

stdin stdout - datei -- opt --help --version

```
wget [optionen] URL
```

Der Befehl `wget` nimmt eine URL und lädt die Daten in eine Datei herunter. Er eignet sich großartig, um einzelne Webseiten zu erfassen, Dateien herunterzuladen oder eine ganze Website-Hierarchie bis zu einer beliebigen Tiefe zu duplizieren. Lassen Sie uns z.B. die Yahoo!-Homepage erfassen:

```
→ wget http://www.yahoo.com
2023-10-22 13:56:53 (3.45 MB/s) - 'index.html' saved
```

Sie wird hier in eine Datei *index.html* im aktuellen Verzeichnis gespeichert. `wget` besitzt die zusätzliche Fähigkeit, einen Download wieder aufzunehmen, falls er, z.B. wegen eines Netzwerkausfalls, abgebrochen war: Führen Sie einfach `wget -c` mit derselben URL aus, und der Befehl fährt dort fort, wo er unterbrochen wurde.

Die vielleicht nützlichste Funktion von `wget` ist seine Fähigkeit, Dateien herunterzuladen, ohne dass ein Webbrowser nötig wäre:

```
→ wget http://www.linuxpocketguide.com/sample.pdf
```

Das eignet sich großartig für große Dateien wie Videos und ISO-Bilder. Sie können sogar Shell-Skripte schreiben, um Gruppen von Dateien herunterzuladen, falls Sie deren Namen kennen. Hier ein Skript, das drei MP4-Videos mit den Namen *1.mp4*, *2.mp4* und *3.mp4* aus dem Root-Verzeichnis einer Website lädt:

```
→ for i in 1 2 3
do
  wget https://example.com/$i.mp4
done
```

`wget` besitzt mehr als 70 Optionen, sodass wir hier nur einige der wichtigeren behandeln.

Nützliche Optionen

`-U` *name*	Blockiert eine Site `wget`, setzen Sie den Useragent so, dass er für einen anderen Browser steht. Probieren Sie es z. B. mit `-U mozilla`.
`-O` *dateiname*	Schreibt das ganze erfasste HTML in die angegebene Datei.
`-i` *dateiname*	Liest URLs aus der angegebenen Datei und lädt sie anschließend herunter.
`-c`	Wenn ein vorangegangener Download unterbrochen wurde, setzt `wget` den Download fort. Das heißt, falls `wget` 100 K einer 150-K-Datei heruntergeladen hat, besagt die Option `-c`, dass nur die verbleibenden 50 K geholt werden. `wget` kann natürlich getäuscht werden, falls sich die entfernte Datei seit dem ersten (teilweisen) Download geändert hat. Benutzen Sie diese Option deshalb nur, wenn Sie wissen, dass die entfernte Datei nicht geändert wurde.
`-t` *N*	Versucht *N*-mal, bevor es aufgibt. *N* = 0 bedeutet, dass unendlich oft versucht werden soll.
`--progress=dot`	Gibt Punkte statt Balken aus, um den Fortschritt des Downloads anzuzeigen.
`--spider`	Lädt nichts herunter, sondern testet nur, ob die entfernten Seiten vorhanden sind.
`-nd`	Holt alle Dateien in das aktuelle Verzeichnis, statt die entfernte Verzeichnishierarchie zu duplizieren.
`-r`	Holt eine Seitenhierarchie rekursiv, also einschließlich der Unterverzeichnisse.
`-l` *N*	Holt Dateien höchstens *N* Ebenen tief (standardmäßig 5).
`-k`	Modifiziert innerhalb von heruntergeladenen Dateien die URLs derart, dass sie lokal in einem Webbrowser betrachtet werden können.
`-p`	Lädt alle Dateien herunter, die nötig sind, um eine Seite komplett anzuzeigen, also auch Stylesheets und Bilder.

`-L`	Folgt relativen Links (innerhalb einer Seite), aber nicht absoluten Links.
`-A` *muster*	Akzeptiermodus: Lädt nur Dateien herunter, deren Namen einem vorgegebenen Muster entsprechen. Die Muster können die gleichen Wildcards enthalten wie die Shell.
`-R` *muster*	Ablehnungsmodus: Lädt nur Dateien herunter, deren Namen *nicht* einem vorgegebenen Muster entsprechen.
`-I` *muster*	Verzeichnisse einbeziehen: Lädt Dateien nur aus Verzeichnissen herunter, die einem vorgegebenen Muster entsprechen.
`-X` *muster*	Verzeichnisse ausschließen: Lädt Dateien nur aus Verzeichnissen herunter, die *nicht* einem vorgegebenen Muster entsprechen.

KAPITEL 6

Dinge erledigen

Bildschirmausgabe

`echo`	Gibt einen einfachen Text auf der Standardausgabe aus.
`printf`	Gibt formatierten Text auf der Standardausgabe aus.
`yes`	Gibt wiederholten Text auf der Standardausgabe aus.
`seq`	Gibt eine Folge von Zahlen auf der Standardausgabe aus.
`clear`	Leert den Bildschirm oder das Fenster.

Linux bietet mehrere Befehle zum Ausgeben von Nachrichten auf der Standardausgabe. Jeder Befehl hat unterschiedliche Stärken und beabsichtigte Einsatzzwecke. Diese Befehle sind unbezahlbar, wenn man mehr über Linux lernen, Probleme beheben, Shell-Skripte schreiben (siehe »Mit Shell-Skripten programmieren« auf Seite 308) oder einfach nur mit sich selbst reden möchte.

echo

stdin **stdout** - datei -- opt --help --version

```
echo [optionen] strings
```

Der echo-Befehl gibt einfach nur seine Argumente aus:

```
→ echo Wir haben Spaß
Wir haben Spaß
```

Leider existieren mehrere verschiedene echo-Befehle mit leicht unterschiedlichem Verhalten. Es gibt */bin/echo*, allerdings übergehen Linux-Shells diesen typischerweise mit einem eingebauten Befehl namens echo. Um festzustellen, welche Fassung Sie benutzen, führen Sie den Befehl type echo aus:

```
→ type echo
echo is a shell builtin
```

Nützliche Optionen

`-n`	Gibt das abschließende Newline-Zeichen nicht aus.
`-e`	Erkennt und interpretiert Escape-Zeichen. Probieren Sie z. B. `echo 'hello\a'` und `echo -e 'hello\a'`. Das erste gibt das Argument wörtlich aus, das zweite gibt ein akustisches Signal aus.
`-E`	Escape-Zeichen werden nicht interpretiert: das Gegenteil von `-e`.

Verfügbare Escape-Zeichen sind:

`\a`	Alarm (akustisches Signal)
`\b`	Backspace
`\c`	gibt das abschließende Newline nicht aus (gleicher Effekt wie `-n`)
`\f`	Form Feed
`\n`	Line Feed (Newline)
`\r`	Carriage Return
`\t`	horizontaler Tab
`\v`	vertikaler Tab
`\\`	ein Backslash
`\'`	einfaches Anführungszeichen
`\"`	doppeltes Anführungszeichen
`\`*nnn*	das Zeichen mit dem ASCII-Wert *nnn* in oktal

printf

stdin **stdout** - datei **-- opt** **--help** --version

```
printf formatstring [argumente]
```

Der Befehl `printf` ist eine Art verbessertes echo: Er gibt formatierte Strings auf der Standardausgabe aus. Er funktioniert im Großen und Ganzen wie die Funktion `printf()` der Programmiersprache C, die einen Formatstring auf eine Folge von Argumenten anwendet, um eine besondere Ausgabe zu erzeugen, zum Beispiel:

```
→ printf "Benutzer %s ist %d Jahre alt.\n" sandy 29
Benutzer sandy ist 29 Jahre alt.
```

Das erste Argument ist der Formatstring, der in unserem Beispiel zwei Formatangaben enthält: `%s` und `%d`. Die nachfolgenden Argumente, `sandy` und `29`, werden durch `printf` in den Formatstring eingesetzt und dann ausgegeben. Formatangaben können mit Fließkommazahlen ziemlich aufwendig werden:

```
→ printf "Das gibt\'s dann $%0.2f, mein Herr.\n" 3
Das gibt's dann für $3.00, mein Herr.
```

In Linux stehen zwei `printf`-Befehle zur Verfügung: Einer ist in die bash eingebaut, und einen findet man in */usr/bin/printf*. Die zwei sind mit wenigen Ausnahme identisch – so kann beispielsweise nur das eingebaute `printf` die Ausgabe in einer Shell-Variablen speichern (mit der Option `-v`).

Sie sind dafür verantwortlich, dass die Anzahl der Formatangaben (`%`) gleich der Anzahl der Argumente ist, die an `printf` übergeben werden. Haben Sie zu viele Argumente, werden die überzähligen ignoriert, haben Sie zu wenige, nimmt `printf` Standardwerte an (0 für numerische Werte, einen leeren String für Stringformate). Dennoch sollten Sie solche Fehlzuordnungen als Fehler betrachten, auch wenn `printf` relativ großzügig ist. Wenn sie sich in Ihre Shell-Skripte einschleichen, wird es unweigerlich zu Problemen kommen.

```
→ printf "%d %d\n" 10                zu wenige Argumente
10 0
→ printf "%d %d\n" 10 20 30 40       zu viele Argumente
10 20
30 40
```

Formatangaben werden detailliert in der Manpage für die C-Funktion `printf` beschrieben (siehe `man 3 printf`). Hier sind einige nützliche:

`%d`	dezimales Integer
`%ld`	langes dezimales Integer
`%o`	oktales Integer
`%x`	hexadezimales Integer

`%f`	Gleitkomma
`%lf`	Gleitkomma mit doppelter Genauigkeit
`%c`	ein einzelnes Zeichen
`%s`	String
`%q`	String, bei dem Shell-Metazeichen geschützt sind
`%%`	ein Prozentzeichen für sich allein

Direkt nach dem führenden Prozentzeichen können Sie einen numerischen Ausdruck für die minimale Breite der Ausgabe einfügen. So bedeutet z. B. `%5d`, dass eine Dezimalzahl in ein fünf Zeichen breites Feld geschrieben wird, während `%6.2f` für eine Gleitkommazahl in einem sechs Zeichen breiten Feld mit zwei Stellen nach dem Dezimalpunkt steht. Hier sind einige nützliche numerische Ausdrücke:

n	minimale Breite *n*
0*n*	minimale Breite *n*, aufgefüllt mit führenden Nullen
n.*m*	minimale Breite *n* mit *m* Stellen nach dem Dezimalpunkt

`printf` interpretiert außerdem Escape-Zeichen wie `\n` (gibt ein Newline-Zeichen aus) und `\a` (akustisches Signal). Die vollständige Liste finden Sie beim echo-Befehl.

yes

stdin **stdout** - datei -- opt **--help** **--version**

yes [*string*]

Der yes-Befehl gibt den angegebenen String (oder standardmäßig y) unendlich oft aus, und zwar einen String pro Zeile.

→ **yes**

```
y
y
y
⋮
```

Auf den ersten Blick mag das ein bisschen sinnlos erscheinen. Allerdings eignet sich yes perfekt dafür, interaktive Befehle in Stapelbefehle zu verwandeln. Leiten Sie die Ausgabe von yes per Pipeline in die Eingabe des Befehls zum Beantworten dieser Eingabeaufforderungen:

```
→ yes | mein_interaktiver_befehl
```

Wenn *mein_interaktiver_befehl* beendet wird, wird auch yes beendet.

---

seq

stdin **stdout** - datei -- opt **--help** **--version**

```
seq [optionen] spezifikation
```

Der seq-Befehl gibt eine Folge von Integerwerten oder reellen Zahlen aus, die man dann in andere Befehle leiten kann. Es gibt drei Arten von Spezifikationsargumenten:

Eine einzelne Zahl: eine obere Grenze

seq beginnt bei 1 und zählt bis zu dieser Zahl:

```
→ seq 3
1
2
3
```

Zwei Zahlen: untere und obere Grenze

seq beginnt bei der ersten Zahl und zählt so weit es kann, ohne die obere Zahl zu überschreiten.

```
→ seq 2 5
2
3
4
5
```

Drei Zahlen: untere Grenze, Schrittweite und obere Grenze

seq beginnt bei der ersten Zahl, erhöht um die zweite Zahl und stoppt bei (oder vor) der dritten Zahl.

```
→ seq 1 .3 2
1
1.3
1.6
1.9
```

Mit einer negativen Schrittweite können Sie auch zurückgehen:

```
→ seq 5 -1 2
5
4
3
2
```

Nützliche Optionen

`-w`	Gibt führende Nullen aus, die unter Umständen nötig sind, damit alle Zeilen gleich breit sind:
	`→ seq -w 8 10`
	`08`
	`09`
	`10`

`-f` *format*	Formatiert die Ausgabezeilen mit einem `printf`-artigen Formatstring, der entweder `%g` (Standard), `%e` oder `%f` enthalten muss:
	`→ seq -f '**%g**' 3`
	`**1**`
	`**2**`
	`**3**`

`-s` *string*	Benutzt den angegebenen String als Trennzeichen zwischen den Zahlen. Standardmäßig wird ein Newline ausgegeben (d. h., pro Zeile erscheint eine Zahl):
	`→ seq -s ':' 10`
	`1:2:3:4:5:6:7:8:9:10`

Bash und andere Shells besitzen ein ähnliches Feature, um eine Folge von Zahlen zu erzeugen – siehe dazu »Erweiterung von geschweiften Klammern« auf Seite 40.

```
→ echo {1..10}
1 2 3 4 5 6 7 8 9 10
```

clear

stdin **stdout** -datei --opt --help --version

```
clear
```

Dieser Befehl leert einfach Ihre Anzeige oder Ihr Shell-Fenster. Alternativ können Sie auch `^L` drücken.

Kopieren und Einfügen

`xclip`	Kopieren und Einfügen zwischen Shell und Zwischenablage.
`xsel`	Zwischenablage von der Shell aus bearbeiten.

Linux besitzt eine Zwischenablage, um zwischen Anwendungen mit grafischer Benutzeroberfläche Daten zu kopieren. Tatsächlich gibt es sogar drei verschiedene Zwischenablagen, die als *Selections* bezeichnet werden. Sie erreichen diese auch von der Befehlszeile aus, indem Sie zum Beispiel das Ergebnis eines Shell-Befehls dorthin schicken oder den Inhalt der Selection wie die Standardeingabe behandeln können.

Beachten Sie, dass diese Befehle nur dann funktionieren, wenn Ihre Shell in einer X11-Umgebung wie GNOME oder KDE läuft. Wayland besitzt andere Mechanismen wie `wl-copy` und `wl-paste`. In einer rein textuellen Umgebung bieten die Befehle `tmux` und `screen` ebenfalls Zwischenablagen, während sie laufen. Nutzen Sie keine dieser Umgebungen, gibt es auch keine Zwischenablage.

---

xclip — stdin stdout - datei -- opt --help --version

```
xclip [optionen]
```

`xclip` kann lesend und schreibend auf die drei Linux-Selections (Zwischenablagen) zugreifen, sodass Sie Text zwischen der Shell und Anwendungen mit grafischer Oberfläche kopieren und einfügen können. Zum Ausprobieren nutzen Sie Ihre Maus, um Text in eine Selection zu kopieren – zum Beispiel per Doppelklick auf ein Wort in Ihrem Terminalfenster –, und führen dann diesen Befehl aus:

```
→ xclip -o
```

Der kopierte Text wird nun an die Standardausgabe geschrieben. Als weiteres Beispiel können Sie den Inhalt einer Datei an eine Selection schicken und diese dann ausgeben:

```
→ cat gedicht                          Dateiinhalt anzeigen
Es war einmal ein kleines
Betriebssystem namens Linux,
das jeder mochte.
→ cat gedicht | xclip -i               Datei an Selection pipen
→ xclip -o                             Selection ausgeben
Es war einmal ein kleines
Betriebssystem namens Linux,
das jeder mochte.
```

Alle Befehlszeilenoptionen für `xclip` verwenden einfache Bindestriche, auch `-help` und `-version`.

Nützliche Optionen

`-selection` *name*	Wählt eine Selection über ihren Namen aus: `primary`, `secondary` oder `clipboard`. Standardwert ist `primary`. In meinem Terminalfenster fügt die mittlere Maustaste aus `primary` ein, während »Paste« über die rechte Maustaste `clipboard` nutzt.
`-i`	Liest den Selection-Inhalt von der Standardeingabe. Sie können diese Option weglassen.
`-o`	Schreibt den Selection-Inhalt an die Standardausgabe.

xsel

stdin **stdout** - datei -- opt **--help** **--version**

`xsel [`*optionen*`]`

`xsel` ist eine mächtigere Version von `xclip`. Neben dem Lesen und Schreiben der drei Selections (Zwischenablagen) kann es auch an sie anfügen, sie austauschen und löschen:

```
→ echo Hallo | xsel -i
→ xsel -o
Hallo
→ echo Welt | xsel -a     Anfügen
→ xsel -o
Hallo
Welt
```

Nützliche Optionen

`-p`	Die Primary-Selection verwenden (Standard).
`-s`	Die Secondary-Selection verwenden.
`-b`	Die Clipboard-Selection verwenden.
`-i`	Den Selection-Inhalt von der Standardeingabe lesen. Dies ist das Standardverhalten.
`-a`	An die Selection anhängen.
`-o`	Den Selection-Inhalt an die Standardausgabe schreiben.
`-c`	Den Selection-Inhalt löschen.
`-x`	Den Inhalt von Primary- und Secondary-Selection vertauschen.

Mathematik und Berechnungen

`expr`	Führt einfache Berechnungen auf der Kommandozeile aus.
`bc`	Textbasierter Rechner.
`dc`	Textbasierter UPN-Rechner

Sie brauchen einen Rechner? Linux bietet Ihnen einige Befehle, mit denen man mathematische Wahrheiten ermitteln kann.

---

expr

stdin **stdout** - datei -- opt **--help** **--version**

expr *ausdruck*

Der expr-Befehl führt auf der Kommandozeile einfache Berechnungen (und andere Auswertungen von Ausdrücken) aus:

```
→ expr 7 + 3
10
→ expr '(' 7 + 3 ')' '*' 14        Shell-Zeichen in Anführungsstrichen
140
→ expr length ABCDEFG
7
→ expr 15 '>' 16
0                                  bedeutet false
```

Bash bietet eine Kurzform für expr: ein Dollarzeichen und doppelte Klammern `$((…))`. Das ist praktisch, um innerhalb eines Befehls Berechnungen durchzuführen:

```
→ echo Die Antwort ist: $((7 + 3))
Die Antwort ist: 10
```

Die einzelnen Argumente müssen durch Whitespace getrennt werden. Beachten Sie, dass Sie alle Zeichen, die eine besondere Bedeutung für die Shell besitzen, schützen oder quotieren müssen. Klammern (geschützt) kann man benutzen, um Ausdrücke zu gruppieren. Zu den Operatoren für expr gehören:

Operator	Numerische Operation	Stringoperation
`+`, `-`, `*`, `/`	Addition, Subtraktion, Multiplikation, Division	
`%`	Rest (Mod)	
`<`	kleiner als	weiter vorn im Wörterbuch
`<=`	kleiner als oder gleich	weiter vorn im Wörterbuch oder gleich
`>`	größer als	weiter hinten im Wörterbuch
`>=`	größer als oder gleich	weiter hinten im Wörterbuch oder gleich
`=`	Gleichheit	Gleichheit
`!=`	Ungleichheit	Ungleichheit
`|`	boolesches »Oder«	boolesches »Oder«
`&`	boolesches »Und«	boolesches »Und«
`s:` *`regexp`*		Entspricht der *regexp* dem String *s*?
`substr` *`s p n`*		Gibt *n* Zeichen des Strings *s* aus, beginnend an der Position *p* (*p* = 1 ist das erste Zeichen).
`index` *`s zeichen`*		Liefert den Index der ersten Position in String *s* zurück, die ein Zeichen aus dem String *`zeichen`* enthält. Liefert 0 zurück, falls nichts gefunden wurde. (Das Verhalten ist identisch mit dem der C-Funktion `index()`.)

Für boolesche Ausdrücke werden die Zahl 0 und der leere String als falsch angesehen; alle anderen Werte sind wahr. Für boolesche Ergebnisse ist 0 falsch und 1 wahr.

bc

stdin stdout - datei --opt --help --version

```
bc [optionen] [dateien]
```

bc ist ein textbasierter Rechner, der arithmetische Ausdrücke einliest – jeweils einen pro Zeile – und die Ergebnisse ausgibt. Anders als die meisten anderen Rechner kann bc mit unbegrenzt großen Zahlen und beliebig vielen Dezimalstellen arbeiten:

```
→ bc
1+2+3+4+5                      fünf Zahlen addieren
15
scale=2                        Genauigkeit zwei Nachkommastellen
(1 + 2 * 3 / 4) - 5
-2.50
2^100                          100. Potenz von 2
1267650600228229401496703205376
^D                             Ende
```

Programmiererinnen und Programmierer freuen sich sicherlich über die Fähigkeit, die Basis zu wechseln, um Berechnungen in binärer, oktaler, hexadezimaler oder einer anderen beliebigen Basis durchzuführen:

```
→ bc
obase=2            Ergebnisse zur Basis 2
999
1111100111
obase=16           oder Basis 16
999
3E7
```

Aber bc kann noch mehr. Es ist zudem ein programmierbarer Rechner, in dem Sie Ihre eigenen Funktionen definieren können. Hier ein Beispiel für eine Funktion, die die Lösungen für eine quadratische Gleichung berechnet. Sie ist in einer Datei *quadratisch.txt* abgelegt:[28]

28 Dieses Beispiel schlägt fehl, wenn die Wurzeln imaginär sind.

```
→ cat quadratisch.txt
scale=2
define quadform ( a, b, c ) {
 root1 = (-b + sqrt(b^2 - 4*a*c)) / (2*a)
 root2 = (-b - sqrt(b^2 - 4*a*c)) / (2*a)
 print root1, "  ", root2, "\n"
}

quadform(1, 7, 12)      löst x² + 7x + 12 = 0
```

Leiten Sie diese Datei nach bc um, erhalten Sie folgendes Ergebnis:

```
→ bc < quadratisch.txt
 -3.00  -4.00
```

In seiner mächtigsten Form ist bc eine Programmiersprache für mathematische Probleme. Sie können Variablen Werte zuweisen, Arrays bearbeiten, bedingte Ausdrücke und Schleifen nutzen und sogar Skripte schreiben, die den Benutzer nach Werten fragen und mathematische Operationen damit ausführen. Einen vollständigen Überblick erhalten Sie über die Manpage.

Nützliche arithmetische Operationen

`+, -, *, /`	Addition, Subtraktion, Multiplikation und Division. Die Ergebnisse der Division werden anhand des aktuellen `scale` abgeschnitten (siehe unten).
`%`	Teilungsrest (Mod).
`^`	Potenzieren, zum Beispiel `10^5` für »zehn hoch fünf«.
`sqrt(`*N*`)`	Wurzel von *N*.
`ibase=`*N*	Alle Eingabewerte auf der Basis von *N* behandeln.
`obase=`*N*	Alle Werte zur Basis *N* ausgeben.
`scale=`*N*	Die Anzahl der signifikanten Nachkommastellen auf *N* setzen.
`( ... )`	Klammern zum Gruppieren.
name`=`*value*	Der Variablen *name* einen Wert zuweisen.

dc   stdin stdout - datei -- opt --help --version

```
dc [optionen] [dateien]
```

Der Befehl dc (*desk calculator*) ist ein Stack-basierter Rechner mit *umgekehrt polnischer Notation* (UPN), der Ausdrücke von der Standardeingabe liest und die Ergebnisse auf die Standardausgabe schreibt. Wenn Sie wissen, wie man einen UPN-Rechner von Hewlett-Packard benutzt, ist für Sie dc relativ leicht einzusetzen, sobald Sie seine Syntax verstanden haben. Sollten Sie allerdings an traditionellere Rechner gewöhnt sein, ist dc möglicherweise undurchschaubar. Wir behandeln hier nur ein paar einfache Befehle.

Für Stack- und Rechneroperationen:

`q`	Beendet dc.
`f`	Gibt den gesamten Stack aus.
`c`	Löscht (leert) den gesamten Stack.
`p`	Gibt den obersten Wert auf dem Stack aus.
`P`	Entfernt den obersten Wert aus dem Stack.
n `k`	Setzt die Genauigkeit künftiger Operationen auf *n* Dezimalstellen (Standard ist 0: Integeroperationen).

Um die obersten beiden Werte aus dem Stack zu holen, führen Sie eine angeforderte Operation aus und schieben das Ergebnis:

`+`, `-`, `*`, `/`	Addition, Subtraktion, Multiplikation und Division.
`%`	Rest (Mod).
`^`	Potenzierung (der zweite Wert von oben ist die Basis, der oberste Wert ist der Exponent).

Um den obersten Wert aus dem Stack zu holen, führen Sie eine angeforderte Operation durch und schieben das Ergebnis:

`v`	Quadratwurzel.

Beispiele:

```
→ dc
4 5 + p    Gibt die Summe aus 4 und 5 aus.
9
2 3 ^ p    Rechnet 2 hoch 3 und gibt das Ergebnis aus.
8
10 * p     Multipliziert den obersten Stack-Wert mit 10, gibt Ergebnis aus.
80
f          Gibt den Stack aus.
80
9
+p         Holt die obersten beiden Stack-Werte und gibt ihre Summe aus.
89
^D         Ende.
```

Daten und Zeiten

`cal`	Gibt einen Kalender aus.
`date`	Gibt Datum und Uhrzeit aus oder setzt sie.

Sie brauchen ein Datum? Wie wäre es mit einer guten Zeit(angabe)? Probieren Sie diese Programme aus, um Daten und Uhrzeiten auf Ihrem System zu setzen und anzuzeigen.

cal

stdin **stdout** - datei -- opt --help --version

`cal [optionen] [monat [jahr]]`

Der cal-Befehl gibt einen Kalender aus – standardmäßig wird der aktuelle Monat gezeigt:

```
→ cal
    January 2024
Su Mo Tu We Th Fr Sa
    1  2  3  4  5  6
 7  8  9 10 11 12 13
14 15 16 17 18 19 20
21 22 23 24 25 26 27
28 29 30 31
```

Um einen anderen Kalender anzuzeigen, geben Sie einen Monat und ein vierstelliges Jahr an: `cal 8 2024`. Wenn Sie den Monat weglassen (`cal 2024`), wird das gesamte Jahr ausgegeben. Es gibt verschiedene `cal`-Programme, daher kann es sein, dass sich Ihres anders verhält.

Nützliche Optionen

`-y`	Gibt den Kalender des aktuellen Jahres aus.
`-3`	Dreimonatsansicht: Gibt auch noch den vorhergehenden und den nächsten Monat aus.
`-j`	Nummeriert jeden Tag anhand seiner Position im Jahr; in unserem Beispiel würde der 1. Februar als `32` angezeigt werden, der 2. Februar als `33` usw.

date

stdin **stdout** - datei -- opt **--help** **--version**

```
date [optionen] [format]
```

Der date-Befehl gibt Daten und Uhrzeiten aus. Die Ergebnisse hängen von Ihren Lokalisierungseinstellungen (für Sprache und Land) ab. Hier gehen wir von einer US-basierten, englischsprachigen Lokalisierung aus.

Standardmäßig gibt `date` das Systemdatum und die Systemzeit in der lokalen Zeitzone aus:

```
→ date
Sun Jun  4 02:09:05 EDT 2023
```

Sie können die Ausgabe anders formatieren, indem Sie einen Formatstring ausgeben, der mit einem Pluszeichen beginnt:

```
→ date '+%D'
06/04/2023
→ date '+The time is %l:%M %p on a lovely %A in %B'
The time is  2:09 PM on a lovely Sunday in June
```

Hier folgt ein Auszug aus den vielen Formaten des `date`-Befehls:

Format	Bedeutung	Beispiel (US-Englisch)
Ganze Datumsangaben und Uhrzeiten:		
%c	vollständiges Datum und Uhrzeit, 12-Stunden-Uhr	Sun 04 Jun 2023, 02:09:05 PM EDT
%D	numerisches Datum, zweistelliges Jahr	06/04/23
%x	numerisches Datum, vierstelliges Jahr	06/04/2023
%T	Zeit, 24-Stunden-Uhr	14:09:05
%X	Zeit, 12-Stunden-Uhr	02:09:05 PM
Wörter:		
%a	Wochentag (abgekürzt)	Sun
%A	Wochentag (komplett)	Sunday
%b	Monatsname (abgekürzt)	Jun
%B	Monatsname (komplett)	June
%Z	Zeitzone	EDT
%p	vormittags oder nachmittags (AM oder PM)	PM
Zahlen:		
%w	Wochentag (0–6, 0 = Sonntag)	0
%u	Wochentag (1–7, 1 = Montag)	7
%d	Tag des Monats, führende Null	04
%e	Tag des Monats, führende Stelle leer	4
%j	Tag des Jahres, führende Nullen	144
%m	Monatsnummer, führende Null	06

Format	Bedeutung	Beispiel (US-Englisch)
%y	Jahr, zwei Stellen	23
%Y	Jahr, vier Stellen	2023
%M	Minute, führende Null	09
%S	Sekunden, führende Null	05
%l	Stunde, 12-Stunden-Uhr, führende Stelle leer	2
%I	Stunde, 12-Stunden-Uhr, führende Null	02
%k	Stunde, 24-Stunden-Uhr, führende Stelle leer	14
%H	Stunde, 24-Stunden-Uhr, führende Null	14
%N	Nanosekunden	384789400
%s	Sekunden seit Beginn der Linux-Zeit: 1. Januar 1970, Mitternacht	1685902145
Andere:		
%n	Newline-Zeichen	
%t	Tab-Zeichen	
%%	Prozentzeichen	%

Durch seine Optionen kann date auch andere Daten und Uhrzeiten anzeigen.

Nützliche Optionen

`-d` *string*
: Zeigt den angegebenen Datums- und Zeitstring an, formatiert nach Ihren Wünschen.

`-r` *dateiname*
: Zeigt den zuletzt geänderten Zeitstempel der angegebenen Datei an, formatiert nach Ihren Wünschen.

`-s` *string*
: Setzt das Systemdatum und/oder die Zeit; das darf nur der Administrator.

Versionsverwaltung

`git`	Versionsverwaltung mit Git.
`svn`	Versionsverwaltung mit Subversion.

Versionsverwaltungssysteme wie Git oder Subversion ermöglichen es Ihnen, Änderungen an Dateien zu verfolgen, riskante Bearbeitungen wieder zurückzunehmen und in Teams zusammenzuarbeiten, um die gleiche Datei zu bearbeiten, ohne die Arbeit der anderen durcheinanderzubringen. Ich gehe davon aus, dass Sie schon mit Versionsverwaltungskonzepten wie Repositories, Branches und Commits vertraut sind.

git

stdin **stdout** - datei **-- opt** **--help** **--version**

```
git [optionen] unterbefehl [argumente]
```

Git ist ein beliebtes und leistungsfähiges System zur Versionsverwaltung. Alle Beteiligten haben ihr eigenes, vollständiges Repository, und Änderungen werden den anderen Repositories bekannt gegeben. Der `git`-Befehl besitzt sehr viele Features, die hier nicht alle erklärt werden können, aber ein paar der häufigsten Operationen will ich trotzdem vorstellen.

Zu Beginn erstellen Sie entweder ein lokales Repository:

```
→ mkdir projekt
→ cd projekt
→ git init .
```

oder Sie laden eine Kopie eines Remote-Repository über dessen URL herunter:

```
→ git clone url
```

Nachdem Sie ein paar Dateien bearbeitet haben, sieht eine übliche Abfolge von `git`-Befehlen wie folgt aus:

```
→ git status              Geänderte Dateien auflisten.
→ git diff                Änderungen Zeile für Zeile prüfen.
→ git add -A              Geänderte Dateien stagen.
→ git diff --staged       Gestagte Änderungen prüfen.
```

→ **git commit -m"*kommentar*"** *Gestagte Änderungen lokal einchecken.*
→ **git show** *Eingecheckte Änderungen anzeigen.*

Staging und Zurücknehmen von Änderungen

Staging bedeutet, Dateien in einen verborgenen »Staging-Bereich« zu kopieren, um sie mit dem nächsten `git commit` einzuchecken. Das Gegenteil ist `git reset`, mit dem Dateien aus dem Staging-Bereich entfernt werden (»Unstaging«).

→ **git reset *dateien* …** *Dateien unstagen.*
→ **git reset** *ALLE Dateien unstagen.*

Sie können auch Änderungen zurücknehmen, die noch nicht gestagt sind, und einige oder alle Dateien auf ihren letzten Commit zurücksetzen.

→ **git restore *dateien* …** *Ungestagte Änderungen in Dateien zurücknehmen.*
→ **git restore --hard** *Unstagen, dann ALLE Änderungen zurücknehmen.*

Ältere Versionen von Git nutzen `git checkout` statt `git restore`.

`git reset --hard` macht *alle* nicht eingecheckten Änderungen nichtig – egal ob sie gestagt sind oder nicht. Seien Sie sicher, dass Sie das wirklich wollen!

Arbeiten Sie mit einem Remote-Repository, pushen Sie dort Ihre Änderungen je nach Wunsch hin. Der folgende git-Befehl pusht Ihre Änderungen in den Remote-Branch, der zu Ihrem lokalen Branch gehört.

→ **git push origin HEAD**

Holen Sie die Änderungen Ihres Teams in Ihr lokales Repository. Das ist gute Praxis, um sicherzustellen, dass Ihre Änderungen auch mit denen Ihrer Kollegen funktionieren, bevor Sie einen Push durchführen.

→ **git pull**

Ein anderer häufiger Workflow ist das Erstellen eines Branchs, das Einchecken diverser Änderungen darin, das Mergen der Änderungen in den Main-Branch, wenn Sie fertig sind, und das Löschen des Branchs, wenn alles erledigt ist.[29]

→ **git switch -c *branchname***	*Lokalen Branch erstellen.*
→ ...	*Dateien bearbeiten und Änderungen einchecken.*
→ **git switch main**	*Zum Main-Branch wechseln.*
→ **git merge *branchname***	*Ihre Änderungen mergen.*
→ **git branch -d *branchname***	*Lokalen Branch löschen.*

Sie können auch Änderungen in einen Remote-Branch pushen, der nicht der Main-Branch ist:

→ **git push origin *branchname*** *Änderungen pushen.*

und einen Remote-Branch löschen, wenn Ihre Kollegen damit fertig sind:

→ **git push origin --delete *branchname*** *Remote-Branch löschen.*

Lassen Sie sich die Änderungshistorie Ihres Branchs anzeigen:

→ **git log**

Jeder Commit hat eine Revision ID – ein String aus 40 hexadezimalen Ziffern, der manchmal auf die ersten sieben Ziffern gekürzt wird. Viele `git`-Befehle akzeptieren Revision IDs als Argument, z.B. `git log b77eb6b`.

Andere gebräuchliche Operationen sind:

→ **git branch**	*Alle Branches auflisten.*
→ **git mv *quelle ziel***	*Datei/Verzeichnis verschieben.*
→ **git cp *quelle ziel***	*Datei/Verzeichnis kopieren.*
→ **git rm *datei***	*Datei löschen.*
→ **git rm -r *verz***	*Verzeichnis löschen.*

29 Ältere Git-Versionen nutzen `git checkout [-b]` statt `git switch [-c]`.

svn

stdin **stdout** - datei **-- opt** **--help** **--version**

```
svn unterbefehl [optionen] [argumente]
```

Subversion ist ein System zur Versionsverwaltung für einen Dateibaum. Anders als Git ist bei Subversion ein bestehendes Repository erforderlich, bevor Sie mit Dateien arbeiten können. Daher gehe ich davon aus, dass Sie schon Zugriff auf solch ein Repository haben. Der Befehl svn besitzt viele Features, die hier nicht alle beschrieben werden können, aber auf ein paar gebräuchliche Operationen will ich eingehen.

Zu Beginn ermitteln Sie die URL eines bestehenden Repository und checken es aus, womit Sie einen lokalen Workspace erzeugen, der als *Arbeitskopie* (*Working Copy*) bezeichnet wird:

```
→ svn checkout URL
```

Nachdem Sie Dateien in der Arbeitskopie bearbeitet haben, sieht eine übliche Befehlsabfolge mit svn so aus:

```
→ svn status                  Geänderte Dateien auflisten.
→ svn diff                    Ihre Änderungen begutachten.
→ svn commit -m"Kommentar"    Änderungen einchecken.
```

Erstellen Sie neue Dateien, müssen Sie Subversion darüber informieren, dass sie Teil Ihrer Arbeitskopie sind, bevor Sie sie einchecken:

```
→ svn add neuedateien ...     Zu Arbeitskopie hinzufügen.
→ svn commit -m"Kommentar"    Änderungen einchecken.
```

Holen Sie die Änderungen Ihres Teams in Ihre Arbeitskopie. Das ist gute Praxis, um sicherzustellen, dass Ihre Änderungen auch mit denen Ihrer Kollegen funktionieren, bevor Sie einen Commit durchführen.

```
→ cd rootverzeichnis_der_arbeitskopie
→ svn update
```

Ein anderer häufiger Workflow ist das Erstellen eines Branchs im Repository, das Einchecken diverser Änderungen darin und das Mergen der Änderungen in den Main-Branch, wenn Sie fertig sind.

Die Branching-Syntax ist bei Subversion etwas kniffliger als bei Git. Ein Branch-Name ist im Allgemeinen eine URL im Repository, wie z.B.:

```
https://example.com/pfad      Remote-Server, SSL
svn://example.com/pfad        Remote-Server, SVN-Protokoll
svn://localhost/pfad          lokaler Server, SVN-Protokoll
```

Die folgenden Befehle erzeugen einen Branch, indem sie den Main-Branch kopieren, der oft als *Trunk* bezeichnet wird. Dann checken sie Änderungen in den neuen Branch ein und mergen ihn zurück in den Trunk.

```
→ ls
mein_projekt
→ svn cp mein_projekt mein_branch              Branch erstellen.
→ nano mein_branch/datei.py                     Datei bearbeiten.
→ svn commit -m"In Branch bearbeitet"           In Branch einchecken.
Adding          mein_branch
Sending         mein_branch/datei.py
Transmitting file data .done
Committing transaction...
Committed revision 966.
→ cd mein_projekt
→ svn merge -c966 svn://example.com/mein_branch .      Merge.
--- Merging r966 into '.':
U    datei.py
→ svn commit -
m"In Trunk mergen"                       In Trunk einchecken.
Sending         datei.py
Transmitting file data .done
Committing transaction...
Committed revision 967.
```

Die Änderungshistorie anzeigen:

```
→ svn log
```

Jeder Commit hat eine Revision ID – eine positive Ganzzahl, die mit jedem Commit um eins hochgezählt wird. Die IDs erscheinen im Log. Viele svn-Befehle akzeptieren Revision IDs als Optionen, zum Beispiel `svn log -r25`. Einen Bereich mit Revisions geben Sie mit zwei IDs an, die durch einen Doppelpunkt getrennt sind: `svn log -r25:28`.

Andere Operationen:

→ **svn mv** ***quelle ziel***	*Datei/Verzeichnis verschieben.*
→ **svn rm** ***pfad***	*Datei/Verzeichnis löschen.*
→ **svn cat [-r** ***revision*****]** ***datei***	*Datei nach stdout schreiben.*
→ **svn info** ***pfad***	*Info über Dateien ausgeben.*

Container

docker	Anwendungen verpacken und in Containern ausführen.

Haben Sie schon einmal eine Anwendung installiert und festgestellt, dass Ihr Linux-System gar nicht dafür konfiguriert ist, sie auszuführen? Container sind eine Möglichkeit, den Code einer Anwendung zusammen mit all ihren Abhängigkeiten so zu verpacken, dass sie auf anderen Systemen einfach ausgeführt werden kann. Zudem ist jeder laufende Container eine isolierte Miniaturumgebung, so ähnlich wie eine virtuelle Maschine, nur viel leichtgewichtiger – großartig für das Skalieren von Anwendungen, insbesondere in der Cloud.

Docker ist eine beliebte Infrastruktur für Container. Ich stelle hier gebräuchliche Anwendungsfälle vor und gehe davon aus, dass Sie schon eine Docker-Umgebung haben.

docker

stdin **stdout** - datei -- opt **--help** **--version**

docker *unterbefehl* [*optionen*] [*argumente*]

Der docker-Befehl erzeugt Container, führt sie aus und verwaltet sie. Beginnen Sie mit einer Textdatei namens *Dockerfile*, die den Inhalt und das Verhalten eines Containers beschreibt. Hier ist ein einfaches *Dockerfile* für ein Image, das schlicht fünf Minuten schläft, aber es könnte genauso gut ein Webserver darin laufen oder Berechnungen durchgeführt werden.

```
# Ein Image, das fünf Minuten schläft
# Basiert auf einem Minimal-Image namens alpine.
FROM alpine
CMD ["sleep", "300"]
```

Dann »bauen« Sie das Dockerfile, um ein *Image* zu erzeugen, das ausgeführt werden kann. Schließlich führen Sie eine oder mehrere Instanzen des Image aus, jede innerhalb eines Containers, bei dem es sich um einen isolierten (*sandboxed*) Prozess handelt. Ein typischer Ablauf ist:

```
→ docker build -t beispiel .       Ein Image »beispiel« bauen.
→ docker run beispiel &            Image in einem Container ausführen.
→ docker run beispiel &            In einem zweiten Container ausführen.
→ docker ps                        Laufende Container auflisten.
CONTAINER ID  IMAGE     COMMAND      …
ff6d0f5ad309  beispiel  "sleep 300"  …
f80519480635  beispiel  "sleep 300"  …
```

Statt ein Dockerfile zu erstellen, können Sie auch ein Image herunterladen und ausführen, das von anderen erzeugt wurde. Die Docker Registry ist eine Infrastruktur für den gemeinsamen Einsatz von Images. Hier ist ein typischer Ablauf:

```
→ docker search hello          In der Registry suchen.
NAME         DESCRIPTION
hello-world  Hello World! (an example of minimal…)
⋮
→ docker pull hello-world      Image herunterladen.
→ docker run hello-world       Image in Container ausführen.
```

Abhängig davon, wie `docker` auf Ihrem System installiert ist, müssen Sie `docker`-Befehle entweder als Root ausführen (`sudo docker`) oder der Linux-Gruppe *docker* beitreten, um selbst Befehle auszuführen (`sudo usermod -aG docker $USER`).

Gebräuchliche Docker-Operationen

Für Operationen, die einen Container-Namen oder eine ID benötigen, rufen Sie `docker ps` auf, um diese zu finden. Die meisten `docker`-Unterbefehle besitzen Optionen, und es gibt auch noch andere Unterbefehle, die ich nicht erwähne. Auf der Docker-Site (*https://oreil.ly/6eNA6*) finden Sie alle Details.

Images und Container

`docker search` *string*	Ein Image in einer zentralen Registry über einen Namen oder eine Beschreibung finden.
`docker pull` *image*	Ein Image aus einer zentralen Registry herunterladen.
`docker build` *image*	Ein Image mit einem Dockerfile bauen.
`docker create` *image*	Aus einem Image einen Container erstellen, diesen aber nicht ausführen.

Container ausführen

`docker run` *image*	Einen Container erstellen und eine Instanz eines Image ausführen.
`docker stop` *namen*	Das Ausführen von Containern mit den angegebenen Namen oder IDs stoppen. Eine Zeit lang können die Container mit `docker start` wieder neu gestartet werden, aber wenn sie zu lange gestoppt bleiben, werden sie beendet.
`docker start` *namen*	Gestoppte Container mit den Namen oder IDs wieder starten.
`docker restart` *namen*	Wie `docker stop`, gefolgt von `docker start`.
`docker pause` *namen*	Alle Prozesse in Containern mit den Namen oder IDs anhalten. Der Container selbst läuft weiter.
`docker unpause` *namen*	Prozesse in den Containern mit den Namen oder IDs weiterlaufen lassen.
`docker kill` *namen*	Container mit den Namen oder IDs beenden.

Container und Images bearbeiten

`docker cp` *pfad1 pfad2*	Dateien in einen Container kopieren oder aus ihm heraus. Ein Pfad liegt in Ihrem lokalen Dateisystem, der andere innerhalb des Containers. Pfade innerhalb eines Containers enthalten den Container-Namen oder die ID, einen Doppelpunkt und dann einen Dateipfad, z. B. *45171c25a5a0:/etc*.
`docker exec` *name cmd*	Einen Befehl innerhalb eines Containers ausführen, z. B. `docker exec dcf10812030b ls -l`.
`docker diff` *name*	Neue, entfernte und veränderte Dateien in einem Container auflisten, seit er gestartet wurde.

`docker rename` *alt neu*	Einen Container umbenennen.
`docker rm [-f]` *name*	Einen Container entfernen (löschen). Mit `-f` erzwingen Sie das Löschen.
`docker rmi [-f]` *image*	Ein Image entfernen (löschen). Mit `-f` erzwingen Sie ein Löschen.

Container überwachen

`docker ps [-a]`	Führt alle laufenden Container auf. Mit `-a` erhalten Sie alle Container (nicht nur die laufenden).
`docker top` *name*	Führt Prozesse auf, die im angegebenen Container laufen.
`docker logs [`*optionen*`]` *name*	Gibt das System-Log für einen Container aus. Die Option `--follow` gibt die Logs aus und überwacht sie dann weiter. Die Option `--tail` *N* gibt die letzten *N* Logzeilen aus. Die Option `--since` *T* beginnt mit den Logs zum Zeitpunkt *T*, z.B. `--since 2024-01-31`.

Ich habe hier nur die grundlegenden docker-Befehle aufgeführt. In der Anleitung (*https://oreil.ly/6eNA6*) erfahren Sie noch viel mehr dazu.

Bilder anzeigen und verarbeiten

`display`	Eine Grafikdatei anzeigen.
`convert`	Dateien aus einem Grafikformat in ein anderes umwandeln.
`mogrify`	Eine Grafikdatei bearbeiten.
`montage`	Grafikdateien kombinieren.

Zum Betrachten oder Bearbeiten von Grafiken bietet Linux praktische Tools mit Bergen von Optionen. Wir werden uns auf Kommandozeilentools aus einem Paket namens ImageMagick konzentrieren (*https://oreil.ly/HyBKC*). Deren Tools werden alle ähnlich angewendet, eine vollständige Erläuterung finden Sie unter *https://oreil.ly/nJZnm*.

display

stdin stdout **-datei** **--opt** **--help** **--version**

```
display [optionen] dateien
```

Der Befehl `display` ermöglicht Ihnen, Bilder in einer Reihe von Formaten anzuzeigen: JPEG, PNG, GIF, BMP und mehr. Es ist zudem ein kleiner Satz Bearbeitungstools enthalten, die erscheinen, wenn Sie mit der linken Maustaste auf das angezeigte Bild klicken. Mit einem Druck auf `q` beenden Sie das Programm.

```
→ display foto.jpg
```

Der Befehl ist sehr mächtig, er bietet mehr als 100 Optionen, die in seiner Manpage aufgeführt sind.

Nützliche Optionen

`-resize` *größe*	Das Bild in eine neue Größe umrechnen. Die Werte in *größe* sind ausgesprochen flexibel – Sie können unter anderem die Breite (800), die Höhe (x600), Breite und Höhe (800x600), eine Prozentzahl zum Vergrößern oder Verkleinern (50%), eine Fläche in Pixeln (480000@) und andere Daten nutzen.
`-flip`	Das Bild vertikal spiegeln.
`-flop`	Das Bild horizontal spiegeln.
`-rotate` *N*	Das Bild um *N* Grad drehen.
`-backdrop`	Das Bild auf einem einfarbigen Hintergrund anzeigen.
`-fill`	Die Farbe für die Option `-backdrop` setzen.
`-delay` *N*	Das Bild *N* Sekunden anzeigen, dann beenden. Geben Sie mehrere Bilder an, erhalten Sie eine Diashow, bei der jedes Bild für *N* Sekunden angezeigt wird.
`-identify`	Gibt Informationen über das Bildformat, die Größe und andere Daten an der Standardausgabe aus.

convert

stdin **stdout** **-datei** **--opt** **--help** **--version**

```
convert [quelloptionen] quelldatei [zieloptionen] zieldatei
```

Der Befehl `convert` erzeugt eine Kopie eines Bilds, wandelt dabei aber in ein anderes Grafikformat um. Wenn Sie zum Beispiel eine

JPEG-Datei haben, können Sie eine PNG- oder PDF-Datei desselben Bilds erstellen:

```
→ convert photo.jpg newphoto.png
→ convert photo.jpg newphoto.pdf
```

Gleichzeitig können Sie auch noch Modifikationen beim Kopieren anwenden, etwa die Größe anpassen oder das Bild spiegeln:

```
→ convert photo.jpg -resize 50% -flip newphoto.png
```

`convert` kann mehr oder weniger die gleichen Optionen wie `display` verwenden.

mogrify

stdin stdout - datei -- opt --help --version

```
mogrify [optionen] datei
```

Der Befehl `mogrify` wandelt ein Bild wie `convert` um, nimmt diese Änderungen aber direkt an der Quelldatei vor und nicht an einer Kopie. (Daher ist `convert` ein sichererer Befehl, wenn Sie mit einem Lieblingsfoto experimentieren.) Es werden mehr oder weniger die gleichen Optionen wie bei `convert` genutzt:

```
→ mogrify -resize 25% photo.jpg
```

montage

stdin stdout - datei -- opt --help --version

```
montage quelldateien [optionen] zieldatei
```

`montage` erstellt aus mehreren Eingabedateien eine einzelne Bilddatei. So können Sie zum Beispiel in einem Bild einen ganzen Satz Thumbnails zusammenfassen, bei denen jeder mit dem ursprünglichen Dateinamen beschriftet ist:

```
→ montage foto.jpg foto2.png foto3.gif \
  -geometry 120x176+10+10 -label '%f' zieldatei.jpg
```

`montage` bietet diverse Steuerungsmöglichkeiten zum Anordnen und Darstellen der Bilder. Im oben stehenden Befehl haben die Thumbnails zum Beispiel eine Größe von 120 x 176 Pixeln, und es befinden sich horizontal und vertikal 10 Pixel Abstand zwischen ihnen. Zudem werden sie mit ihrem Dateinamen beschriftet.

Nützliche Optionen

`-geometry` *B*x*H*[+-]*X*[+-]*Y*	Definiert Breite (*B*), Höhe (*H*) und (*X*, *Y*)-Abstand der Bilder. Beispielwert: `120x176+10-10`
`-frame` *N*	Versieht jedes Bild mit einem Rahmen mit *N* Pixeln Breite.
`-label` *string*	Beschriftet jedes Bild mit einem *string*, der besondere Zeichen enthalten kann: `%f` steht für die Dateinamen, `%h` und `%w` für Höhe und Breite, `%m` für das Dateiformat. Dazu gibt es ungefähr 40 weitere Möglichkeiten.

Audio und Video

`mediainfo`	Gibt Details über eine Multimedia-Datei aus.
`cdparanoia`	Wandelt Audio von CDs in WAV-Dateien um.
`lame`	Konvertiert aus WAV in MP3.
`id3info`	Zeigt ID3-Tags einer MP3-Datei an.
`id3tag`	Bearbeitet ID3-Tags einer MP3-Datei.
`ogginfo`	Zeigt Informationen zu einer OGG-Datei an.
`metaflac`	Informationen zu einer FLAC-Datei anzeigen und bearbeiten.
`sox`	Zwischen Audiodateiformaten konvertieren.
`mplayer`	Eine Video- oder Audiodatei abspielen.
`ffmpeg`	Wandelt zwischen Video- und/oder Audiodateiformaten um.

Es gibt diverse Linux-Programme mit einer grafischen Benutzeroberfläche, um Audio- und Videodateien abzuspielen und zu bearbeiten, aber wir werden uns hier wieder auf die Kommandozeilentools beschränken.

mediainfo

stdin **stdout** **-datei** --opt **--help** **--version**

```
mediainfo [optionen] dateien
```

Der `mediainfo`-Befehl zeigt Details zu Video- und Audiodateien an.

`mediainfo` besitzt auch Optionen, aber im Allgemeinen reicht die Standardausgabe aus. Brauchen Sie mehr, nutzen Sie `-f` (*full*), um jedes noch so kleine Detail über eine Mediadatei auszugeben.

```
→ mediainfo clip.mp4
General
Complete name            : clip.mp4
Format                   : MPEG-4
Format profile           : Base Media / Version 2
Codec ID                 : mp42 (mp42/mp41/isom/avc1)
File size                : 1.11 MiB
Duration                 : 23 s 275 ms
Overall bit rate         : 399 kb/s
⋮
```

cdparanoia

stdin stdout -datei **--opt** **--help** **--version**

`cdparanoia [`*`optionen`*`]` *`bereich`* `[`*`ausgabedatei`*`]`

Der `cdparanoia`-Befehl liest (»rippt«) Audiodaten von einer CD und speichert sie in WAV-Dateien (oder in anderen Formaten, siehe Manpage) ab. Gebräuchliche Anwendungsfälle sind:

`cdparanoia` *`N`*
: Liest Track *N* in eine Datei ein.

`cdparanoia -B`
: Liest alle Tracks auf der CD in separate Dateien ein.

`cdparanoia -B 2-4`
: Liest die Tracks 2, 3 und 4 in separate Dateien ein.

`cdparanoia 2-4`
: Liest die Tracks 2, 3 und 4 in eine einzige Datei ein.

Falls Sie Probleme damit haben, auf Ihr Laufwerk zuzugreifen, probieren Sie es einmal mit `cdparanoia -Qvs` (»Suche nach CD-ROM-Laufwerken mit ausführlicher Ausgabe«), und suchen Sie nach Hinweisen.

lame

stdin stdout **-datei** **--opt** **--help** **--version**

```
lame [optionen] datei.wav
```

Der lame-Befehl konvertiert eine WAV-Audiodatei (z.B. *song.wav*) in eine MP3-Datei:

```
→ lame song.wav song.mp3
```

Er besitzt mehr als 100 Optionen zum Steuern der Bitrate, zum Konvertieren in andere Formate, zum Hinzufügen von ID3-Tags usw.

id3info

stdin stdout -datei --opt **--help** **--version**

```
id3info [optionen] [dateien]
```

Der Befehl id3info zeigt Informationen über eine MP3-Audiodatei an, wie zum Beispiel den Liedtitel, den Interpreten, den Albumtitel und das Jahr. Dafür muss die Datei ID3-Tags enthalten. Der Befehl besitzt neben --help und --version keine Optionen:

```
→ id3info knots.mp3
*** Tag information for knots.mp3
=== TIT2 (Title/songname/content description): Knots
=== TPE1 (Lead performer(s)/Soloist(s)): Gentle Giant
=== TALB (Album/Movie/Show title): Octopus
=== TYER (Year): 1972
*** mp3 info
MPEG1/layer III
Bitrate: 320KBps
Frequency: 44KHz
```

id3tag

stdin stdout **-datei** **--opt** **--help** **--version**

```
id3tag [optionen] dateien
```

Der id3tag-Befehl fügt ID3-Tags in eine MP3-Datei ein oder modifiziert die Tags. Um z.B. eine MP3-Datei mit einem neuen Titel und Interpreten zu versehen, rufen Sie Folgendes auf:

```
→ id3tag -A "Mein Album" -a "Loud Linux Squad" song.mp3
```

Nützliche Optionen

`-A` *name*	Setzt den Namen des Interpreten.
`-a` *titel*	Setzt den Albumtitel.
`-s` *titel*	Setzt den Songtitel.
`-y` *jahr*	Setzt das Jahr.
`-t` *nummer*	Setzt die Tracknummer.
`-g` *nummer*	Setzt die Genrenummer.

ogginfo

stdin stdout - datei **-- opt** --help --version

`ogginfo [`*optionen*`] [`*dateien*`]`

ogginfo ist ein einfacher Befehl, der Informationen über eine OGG Vorbis-Audiodatei anzeigt:

```
→ ogginfo knots.ogg
Processing file "knots.ogg"...
⋮
User comments section follows...
  Title=Knots
  Artist=Gentle Giant
  Album=Octopus
  ⋮
Vorbis stream 1:
  Total data length: 69665 bytes
  Playback length: 0m:05.067s
  Average bitrate: 109.973744
```

Mit der Option -h erhalten Sie detailliertere Anwendungsinformationen.

metaflac

stdin stdout - datei **-- opt** **--help** **--version**

`metaflac [`*optionen*`] [`*datei*`]`

Der Befehl metaflac ermöglicht das Anzeigen und Bearbeiten von Informationen in einer FLAC-Audiodatei. Zur Anzeige von Informationen geben Sie ein:

```
→ metaflac --list knots.flac
⋮
  sample_rate: 44100 Hz
  channels: 2
  bits-per-sample: 16
  total samples: 223488
⋮
  comments: 4
    comment[0]: Title=Knots
    comment[1]: Artist=Gentle Giant
    comment[2]: Album=Octopus
    comment[3]: Year=1972
```

Zum Ändern von Informationen wie dem Titel oder dem Interpreten ist es am einfachsten, sie in eine Textdatei zu exportieren, diese Datei zu bearbeiten und sie dann wieder zu importieren:

```
→ metaflac --export-tags-to info.txt knots.flac
→ cat info.txt
Title=Knots
Artist=Gentle Giant
Album=Octopus
Year=1972
→ nano info.txt        Ändern und Speichern
→ metaflac --import-tags-from info.txt knots.flac
```

Nützliche Optionen

`--show-tag` *name*	Zeigt den Wert für das angegebene Tag an, zum Beispiel `title`, `artist`, `album` oder `year`. Es gibt viele weitere `show`-Optionen, die Sie in der Manpage finden.
`--remove-tag` *name*	Entfernt das angegebene Tag (`title`, `artist` usw.) aus der FLAC-Datei.

---

sox stdin stdout **- datei -- opt --help --version**

`sox [`*optionen*`]` *quelldatei zieldatei*

sox ist ein ganz einfacher Befehl, mit dem sich eine Audiodatei von einem in ein anderes Format umwandeln lässt. MP3, OGG, FLAC, WAV und Dutzende anderer Formate werden dabei unterstützt.

(Mit `man soxformat` erhalten Sie eine Liste.) Geben Sie einfach das neue Format über die entsprechende Dateierweiterung an:

```
→ sox knots.mp3 knots2.wav      MP3 nach WAV
→ sox knots.ogg knots2.mp3      OGG nach MP3
→ sox knots.flac knots2.ogg     FLAC nach OGG
```

`sox` bietet jede Menge anderer Anwendungsmöglichkeiten, zum Beispiel das Kombinieren von Audiodateien oder das Hinzufügen von Spezialeffekten. In der Manpage finden Sie weitere Details.

Nützliche Optionen

`-S`	Zeigt einen Fortschrittsbalken an – nützlich für lange Umwandlungen.
`--no-clobber`	Überschreibt die Ausgabedatei nicht, wenn sie schon vorhanden ist.
`-t` *type*	Gibt den Typ der Quelldatei an, wenn `sox` sie nicht selbst ermitteln kann. Mit `man soxformat` erhalten Sie eine Liste der möglichen Formate.

mplayer

stdin stdout **- datei** **-- opt** **--help** **--version**

`mplayer [`*optionen*`]` *videodateien …*

Der `mplayer`-Befehl spielt Videodateien in vielen Formaten ab: MPEG, AVI, MOV und mehr:

```
→ mplayer meinedatei.mp4
```

Drücken Sie bei der Wiedergabe des Videos die `Leertaste`, um anzuhalten und fortzufahren, die Cursortasten, um in der Zeit vorwärts und zurückzuspringen, und `Q`, um das Programm zu beenden. `mplayer` kann auch Audiodateien abspielen. Auf seiner Manpage finden Sie Dutzende von Optionen für das Programm, und noch mehr erfahren Sie unter *https://oreil.ly/96S5B*.

Andere beliebte Videoplayer für Linux sind `vlc` (*https://oreil.ly/hBGP0*), `kaffeine` (*https://oreil.ly/mROWt*) und `xine` (*https://oreil.ly/IyQw6*).

ffmpeg

stdin stdout -datei --opt **--help** --version

```
ffmpeg [quelloptionen] -i quelle [zieloptionen] ziel
```

Der `ffmpeg`-Befehl wandelt Videodateiformate um, teilt Videos auf, hängt sie aneinander, extrahiert Audiotracks, erstellt Vorschaubildchen für Videos und vieles mehr. Um `ffmpeg` umfassend zu beherrschen, hilft es, Konzepte digitaler Videos zu kennen, z.B. Frameraten, Demuxing und Codecs – in diesem kurz & gut werde ich nur ein paar gebräuchliche Anwendungsfälle vorstellen. Für kompliziertere Aufgaben ist es am besten, im Web nach einer `ffmpeg`-Lösung eines anderen zu suchen.

> `ffmpeg` ist – anders als viele andere Linux-Befehle – bei der Reihenfolge seiner Optionen empfindlich. Wo auch immer Sie die Option `-i` *`dateiname`* beim Befehl platzieren: Die Optionen für die Eingabedatei kommen davor und die für die Ausgabedatei danach. Sitzt eine Eingabeoption zwischen Ausgabeoptionen oder umgekehrt, kann `ffmpeg` mysteriöse Fehler melden.

Umwandeln einer Videodatei *meinvideo.mp4* aus dem MP4-Format in das MOV-Format:

```
→ ffmpeg -i meinvideo.mp4 meinvideo.mov
```

Zehn Sekunden des Videos (`-t 10`) beginnend bei Minute zwei (`-ss 00:02:00`) extrahieren und in einer Datei *extrakt.mp4* speichern:

```
→ ffmpeg -i meinvideo.mp4 -ss 00:02:00 -t 10 \
  -codec copy extrakt.mp4
```

Die Audiospur aus *meinvideo.mp4* in eine MP3-Datei *audio.mp3* extrahieren:

```
→ ffmpeg -i meinvideo.mp4 -q:a 0 -map a audio.mp3
```

Mehrere Videos aneinanderhängen, um *film.mp4* zu erstellen. Beginnen Sie mit einer Textdatei, die die Pfade auf die Quellvideos enthält, dann führen Sie `ffmpeg` aus:

```
→ cat videos.txt
file 'video1.mp4'
file 'video2.mp4'
file 'video3.mp4'
→ ffmpeg -f concat -safe 0 -i videos.txt -c copy \
  film.mp4
```

Ein Vorschaubild aus einer Videodatei *meinvideo.mp4* erstellen, indem ein einzelner Frame (`-vframes 1`) bei Sekunde fünf (`--ss 5`) in eine JPEG-Datei *thumb.jpg* mit 160 × 120 Pixeln extrahiert wird:

```
→ ffmpeg -ss 5 -i meinvideo.mp4 -vcodec mjpeg \
  -vframes 1 -an -f rawvideo -s 160x120 thumb.jpg
```

`ffmpeg` besitzt ein umfassendes eingebautes Hilfesystem (siehe die Manpage):

```
→ ffmpeg -encoders                Unterstützte Encoder auflisten.
→ ffmpeg --help encoder=mpeg4     Details über einen erhalten.
```

Mit Shell-Skripten programmieren

Bash besitzt eine eingebaute Programmiersprache. Damit können Sie *Shell-Skripte* (bash-Programme) schreiben, um Aufgaben auszuführen, für die ein einzelner Befehl nicht ausreicht. Der Befehl `reset-lpg`, der sich im Verzeichnis mit den Buchbeispielen befindet, ist ein Shell-Skript, das Sie sich gern anschauen können:

```
→ less ~/linuxpocketguide/reset-lpg
```

Genau wie jede gute Programmiersprache besitzt die Shell Variablen, Bedingungen (`if-then-else`), Schleifen, Eingaben, Ausgaben und mehr. Ganze Bücher wurden über das Shell-Skripting geschrieben, sodass wir hier nur das Minimum beschreiben, das Sie benötigen, um damit anzufangen. Für eine vollständige Dokumentation führen Sie `info bash` aus, suchen im Web oder besorgen sich ein passendes Tutorial zu bash-Skripten.

Shell-Skripte erzeugen und ausführen

Um ein Shell-Skript zu erstellen, setzen Sie lediglich bash-Befehle in eine Datei, so wie Sie sie auch eintippen würden. Zum Ausführen des Skripts haben Sie drei Möglichkeiten:

`#!/bin/bash` *in die erste Zeile setzen und Datei ausführbar machen*

Diese Methode ist am gebräuchlichsten. Fügen Sie ganz oben in der Skriptdatei die Zeile

```
#!/bin/bash
```

ein. Es muss die erste Zeile der Datei sein, linksbündig ausgerichtet. Anschließend machen Sie die Datei ausführbar:

```
→ chmod +x meinskript
```

Dann führen Sie das Skript aus. Befindet es sich im aktuellen Verzeichnis, setzen Sie ».⁄« davor, sodass die Shell es finden kann. (Das aktuelle Verzeichnis ist aus Sicherheitsgründen im Allgemeinen nicht Teil Ihres Suchpfads. Sie wollen nicht, dass ein böswilliges Skript namens »ls« im aktuellen Verzeichnis still und heimlich den echten `ls`-Befehl überschreibt.)

```
→ ./meinskript
```

Alternativ verschieben Sie das Skript in ein Verzeichnis in Ihrem Suchpfad und führen es wie jeden anderen Befehl aus:

```
→ meinskript
```

An bash übergeben

`bash` interpretiert den Namen des Arguments als den Namen eines Skripts und führt es aus.

```
→ bash meinskript
```

In aktueller Shell ausführen mit ».« oder `source`

Die gezeigten Methoden führen Ihr Skript als eine unabhängige Einheit aus, die keine Wirkung auf Ihre aktuelle Shell hat.[30] Möchten Sie, dass Ihr Skript Änderungen an Ihrer aktuellen Shell vornimmt (Variablen setzen, Verzeichnis wechseln usw.),

30 Das liegt daran, dass das Skript in einer eigenen Shell läuft (einer *Kind-Shell*), die die Original-Shell nicht ändern kann.

funktioniert das in der aktuellen Shell mit dem source- oder dem ».«-Befehl:

```
→ . meinskript
→ source meinskript
```

Whitespace und Zeilenumbrüche

Bash-Shell-Skripte sind sehr empfindlich, was Whitespace und Zeilenumbrüche betrifft. Da die »Schlüsselwörter« dieser Programmiersprache eigentlich Befehle sind, die von der Shell ausgewertet werden, müssen Sie die Argumente mit Whitespace trennen. Genauso würde ein Zeilenumbruch in der Mitte eines Befehls die Shell dahin gehend in die Irre führen, dass sie glaubt, der Befehl wäre nicht vollständig. Folgen Sie den Konventionen, die wir hier präsentieren, und alles sollte gut werden. (Siehe auch meine Formatierungstatschläge im Kasten »Stil von Shell-Skripten« auf Seite 315.)

Falls Sie einen langen Befehl in mehrere Zeilen aufteilen müssen, beenden Sie die einzelnen Zeilen (bis auf die letzte) mit einem einzelnen \-Zeichen, was »wird auf der nächsten Zeile fortgesetzt« bedeutet. Hier ein Skript mit einem langen grep-Befehl:

```
#!/bin/bash
grep abcdefghijklmnopqrstuvwxyz datei1 datei2 \
datei3 datei4
```

Variablen

Wir haben Shell-Variablen bereits in »Shell-Variablen« auf Seite 41 beschrieben:

```
→ MEINEVAR=6
→ echo $MEINEVAR
6
```

Alle Werte, die in Variablen stehen, sind Strings. Sind sie allerdings numerisch, behandelt die Shell sie als Zahlen, wenn das angemessen ist:

```
→ ZAHL="10"
→ expr $ZAHL + 5
15
```

Beziehen Sie sich in einem Shell-Skript auf den Wert einer Variablen, sollten Sie ihn mit doppelten Anführungszeichen umgeben, um bestimmte Laufzeitfehler zu vermeiden. Eine undefinierte Variable oder eine Variable mit Leerzeichen in ihrem Wert wird unvorhersehbar ausgewertet, wenn sie nicht von Anführungszeichen umgeben ist, und könnte eine Fehlfunktion Ihres Skripts zur Folge haben:

```
→ DATEINAME="Mein Dokument"                   Leerstellen im Namen
→ ls $DATEINAME                               Versuche, es aufzulisten
ls: Mein: No such file or directory           ls mit 2 Argumenten
ls: Document: No such file or directory
→ ls -l "$DATEINAME"                          so ist es richtig
Mein Dokument                                 ls mit 1 Argument
```

Falls ein Variablenname neben einem anderen String stehend ausgewertet wird, umgeben Sie ihn mit geschweiften Klammern, um ein unerwartetes Verhalten zu vermeiden:

```
→ HAT="Fedora"
→ echo "Der Plural von $HAT ist $HATs"
Der Plural von Fedora ist              es gibt keine Variable "HATs"
→ echo "Der Plural von $HAT ist ${HAT}s"
Der Plural von Fedora ist Fedoras      so ist es richtig
```

Eingabe und Ausgabe

Die Skriptausgabe wird von den Befehlen echo und `printf` geliefert, die wir in »Bildschirmausgabe« auf Seite 273 beschrieben haben:

```
→ echo "Hallo Welt"
Hallo Welt
→ printf "Ich bin %d Jahre alt\n" `expr 20 + 20`
Ich bin 40 Jahre alt
```

Die Eingabe wird vom read-Befehl geliefert, der eine Zeile von der Standardeingabe liest und sie in einer Variablen speichert:

```
→ read name
Sandy Smith <Enter>
→ echo "Ich lese den Namen $name"
Ich lese den Namen Sandy Smith
```

Siehe auch »Kommandozeilenargumente« auf Seite 320.

Werte und Rückgabecodes

Bevor wir weitere Bedingungskonstruktionen und Schleifen beschreiben können, müssen wir das Konzept eines booleschen Tests (wahr/falsch) erklären. Für die Shell bedeutet der Wert 0 »wahr« oder »Erfolg«, alles andere bedeutet »falsch« oder »Fehlschlag«. (Stellen Sie sich null als »kein Fehler« vor und alle anderen Werte als Fehlercodes.)

Darüber hinaus liefert jeder Linux-Befehl einen Integerwert an die Shell zurück, wenn der Befehl abgeschlossen wird, den sogenannten Rückgabecode oder Exit-Status.

Sie können diesen Wert in der besonderen Variablen $? sehen:

```
→ cat meinedatei
Mein Name ist Sandy Smith und
ich mag Ubuntu Linux
→ grep Smith meinedatei
Mein Name ist Sandy Smith und      ein Treffer wurde gefunden …
→ echo $?
0                                  … deshalb »Erfolg«
→ grep aardvark meinedatei
→ echo $?                          kein Treffer gefunden …
1                                  … Rückgabecode ist »Fehler«
```

Die Rückgabecodes eines Befehls sind normalerweise in seiner Manpage dokumentiert.

Der test-Befehl

Der test-Befehl (in die Shell eingebaut) wertet einfache boolesche Ausdrücke aus, die Zahlen und Strings enthalten, und setzt seinen Exit-Status je nach Erfolg auf 0 (wahr) oder 1 (falsch):

```
→ test 10 -lt 5             Ist 10 kleiner als 5?
→ echo $?
1                           Nein, ist es nicht.
→ test -n "hallo"           Hat »hallo« eine Länge, die nicht null ist?
→ echo $?
0                           Ja, hat er.
```

Hier sind einige gebräuchliche test-Argumente zum Überprüfen der Eigenschaften von Integern, Strings und Dateien:

Dateitests

`-d` *name*	Die Datei *name* ist ein Verzeichnis.
`-f` *name*	Die Datei *name* ist eine normale Datei.
`-L` *name*	Die Datei *name* ist ein symbolischer Link.
`-r` *name*	Die Datei *name* existiert und ist lesbar.
`-w` *name*	Die Datei *name* existiert und ist schreibbar.
`-x` *name*	Die Datei *name* existiert und ist ausführbar.
`-s` *name*	Die Datei *name* existiert, und ihre Größe ist nicht null.
f1 `-nt` *f2*	Die Datei *f1* ist neuer als Datei *f2*.
f1 `-ot` *f2*	Die Datei *f1* ist älter als Datei *f2*.

Stringtests

s1 `=` *s2*	String *s1* ist gleich String *s2*.
s1 `!=` *s2*	String *s1* ist ungleich String *s2*.
`-z` *s1*	String *s1* hat eine Länge von null.
`-n` *s1*	String *s1* hat eine Länge, die nicht null ist.

Numerische Tests

a `-eq` *b*	Integer *a* und *b* sind gleich.
a `-ne` *b*	Integer *a* und *b* sind nicht gleich.
a `-gt` *b*	Integer *a* ist größer als Integer *b*.
a `-ge` *b*	Integer *a* ist größer als oder gleich Integer *b*.
a `-lt` *b*	Integer *a* ist kleiner als Integer *b*.
a `-le` *b*	Integer *a* ist kleiner als oder gleich Integer *b*.

Tests kombinieren und negieren

t1 `-a` *t2*	Und: Beide Tests *t1* und *t2* sind wahr.
t1 `-o` *t2*	Oder: Entweder Test *t1* oder *t2* ist wahr.
`!` *ihr_test*	Negiert den Test, d.h., *ihr_test* ist falsch.
`\(` *ihr_test* `\)`	Klammern werden zum Gruppieren benutzt, genau wie in der Mathematik.

Sie können Tests in bash auf drei verschiedene Arten schreiben. Die erste nutzt den `test`-Befehl, den ich schon gezeigt habe. Bei der zweiten wird eine Bedingung mit doppelten eckigen Klammern umgeben:

```
→ [[ 10 -lt 5 ]]          Ist 10 kleiner als 5?
→ echo $?
1                         Nein, ist es nicht.
→ [[ -n "hallo" ]]        Hat »hallo« eine Länge > 0?
→ echo $?
0                         Ja, hat es.
```

Die dritte Art, die auch von ein paar anderen Shells unterstützt wird, ist der Einsatz einer einzelnen eckigen Klammer:

```
→ [ 10 -lt 5 ]            Ist 10 kleiner als 5?
→ echo $?
1                         Nein, ist es nicht.
→ [ -n "hallo" ]          Hat »hallo« eine Länge > 0?
→ echo $?
0                         Ja, hat es.
```

Die einzelne eckige Klammer ist eine ältere Syntax mit ein paar Seltsamkeiten. Sie *müssen* Whitespace nach der linken und vor der rechten Klammer setzen. Das liegt daran, dass die linke Klammer tatsächlich ein *Befehl* namens [ist – ein Alias für `test`. Auf die öffnende linke Klammer folgen daher *einzelne Argumente*, die durch *Whitespace getrennt* sind. Auch müssen Sie sicherstellen, dass das letzte Argument eine rechte (schließende) eckige Klammer ist, die für das Ende des Tests steht. Falls Sie versehentlich den Whitespace vergessen wie bei:

```
→ [ 5 -lt 4]              kein Platz zwischen 4 und ]
bash: [: missing ']'
```

denkt `test`, dass das letzte Argument der String `4]` ist, und beschwert sich, dass die abschließende eckige Klammer fehlt.

Bedingungen

Die `if`-Aussage wählt zwischen Alternativen, die jeweils einen komplexen Test haben können. Die einfachste Form ist die `if-then`-Aussage:

```
if befehl                falls der Exit-Status des Befehls 0 ist
then
  body
fi
```

Stil von Shell-Skripten

Schlüsselwörter in Shell-Skripten (`if`, `then`, `fi` usw.) müssen die ersten Begriffe auf ihrer Zeile sein. Das bedeutet, dass das Schlüsselwort entweder direkt nach einem Newline-Zeichen oder nach einem Semikolon (plus optionalem Whitespace) steht. Es folgen noch zwei weitere verbreitete Layouts für eine `if`-Aussage, andere Bedingungen und Schleifen können ähnlich formatiert werden.

```
if befehl; then                       Semikolon vor then
  body
fi

if befehl; then body; fi              Semikolon vor then und fi
```

Hier ein Beispielskript mit einer `if`-Aussage. Versuchen Sie, es mit und ohne sudo auszuführen und die Ergebnisse zu vergleichen.

```
→ cat skript-if
#!/bin/bash
if [ `whoami` = "root" ]
then
  echo "Sie sind der Administrator"
fi
→ ./script-if                  keine Ausgabe
→ sudo ./script-if
[sudo] password: xxxxxxxx
Sie sind der Administrator
```

Dann kommt die `if-then-else`-Aussage:

```
if befehl
then
  body1
else
  body2
fi
```

Zum Beispiel:

```
→ cat skript-else
#!/bin/bash
if [ `whoami` = "root" ]
then
  echo "Sie sind der Administrator"
else
  echo "Sie sind nur so ein normaler Heinzfred"
fi
→ ./skript-else
Sie sind nur so ein normaler Heinzfred
→ sudo ./skript-else
[sudo] password: xxxxxxxx
Sie sind der Administrator
```

Schließlich haben wir die Form `if-then-elif-else`, die so viele Tests haben kann, wie Sie wollen:

```
if befehl1
then
  body1
elif befehl2
then
  body2
elif …
  ⋮
else
  bodyN
fi
```

Zum Beispiel:

```
→ cat skript-elif
#!/bin/bash
bestechungsgeld=20000
if [ `whoami` = "root" ]
then
  echo "Sie sind der Administrator"
elif [ "$USER" = "root" ]
then
  echo "Sie könnten der Administrator sein"
elif [ "$bestechungsgeld" -gt 10000 ]
then
  echo "Sie können bezahlen, um Administrator zu sein"
else
  echo "Sie sind immer noch nur ein normaler Heinzfred"
fi
→ ./skript-elif
Sie können bezahlen, um Administrator zu sein
```

Die case-Aussage wertet einen einzelnen Wert aus und verzweigt dann zu einem passenden Stück Code:

```
→ cat skript-case
#!/bin/bash
echo "Was würden Sie gern tun (essen, schlafen)?"
read antwort
case "$antwort" in
  essen)
    echo "OK, nimm einen Hamburger"
    ;;
  schlafen)
    echo "Gute Nacht"
    ;;
  *)
    echo "Ich bin nicht sicher, was du willst"
    echo "Ich schätze, wir sehen uns morgen"
    ;;
esac
→ ./skript-case
Was würden Sie gern tun (essen, schlafen)? schlafen
Gute Nacht
```

Die allgemeine Form lautet:

```
case wert in
  ausdruck1)
    body1
    ;;
  ausdruck2)
    body2
    ;;
  ⋮
  ausdruckN)
    bodyN
    ;;
  *)
    bodyelse
    ;;
esac
```

wobei *wert* ein beliebiger Wert ist, normalerweise ein Variablenwert wie `$meinevar`, und *ausdruck1* bis *ausdruckN* Muster sind (führen Sie für Details den Befehl `info bash` aus), mit dem letzten `*` als eine Art letztes »else«. Jede Gruppe von Befehlen muss mit `;;` abgeschlossen werden (wie gezeigt):

```
→ cat skript-case2
#!/bin/bash
echo -n "Geben Sie einen Buchstaben ein: "
read buchstabe
case $buchstabe in
  X)
    echo "$buchstabe ist ein X"
    ;;
  [aeiou])
    echo "$buchstabe ist ein Vokal"
    ;;
  [0-9])
    echo "$buchstabe ist eine Ziffer, Dummerchen"
    ;;
  *)
    echo "Der Buchstabe '$buchstabe' wird nicht unterstützt"
    ;;
esac
→ ./skript-case2
Geben Sie einen Buchstaben ein: e
e ist ein Vokal
```

Schleifen

Die `while`-Schleife wiederholt eine Gruppe von Befehlen, solange eine Bedingung erfüllt, also wahr ist.

```
while befehl                solange der Exit-Status des Befehls 0 ist
do
  body
done
```

Zum Beispiel:

```
→ cat skript-while
#!/bin/bash
i=0
while [ $i -lt 3 ]
do
  echo "$i"
  i=`expr $i + 1`
done
→ ./skript-while
0
1
2
```

Die until-Schleife wiederholt sich, bis eine Bedingung wahr wird:

```
until befehl          solange der Exit-Status des Befehls nicht 0 ist
do
  body
done
```

Zum Beispiel:

```
→ cat skript-until
#!/bin/bash
i=0
until [ $i -ge 3 ]
do
  echo "$i"
  i=`expr $i + 1`
done
→ ./skript-until
0
1
2
```

Achten Sie darauf, unendliche Schleifen zu vermeiden, bei denen while zusammen mit einer Bedingung genutzt wird, die immer zu 0 (true) ausgewertet wird, oder until mit einer Bedingung, die immer einen Nicht-null-Wert (false) liefert:

```
i=1
while [ $i -lt 10 ]
do
  echo "für immer"     Variable i ändert sich nie
done                   unendliche Schleife
```

Eine andere Art von Schleife, die for-Schleife, iteriert über Werte aus einer Liste:

```
for variable in liste
do
  body
done
```

Zum Beispiel:

```
→ cat skript-for
#!/bin/bash
for name in Tom Jack Harry
do
  echo "$name ist mein Freund"
done
```

```
→ ./skript-for
Tom ist mein Freund
Jack ist mein Freund
Harry ist mein Freund
```

Die for-Schleife ist besonders praktisch, wenn man Listen mit Dateien verarbeiten möchte, z.B. alle Dateien mit einer bestimmten Endung im aktuellen Verzeichnis:

```
→ cat skript-for2
#!/bin/bash
for file in *.docx
do
  echo "$file ist eine stinkige Microsoft Word-Datei"
done
→ ./skript-for2
brief.docx ist eine stinkige Microsoft Word-Datei
einkauf.docx ist eine stinkige Microsoft Word-Datei
```

Sie können auch mit geschweiften Klammern (siehe »Erweiterung von geschweiften Klammern« auf Seite 40) oder dem Befehl seq (siehe »Bildschirmausgabe« auf Seite 273) eine Folge von Ganzzahlen erzeugen und dann über diese Zahlen iterieren:

```
→ cat skript-seq
#!/bin/bash
for i in $(seq 1 20)    Erzeugt die Zahlen 1 2 3 … 20.
do
  echo "Iteration $i"
done
→ ./skript-seq
Iteration 1
Iteration 2
Iteration 3
⋮
Iteration 20
```

Kommandozeilenargumente

Shell-Skripte können genau wie andere Linux-Befehle Kommandozeilenargumente und Optionen akzeptieren. (Um genau zu sein, sind einige gebräuchliche Linux-Befehle tatsächlich Skripte.) Innerhalb Ihres Shell-Skripts können Sie auf diese Argumente als $1, $2, $3 usw. verweisen.

```
→ cat skript-args
#!/bin/bash
echo "Mein Name ist $1 und ich komme aus $2"

→ ./skript-args Johnson Wisconsin
Mein Name ist Johnson und ich komme aus Wisconsin
→ ./skript-args Bob
Mein Name ist Bob und ich komme aus
```

Ihr Skript kann mit $# die Anzahl der empfangenen Argumente testen:

```
→ cat skript-args2
#!/bin/bash
if [ $# -lt 2 ]
then
  echo "$0 Fehler: Sie müssen zwei Argumente angeben"
else
  echo "Mein Name ist $1 und ich komme aus $2"
fi
```

Der besondere Wert $0 enthält den Namen des Skripts und ist praktisch für Benutzungs- und Fehlermeldungen:

```
→ ./skript-args2 Barbara
./skript-args2 Fehler: Sie müssen zwei Argumente angeben
```

Um über alle Kommandozeilenargumente zu iterieren, nutzen Sie eine for-Schleife mit der besonderen Variablen $@, die alle Argumente enthält:

```
→ cat skript-args3
#!/bin/bash
for arg in $@
do
  echo "Ich habe das Argument $arg gefunden"
done
→ ./skript-args3 Eins Zwei Drei
Ich habe das Argument Eins gefunden
Ich habe das Argument Zwei gefunden
Ich habe das Argument Drei gefunden
```

Mit einem Rückgabewert beenden

Der exit-Befehl beendet Ihr Skript und gibt einen Rückgabewert an die Shell zurück. Traditionell sollten Skripte 0 für Erfolg und 1 (oder einen anderen Wert, der nicht null ist) für Fehlschlag zurückgeben. Wenn Ihr Skript kein `exit` aufruft, wird der Rückgabewert automatisch der des letzten Befehls, den das Skript ausführt.

```
→ cat skript-exit
#!/bin/bash
if [ $# -lt 2 ]
then
  echo "$0 Fehler: Sie müssen zwei Argumente angeben"
  exit 1
else
  echo "Mein Name ist $1 und ich komme aus $2"
fi
exit 0
→ ./skript-exit Bob
./skript-exit Fehler: Sie müssen zwei Argumente angeben
→ echo $?
1
```

In die bash pipen

Die bash ist nicht nur eine Shell, sondern auch ein Befehl `bash`, der von der Standardeingabe liest. Somit können Sie Befehle als Strings aufbauen und sie dann zur Ausführung an bash schicken:

```
→ echo wc -l meinedatei
wc -l meinedatei
→ echo wc -l meinedatei | bash
18 meinedatei
```

Das Pipen von Befehlen nach bash ist zwar sehr mächtig, kann aber auch gefährlich sein. Sie sollten *sehr genau* wissen, welche Befehle ausgeführt werden. Sie wollen doch kein unerwartetes `rm` an bash schicken und eine wertvolle Datei löschen (oder gar 1.000 wertvolle Dateien).

Wenn jemand Sie auffordert, eine Webseite herunterzuladen (zum Beispiel mit `curl`) und blind nach bash zu pipen, dann tun Sie das nicht! Sichern Sie die Webseite lieber als Datei (mit `curl` oder `wget`), schauen Sie sie sich genau an und entscheiden Sie dann, ob Sie sie mit bash ausführen wollen.

Diese Technik ist außerordentlich nützlich. Stellen Sie sich vor, Sie wollten die Dateien *foto1.jpg*, *foto2.jpg* und so weiter bis *foto100.jpg* von einer Website herunterladen. Statt 100 wget-Befehle per Hand zu tippen, bauen Sie sie in eine Schleife ein und verwenden dabei seq, um die Zahlen von 1 bis 100 zu erstellen:

```
→ for i in `seq 1 100`
do
  echo wget https://example.com/foto$i.jpg
done
wget https://example.com/foto1.jpg
wget https://example.com/foto2.jpg
⋮
wget https://example.com/foto100.jpg
```

Okay, Sie haben den Text der 100 Befehle erstellt. Jetzt pipen Sie ihn die Ausgabe an bash, die alle 100 Befehle so ausführt, als hätten Sie sie per Hand eingegeben:

```
→ for i in `seq 1 100`
do
  echo wget https://example.com/foto$i.jpg
done | bash
```

Hier eine komplexere, aber ebenfalls sinnvolle Anwendung. Stellen Sie sich vor, Sie hätten einen Satz Dateien, die Sie umbenennen wollen. Tragen Sie die alten Namen in einer Datei *altenamen* zusammen, die neuen in *neuenamen*:

```
→ cat altenamen
altername1
altername2
altername3
→ cat neuenamen
neuername1
neuername2
neuername3
```

Jetzt nutzen Sie die Befehle paste und sed (siehe »Dateitextmanipulation« auf Seite 108), um die alten und neuen Namen nebeneinanderzustellen und davor jeweils die Buchstabenfolge »mv« zu schreiben – schon haben Sie eine Folge von mv-Befehlen:

```
→ cat altenamen \
  | paste -d' ' altenamen neuenamen \
  | sed 's/^/mv /'
mv altername1 neuername1
mv altername2 neuername2
mv altername3 neuername3
```

Schließlich pipen Sie die Ausgabe an bash, und das Umbenennen ist erledigt!

```
→ cat altenamen \
  | paste -d' ' altenamen neuenamen \
  | sed 's/^/mv /' \
  | bash
```

Mehr als Shell-Skripting

Shell-Skripte sind für viele Zwecke ausreichend und in Ordnung, doch Linux besitzt noch viel leistungsfähigere Skriptsprachen sowie kompilierte Programmiersprachen. Hier sind einige:

Sprache	Programm	Um zu beginnen …
C, C++	gcc, g++	man gcc *https://oreil.ly/-kuj1*
Java	javac	*https://oreil.ly/-yvQR*
.NET	mono	man mono *https://oreil.ly/IVenL*
Perl	perl	man perl *https://oreil.ly/LKgdM*
PHP	php	man php *https://oreil.ly/JPmIL*
Python	python	man python *https://oreil.ly/vAunc*
Ruby	ruby	*https://oreil.ly/ifm2L*

Abschließende Worte

Ich habe hier zwar viele Befehle und Fähigkeiten von Linux behandelt, bin aber dennoch nur an der Oberfläche entlanggeschrammt. Ich ermutige Sie, weiterzulesen, sich umzusehen und sich mit den Möglichkeiten Ihres Linux-Systems vertraut zu machen.

Um Ihre Linux-Kenntnisse noch weiter voranzutreiben, schauen Sie sich mein Buch *Produktiv auf der Linux-Kommandozeile* (*https://oreilly.de/produkt/produktiv-auf-der-linux-kommandozeile/*) an. Es geht über die Grundlagen hinaus, um Sie schneller und effizienter mit Linux werden zu lassen, und enthält haufenweise praktische Tipps und Techniken. Mehr Informationen finden Sie auf meiner Website unter *https://danieljbarrett.com*.

Index

M

N

R

S

T

Über den Autor

Daniel J. Barrett lehrt und schreibt über Linux und zugehörige Technologien schon seit mehr als 30 Jahren. Zu seinen unzähligen O'Reilly-Büchern gehören *Produktiv auf der Linux-Kommandozeile*, *Linux kurz & gut*, *SSH, The Secure Shell: The Definitive Guide*, *Linux Security Cookbook*, *Macintosh Terminal Pocket Guide* und *MediaWiki*. Dan war auch schon Softwareentwickler, Heavy-Metal-Sänger, Systemadministrator, Hochschuldozent, Webdesigner und Humorist. Er arbeitet bei Google. Auf seiner Website DanielJBarrett.com (*https://danieljbarrett.com*) erfahren Sie mehr.

Kolophon

Das Tier auf dem Umschlag von *Linux kurz & gut* ist ein *Brabanter*. Die erste Zucht dieser sanften, großen Pferde ist aus dem 17. Jahrhundert bekannt, das erste Zuchtbuch ist von 1886. Diese Pferde sind Nachkommen der großen Pferde aus dem Mittelalter. Sie wurden für Arbeiten in der Industrie und in der Landwirtschaft sowie als Zugpferde gezüchtet. Ihr Temperament ist sanft, und sie sind kooperativ, arbeiten gerne, sind gut handhabbar und erschrecken sich nur selten. Zudem passen sie sich an diverse Umgebungen an.

Brabanter haben verglichen mit ihrem Rumpf einen kleinen Kopf. Ihr Rumpf ist kompakt und kurz mit einem breiten Brustkorb und einem langen Rücken. Ihr Profil ist gerade, sie haben freundliche Augen und einen dicken Hals – insbesondere Hengste. Die Pferde haben mittelgroße Hufe mit Fesselbehang. Der Widerrist ist etwa 170 cm hoch, wobei Stuten etwas kleiner sind. Mit fünf Jahren sind sie ausgewachsen und können zwischen 700 und 900 Kilogramm wiegen.

Ihre Vorfahren sind zwar ausgestorben, aber Brabanter sind eine sehr beliebte Pferderasse und sind nicht vom Aussterben bedroht. Viele der Tiere auf den Covern sind vom Aussterben bedroht, sie alle sind wichtig für unsere Welt.

Das Titelbild ist eine farbige Illustration von Kate Montgomery, die auf einem antiken Stich aus *Wood's Animate Creation* basiert. Das Design der Serie stammt von Edie Freedman, Ellie Volckhausen und Karen Montgomery.